왜 나는 남들 앞에만 서면 불안해질까

## 왜 나는 남들 앞에만 서면 불안해질까
발표불안을 극복한 스피치 강사의 자기표현 비결

초 판 1쇄 2025년 10월 17일

**지은이** 조현석
**펴낸이** 류종렬

**펴낸곳** 미다스북스
**본부장** 임종익
**편집장** 이다경, 김가영
**디자인** 임인영, 윤가희
**책임진행** 이예나, 김요섭, 안채원, 김은진

**등록** 2001년 3월 21일 제2001-000040호
**주소** 서울시 마포구 양화로 133 서교타워 711호
**전화** 02) 322-7802~3
**팩스** 02) 6007-1845
**블로그** http://blog.naver.com/midasbooks
**전자주소** midasbooks@hanmail.net
**페이스북** https://www.facebook.com/midasbooks425
**인스타그램** https://www.instagram.com/midasbooks

ⓒ 조현석, 미다스북스 2025, *Printed in Korea.*

ISBN 979-11-7355-516-9  03190

값 19,000원

※ 파본은 구입하신 서점에서 교환해드립니다.
※ 이 책에 실린 모든 콘텐츠는 미다스북스가 저작권자와의 계약에 따라 발행한 것이므로 인용하시거나 참고하실 경우 반드시 본사의 허락을 받으셔야 합니다.

**미다스북스**는 다음세대에게 필요한 지혜와 교양을 생각합니다.

# 왜 나는
# 남들 앞에만 서면
# 불안해질까

발표불안을 극복한
스피치 강사의
자기표현 비결

조현석 지음

미다스북스

들어가는 글　**조금씩 용기를 내는 시간**　7

말하기 점검 체크리스트　13

〈 제 1 장 〉

## 나의 말하기는 무엇이 문제일까

1 — **두려움을 넘어 도전하라**　17
2 — **부모님 그림자에서 벗어나라**　23
3 — **트라우마를 떨쳐내라**　29
4 — **생각의 주인은 나**　35
5 — **당당함을 지켜라**　41
6 — **비교는 그만, 나를 찾아라**　47
7 — **표현, 대체 어떻게 해야 할까?**　53
8 — **갇힌 시선에서 벗어나라**　59

〈 제 2 장 〉

## 두려움을 알아야 말할 수 있다

1 — **먼저 다가설 수 없어 괴로웠던 나**　67
2 — **마음으로 소통하라**　73
3 — **부끄러움에도 나를 드러내라**　79
4 — **남들의 시선에 자유로워져라**　85
5 — **자신감에 흔들리지 마라**　91
6 — **강박을 내려놓아라**　97
7 — **아버지의 사랑을 행동으로 배우라**　103
8 — **나를 바라보는 시선이 나를 만든다**　109

〈제3장〉

## 발표불안, 이제 나의 힘으로 넘는다

1 — **Love Myself, 나부터 하라** 117
2 — **나를 이해하라** 123
3 — **뻔뻔함으로 나를 지켜라** 129
4 — **내 마음의 목소리를 들어라** 135
5 — **도전 속의 나, 스피치를 배워라** 141
6 — **함께 성장하라** 147
7 — **배움은 실천에서 완성된다** 154
8 — **발표불안? 까짓것 이겨주마!** 160

〈제4장〉

## 있는 그대로의 나를 안아주기

1 — **불편함을 말할 용기를 품어라** 169
2 — **관계 속 나를 마주하라** 175
3 — **경험 속 나를 발견하라** 181
4 — **나를 사랑하는 연습을 하라** 188
5 — **선택이 나를 만든다** 195
6 — **당당함은 나의 선택이다** 202
7 — **나만의 기준으로 살아라** 209
8 — **나를 돌보는 시간을 즐겨라** 216

〈제5장〉
## 소통은 내 마음에서 시작된다

1 — **내 마음과 대화하라** 225
2 — **내 안의 목소리에 귀 기울여라** 231
3 — **공감으로 말하라** 237
4 — **새로운 나와 마주하라** 243
5 — **타인의 시선에서 자유로워져라** 249
6 — **진심으로 경청하라** 256
7 — **진짜 배려는 나로부터 시작하라** 263
8 — **행동으로 마음을 전하라** 269


맺는글   **나를 믿고 한 걸음씩 나아가기**   276
부록   282

> 들어가는 글

# 조금씩 용기를
# 내는 시간

　내 이야기를 꺼내는 게 어려웠다. 남들을 의식하다 보니 내 생각이나 느낌을 자유롭게 말하지 못했다. 주로 사람들의 이야기를 듣기만 했다. 내가 잘 듣고 있다는 사실을 그들이 알 수 있도록 반응을 보였다. 고개는 끄덕이고 얼굴은 웃고 있었다. 그런 내 모습을 본 상대방은 신이 나서 시간 가는 줄 모르고 이야기를 이어갔다. 중간에 대화가 끊기면 그 순간이 어색하고 불안했다. 그럴 때 내 이야기를 하면 좋겠다고 생각했지만 표현하는 일이 두려웠다. 상대가 내 말에 반응이 없거나 흥미가 없을까 봐 걱정되었다. 표현을 잘하지 않으니 사람들에게 속을 알 수 없는 사람으로 비치기도 했다. 표현이 서툴렀을 뿐 생활하는 데 큰 불편함은 없었다. 적어도 그때까지는 그랬다.

　명절날 장모님 댁에서 식구들이 모두 모였다. 아내와 처형 세 명, 형님들 세 명에 장인어른 장모님까지 해서 어른만 열 명이었다. 안방에서 상을 차려 함께 식사했다. 식사 후에는 과일을 깎아 다 같이 나눠 먹었다. 누가 먼저랄 것도 없이 자연스럽게 이야기가 시작됐다. 그 이야기를 들은 다른 사람들도 자신이 느낀 생각과 감정을 하나둘씩 표현하기 시작했다. 대화는 끊이지 않았고 분위기는 점점 더 화기애애해졌다.

하지만 그중 한 사람은 대화에 쉽게 끼지 못하고 있었다. 대단한 주제로 이야기한 것도 아니었지만 어울리지 못한 채 조용히 있었다. 말을 잘하지 못하거나 표현할 자신이 없다면 듣기라도 하면 되었다. 식구들의 이야기를 잘 들으며 몸짓으로 반응을 보였다.

자기표현조차 제대로 하지 못한 채 가만히 앉아 있던 나 자신이 한심하게 느껴졌다. 집에 돌아와 침대에 누웠지만 이런 생각들 때문에 좀처럼 잠이 오지 않았다.

'왜 그때 말 한마디도 못 하고만 있었을까?', '무슨 말이라도 해보았으면 좋았을걸…'

그날 장모님 댁에서 있었던 일이 머릿속을 떠나지 않았다. 그저 수동적으로 앉아 있기만 했던 내 모습이었다. 자리에 있으나 마나 한 사람처럼 느껴졌다. 이런 일이 해마다 반복되다 보니 점점 스트레스를 받게 되었다.

내 문제를 해결하고 싶었고 사람들 앞에서 생각과 감정을 자신 있게 표현하고 싶었다. 남들에게는 드러내고 싶지 않은 나만의 부끄러운 모습이었다. 누구에게도 쉽게 말할 수 없는 고민이었다.

말을 잘하고 싶다는 마음에 스피치 학원을 알아보기 시작했다. 부산에서 꽤 유명하다는 한 학원을 찾아가 등록했다. 주 2회, 3개월 과정의 수업이었다. 접수를 마치고 다음 날 바로 첫 강의를 들었다. 서른 명 정도 되는 수강생들이 둥그렇게 의자에 앉아 있었다. 강의가 끝날 무렵 한 명씩 연단으로 올라가 소감을 발표했다. 한 사람에게 주어진 시간은 1분 정도였다. 그날 들은 수업에 대해 소감을 말하면 되었다. 내가 예상했던 것보다 수강생들이 훨씬 말을 잘했다. '저 사람들은 왜 여기에 온 걸까? 굳이 오지 않아도 될 것 같은데.'라는 생각이 들 정도였다. 내 차례가 다가올수록 손에 땀이 나고 가슴이 쿵쾅거렸다. 짧은 발표 시간이었지만 멋지게 해내고 싶었다. 계속 머릿속으로 내용을 정리하고 있었다. 드디어 내 순서가 되었다. 자신감 있는 척 허리를 곧게 펴고 강단 앞으로 걸어갔다. 수강생들을 향해 고개 숙여 인사한 뒤 바짝 마른 입술을 혀로 살짝 축였다. 첫마디를 꺼내는 순간 바로 그다음 내용이 떠오르지 않았다. 어떻게든 말을 이어가야 하는데 머릿속이 하얘졌다. 시간을 끌수록 상황이 더 안 좋아질 것 같았다. 그 자리에서 빨리 벗어나고 싶다는 생각에 급하게 마무리했다.

"오늘 배운 내용을 참고해 잘 실천하겠습니다."라는 짧은 한마디를 남기고 연단에서 내려왔.

고개를 숙인 채로, 자리로 돌아와 의자에 앉았다. 사람들이 나를 쳐다보고 있는 건 아닌지 괜히 신경 쓰여 주위를 둘러보았다. 내 걱정과 달리 그들은 다음 발표자를 향해 바라보고 있었다. 안도의 한숨을 내쉰 후 나도 발표자의 소감에 귀를 기울였다. 그제야 긴장이 풀리면서 아까 소감을 말할 때 기억나지 않던 내용들이 하나둘 떠올랐다.

나는 3개월 동안 한 번도 빠지지 않고 수업에 참석했다. 어느새 스피치에 대한 자신감이 조금씩 쌓여갔다. 이젠 사람들 앞에서 당당하게 말할 수 있을 것 같았다. 수강생들 앞에서 수없이 연습했던 시간들이 효과가 있는 듯 느껴졌다.

교육이 끝나고 시간이 지나면서 예전의 나약한 내 모습으로 돌아왔다. 스피치 수업을 들으면 말을 잘할 수 있을 거라는 내 기대가 무너졌다. 오랫동안 사람들 앞에서 긴장하며 말하지 못했던 내 모습이 온몸에 스며들어 있었다. 단기간에 바뀔 수 있는 문제는 아니라는 생각이 들었다. 포기하고 싶지 않았다. 계속 연습하면 분명 지금보다 나아질 거라는 희망을 붙잡았다.

스피치와 관련된 책을 읽기 시작했다. 대화의 방법이나 경청의 기술 등 말하기에 관한 책은 손에 잡히는 대로 읽었다. 평소 잘 몰랐던 내용을 책에서 발견할 때면 설레는 기분이 들었다. 내가 부족하다고 느꼈던 부분을 일상생활에 적용할 방법도 찾게 되었다. 그 방법으로 꾸준히 실천하면 분명 말을 잘하는 사람이 될 수 있을 것 같았다.

머리로 이해한 것과 행동으로 옮기는 것에는 큰 차이가 있었다. 행동으로 옮기려 해도 누구에게 말해야 할지, 그 이야기를 듣고 어떤 반응이 돌아올지 걱정되었다. 내가 예상했던 반응이 아니면 어쩌나 하는 불안으로 머릿속은 혼란스럽기만 했다.

말을 잘하고 싶은 마음은 간절했지만 그보다 먼저 해야 할 일이 있었다. 바로 나 자신을 표현하는 것부터 연습해야 했다. 마음을 단단히 먹어야만 속에 담긴 이야기를 꺼낼 수 있었다. 내 생각과 느낌을 사람들에게 자연스럽게 전달할 수 있어야 했다. 그렇게 표현하는 '나' 자신에게 익숙해질 필요가 있었다.

나를 잘 표현하기 위해 어떤 방법이 좋을지 고민했다. 말을 잘하는 기술이 아니라 나 자신을 알아야 한다는 생각이 들었다. 자신을 제대로 알아야 사람들에게 내 이야기를 진심으로 전할 수 있게 되었다. 그저 주위에서 들은 이야기보다 내가 직접 경험하고 느낀 것들이 사람들에게 더 큰 공감을 주었다.

나를 알아가는 과정에서 보고 싶지 않았던 내 모습까지 마주해야 했다. 부족하고 모자란 부분들이 유독 크게 보였다. 부정하고 싶었지만 그런 모습이 내 안에 있다는 사실을 외면하기는 어려웠다. 특히 가까운 아내에게 그 점을 지적받았을 때는 자존심이 상하기도 했다. 인정하고 싶지 않았던 내 모습마저 받아들일 수 있는 마음이 필요했다. 그래야만 나 자신을 있는 그대로 바라볼 수 있었고 지금보다 더 나를 사랑할 수 있게 되었다.

이 책에서는 사람들 앞에서 스피치를 할 때 남을 지나치게 의식했던 내 모습을 들여다볼 수 있다. 다른 사람들이 나를 어떻게 생각할지에만 몰두한 나머지 정작 나 자신을 제대로 지키지 못했다. 남들에게 비칠 나의 모습을 오랫동안 신경 써 온 탓에 그 시선에서 벗어나기가 매우 힘들었다.
스스로에게 더 집중하기 위해 일상생활 속에서 여러 가지를 실천하며, 그 과정들을 이 책에 담았다.
나는 발표불안으로 힘들어했고, 자기표현도 잘하지 못하는 사람이었다. 그런 내가 어떻게 변화하고 성장해 나갔는지를 이 책을 통해 직접 확인할 수 있다.

  자기 자신을 있는 그대로 바라보고 싶은 사람들,
  자신의 생각과 감정을 편안하게 표현하고 싶은 사람들,
  그리고 여러 사람 앞에서 스피치를 할 때 긴장하고 불안해하는 사람들까지.
  이 책이 여러분께 작은 도움이 되길 바라며 편안한 마음으로 읽어주기를 부탁드린다.

## 말하기 점검 체크리스트

아래 항목 중 자신에게 해당하는 부분에 ☑ 표시해 보세요.

1. **준비 습관**
   - ☐ 발표나 회의 전에 충분히 연습하지 못한다.
   - ☐ 원고 없이 말하려 하면 머리가 하얘진다.
   - ☐ 발표할 때 목소리 크기나 속도를 점검하지 않는다.

2. **심리적 반응**
   - ☐ 사람들 앞에 서면 심장이 두근거리고 손에 땀이 난다.
   - ☐ 청중의 시선이 부담스러워 시선을 피하게 된다.
   - ☐ 발표 도중 실수하면 크게 위축된다.

3. **말하기 태도**
   - ☐ 말이 빨라서 종종 핵심이 전달되지 않는다.
   - ☐ 불필요한 말(음…, 그…, 그러니까…)을 자주 한다.
   - ☐ 질문을 받으면 긴장해서 바로 답하기 어렵다.

4. **관계와 소통**
   - ☐ 대화를 이어가는 것이 힘들다.
   - ☐ 중요한 말을 미루거나 하지 못할 때가 많다.
   - ☐ 내 이야기를 들어주는 사람이 별로 없다고 느낀다.

**결과 활용 예시**

- ☑ **0~3개:** 비교적 안정적으로 말하는 편입니다.
- ☑ **4~7개:** 약간의 불안이나 습관을 점검할 필요가 있습니다.
- ☑ **8개 이상:** 발표불안 가능성이 크며, 책에서 다루는 방법들이 많은 도움이 될 수 있습니다.

※ 앞의 체크리스트는 발표불안 관련 심리학 연구와 스피치 훈련 항목을 참고했습니다. 독자가 스스로 말하기 습관을 점검할 수 있도록 저자가 새롭게 재구성한 것입니다.

〈 제 1 장 〉

# 나의 말하기는 무엇이 문제일까

불안의 이유를 깨닫기

# 1

## 두려움을 넘어 도전하라

긴장과 불안을 안고 나서다

"한 걸음을 내딛는 순간, 변화가 시작된다."

_ 윌리엄 제임스(심리학자)

사람들과 대화할 때 내가 하고 싶은 말을 꺼내지 못했다. 표현하는 게 서툴렀고 용기가 없었다. 하지만 머릿속으로는 자유롭게 표현하는 내 모습을 상상했다.

주위에 자기 생각과 감정을 솔직하게 말하는 사람을 보면 부럽기만 하다. 어제 있었던 일을 얘기하며 상황에서 느꼈던 감정을 사람들에게 알려준다. 그 얘기를 상대방이 공감해 주면 신이 나서 말을 계속 이어간다. 남을 의식하지 않고 자신에게 집중하며 말하고 싶은 욕구를 해소한다.

반면 나는 말하기 전부터 내 안에 필터가 있는 듯 스스로를 검열한다. 대화에 참여하지 못하는 내가 싫어 어렵게 이야기를 꺼낸다. 그마저도 상대방 눈치를 보며 짧게 말을 끝낸다. 또 그런 내 모습을 신경 쓴 나머지 사람들을 더 의식하고 말없이 조용히 듣기만 한다.

　사람들과 대화할 때면 말하기보다 주로 듣는 편이다. 그들이 하는 얘기에 고개를 끄덕이며 공감하려 한다. 나를 표현하는 것이 어색하다 보니, 그 모습을 보는 사람들의 표정도 편안해 보이지 않는다. 그걸 내가 스스로 느끼면 자세가 움츠러들고 소극적으로 행동하게 된다.
　상대방은 자기 이야기를 잘 들어주는 내게 호감을 느껴 함께하고 싶어 한다. 내가 사람들 얘기를 집중해서 듣는 것처럼 보이지만, 머릿속으로는 무슨 말을 해야 할지 생각하기도 한다. 말할 용기가 없어 가만히 듣고 맞장구만 치고 있다는 사실은 사람들은 모른다.

　이런 내 모습을 스스로가 바라보고 있으면 있던 자신감마저 없어져 버린다. 그들의 얘기를 잘 들어주니 내 주위에는 말 많은 사람들이 모이는 듯했다.
　사람들 앞에서 말하는 것도 어려웠지만 일대일로 대화하는 것은 더욱 힘들었다. 서로 이야기를 나눠야 하는데 일방적으로 듣고만 있으니 대화가 이어지지 않았다.

　말을 잘하고 싶은 마음에 스피치 학원에 다녔다. 한 번은 사람들 앞에서 말할 기회가 있었다. 학원에서 교육 홍보를 위해 공개 특강을 진행한다고 했다. 내가 그 자리에서 5분 정도 발표를 하게 되었다. 발표 시간에는 이 교육을 듣고 나에게 도움이 되었던 부분을 사람들에게 말하면 되었다. 이번 기회에 준비를 잘해서 멋지게 해내고 싶었다. 발표할 내용을 A4 용지에 적었더니 몇 장이나 되었다. 적은 내용을 보면서 소리 내어 말하고 입으로 자연스럽게 나올 때까지 달달 외웠다.

 공개 특강 당일이 되었고 미리 난 강의실에 도착해 최종 점검을 하고 있었다. 시간이 가까워지자 사람들이 모여들기 시작했다. 인원은 서른 명이 넘었던 것 같다. 특강은 두 시간으로 강사가 90분 정도 강의를 하고 나면 나머지 시간에 발표하면 되었다. 준비한 사람은 나를 포함해 세 명이었고 내 순서는 마지막 세 번째였다. 두 번째 발표자가 사람들 앞에서 이야기하는데 무슨 말을 하는지 귀에 들어오지 않았다. 그 순간에도 발표할 내용을 머릿속으로 외우며 나에게 집중했다. 사람들 박수 소리가 들리면서 두 번째 발표가 끝났다는 것을 알게 되었다.
 강사가 간단하게 나를 소개해 주었다. 나는 손에 들고 있던 A4 용지를 의자에 내려놓고 긴장된 마음으로 연단에 올랐다. 많은 인원이 나를 쳐다보는데 시선 처리를 어떻게 해야 할지 난감했다. 정면에는 창문이 있었는데 그곳을 바라보면서 자기소개를 했다.
 "안녕하세요. 부산에서 올라온 38살 조현석입니다." 그 후 외웠던 내용을 떠올리며 발표를 시작했다. 연단 앞에 있는 사람들을 제대로 쳐다보지도 못한 채 준비한 이야기를 쏟아냈다. 긴장되고 떨렸지만 큰 실수 없이 끝냈다는 생각에 나 자신에게 만족했다.
 이후 강사는 내 발표에 대해 피드백을 시작했다.

"여러분, 방금 스피치를 하는 걸 봤는데 어때요? 뭔가 좀 어색하죠. 열심히 준비한 것 같은데 자연스럽지가 않아요." 거기서 끝나지 않았다. "왜 그렇죠? 얘기하듯이 해야 하는데 딱딱하게 말해서 그래요!"

강사 옆에 선 채로 피드백을 듣고 있는데 얼굴이 화끈 달아올랐다. 사람들이 나를 뚫어지게 쳐다보는 것 같아 창피해서 어디론가 숨고 싶었다. 나로서는 발표 연습을 할 수 있는 좋은 기회였다.
한편으로는 수강생을 모집하는 강사에게 도움이 되고자 많은 준비를 했다. 그동안 나의 노력은 몰라줄지언정 사람들 앞에서 안 좋은 얘기만 계속하니 속이 부글부글 끓어올랐다.

특강이 끝나고 사람들이 한 명씩 강의실을 빠져나갔다. 그중 한 쌍의 커플이 나에게 할 말이 있는 듯 다가왔다. 40대로 보이는 180센티미터가 넘는 남자가 내게 말했다.
"부산에서 오셨다고요? 발표 잘 들었습니다." 나는 감사한 마음에 고개 숙여 인사했다. 그 후 빈 강의실에 혼자 남아 좀 전 상황을 떠올려봤다. 그 남자가 내게 해줬던 말이 칭찬 같기도 하고 안쓰러운 마음에 위로해 준 것 같기도 한 생각이 들었다.
특강 때 내가 발표했던 모습을 영상으로 볼 수 있었다. 동기들이 응원하려고 특강에 참석했고 고맙게도 녹화까지 해주었다. 영상 속 내 표정은 심각한 데다 자세는 경직되어 있었다. 계속 보는데 화면 속 내 모습이 안쓰럽게 느껴졌다. 사뭇 진지한 얼굴로 열심히 하려는 30대 후반의 남자가 왠지 불쌍해 보였다. 이날을 위해 내가 얼마나 많은 연습을 했는지 사람들은 모른다. 그나마 동기들이 강의실에서 연습하던 내 모습을 보고 엄지손가락을 들어 보였다.

그전까지 발표 자리에서 내가 어떤 모습으로 스피치를 하는지 알지 못했다. 영상으로나마 전체적인 내 느낌을 알 수 있었다. 내가 편안하지 않고 진지한 모습을 보이니 사람들도 나를 그렇게 바라보는 듯했다. 아직 사람들 앞에서 말하는 경험이 많이 부족하다. 스피치 교육을 받을 때 강사는 대중 앞에서 말하는 연습을 많이 해야 한다고 강조했다. 경험이 쌓여야 익숙해지고 편안해질 수 있다고 말했다.

평소 사람들 앞에 나서는 성격이 아닌 데다 공식적인 자리에서 발표하는 것은 내게 큰 도전이었다. 준비를 많이 했음에도 내가 기대했던 만큼 좋은 결과가 나오지 않았다. 나도 잘할 수 있다는 걸 보여주고 싶어 의욕이 앞섰던 것 같다. 발표했다는 사실만으로도 나 자신을 칭찬하고 응원해주고 싶다. 강사가 말한 것처럼 경험이 쌓이다 보면 언젠가 나도 사람들 앞에서 자연스럽게 말하는 날이 오길 기대해 본다.

대부분의 사람들은 대중 앞에서 스피치를 할 때 두렵고 긴장한다. 특히 처음 발표하는 자리에서는 난감하고 불안하다. 준비는 어떻게 해야 하고, 내가 과연 잘할 수 있을지도 걱정된다. 모든 일이 그렇겠지만 경험하지 않은 일은 두려움이 앞서기 마련이다. 첫 시작이 만족스러운 결과로 이어지지 않는다고 해서 자책할 필요는 없다. 이런 상황에서도 계속 도전하고 연습하다 보면 경험이 쌓인다. 그러면 점점 익숙해지고 자연스러워진다. 내가 나에게 격려하고 칭찬해 줘야 다음 발표 때도 용기를 내어 도전할 수 있다. 지금보다 더 성장한 자신의 모습을 떠올리며 멈추지 말고 앞으로 걸어가면 된다. 미래의 바라는 나의 모습에 가까이 다가갈 수 있도록 스스로를 응원해 주자.

**발표불안 극복을 위한 첫 번째 황금열쇠**

1 — 자책은 금물이다
첫 발표가 만족스럽지 못해도 자책하지 말자. 계속 도전하고 연습하면 어느새 익숙해지고 자연스러워진다.

2 — 칭찬을 아끼지 말자
다음 발표를 더 잘하려면 격려와 칭찬이 필수다. 성장하는 나를 상상하며 멈추지 말고 앞으로 걸어가자.

## 2

## 부모님 그림자에서 벗어나라

스스로 선택하지 못한 과거를 넘다

"인생에서 중요한 것은 당신이 책임질 줄 아는 사람이라는 것이다."

_ 에리카 종(소설가)

언제부터인지는 정확히 기억나지 않는다. 부모님이 원하시는 모습에 나를 맞추며 살아왔던 것 같다.

"착한 아들, 말 잘 듣는 아들, 인사성 밝은 아들."

그것이 내 모습인 양 여기며 살아왔다. 무언가를 하고 싶은 마음이 생겨도 부모님이 싫어하실 거란 생각이 들면 스스로 멈췄다. 주도적으로 무엇 하나 도전하지 않았다. 나에게 어떤 선택의 순간이 와도 깊이 고민할 필요는 없었다. 부모님이 방향을 정해 주시면 그 길을 따르기만 하면 되었다. 그만큼 편하기도 했고 결과에 대해 책임질 일도 없었다.

중학교 3학년 때 진로 문제로 부모님과 상의한 적이 있었다. 인문계를 갈지, 실업계를 갈지 선택해야 했다. 학교 성적은 반에서 중간 정도였다. 부모님께서는 안전하게 실업계로 가는 게 낫겠다고 말씀하셨다. 당시 전망이 좋은 학과로는 자동차과, 전자과, 기계과 등이 있었다. 나는 어느 과를 선택해야겠다는 확신이 없었다. 그저 부모님이 추천해 주시는 과를 따라야겠다고 생각했다. 결국 취업률이 높았던 전자과로 진학했고 3년 동안 나름 상위권 성적을 유지하며 졸업했다.

대학도 같은 전공인 전자 계열로 진학했다. 이 과가 나와 맞는지는 깊이 고민하지 않았다. 지금껏 해왔으니 그냥 계속하면 된다고 생각할 뿐이었다. 대학 2년 동안 수업을 들어도 흥미를 느끼지 못했다. 그렇다고 성적이 나쁘지는 않았다. 부모님이 실망하시는 모습을 보기 싫어 열심히 공부했다. 그때는 진로를 결정할 때 스스로 선택하는 경우가 얼마나 있었을까 싶다. 주관이 뚜렷해 원하는 과를 정하는 사람도 있었다. 하지만 내 주위에는 나처럼 부모님과 상의하거나 인기 있는 학과를 선택하는 경우가 대부분이었다. 그 선택이 끝까지 잘 이어지면 좋겠지만 졸업 후 진로를 바꾸는 사람도 많았다. 다른 계통에서 일하는 사람들 말이다. 그중 한 사람이 바로 나였다.

뒤늦게 자신이 무엇을 하고 싶다는 마음이 생겨 새로운 일에 도전하는 경우가 있다. 그 속도가 빠를수록 본인에게 좋겠지만 나는 주체적으로 생각할 힘이 부족했다. 부모님 입장에서는 자식들이 힘들지 않기를 바라셨고 잘 되기를 원하시는 마음이 있었던 것 같다. 그런 마음 때문인지 자식들이 순탄하게 살아가기를 더 바라셨던 듯하다. 부모님의 말씀을 잘 듣는다는 것은, 내가 스스로 생각하는 것보다 그분들의 의견을 더 중요하게 여긴다는 뜻인 것 같다.

20대 후반, 지금의 아내를 만나 결혼한 뒤 어떤 문제로 둘이 의논하던 때였다. 당시 나는 미용실 직원으로 일하고 있었는데 가게 원장이 내게 이렇게 물었다. "현석 씨, 혹시 우리 가게 인수해서 해볼 생각은 없나요?" 하지만 수중에 가지고 있는 돈은 없고 가게를 운영할 자신도 없었다. 한편으로는 언젠가 미용실을 운영할 계획이라면 지금이 좋은 기회일지도 모른다는 생각이 들었다. 또 가게 직원으로 일하고 있었기에 어느 정도 손님이 있는지도 알고 있었다.

선택의 길에 놓일 때면 스스로 결정하지 못했다. 사회 경험도 부족하고 큰돈이 들어가기에 부담이 되었다. 아내는 가장인 내가 직접 알아서 해결하길 원했던 것 같다. 미용실 인수만이 아니라 다른 일조차도 말이다. 그런 나는 매번 부모님께 조언을 구했는데 아내는 그 모습을 볼 때면 답답해하곤 했다.

아버지는 이용업을 30년 넘게 하시면서 많은 손님과 대화를 나누셨다. 손님에게 들었던 정보를 나에게 알려주며 방향을 제시해 주시기도 했다. 그 조언이 좋은 결과로 이어질 때도 있었고 아닐 때도 있었다. 결과가 어떻든 간에 선택의 길에 놓일 때면 항상 누군가에게 의지하며 도움을 받고 싶었다.

　아버지에게 들었던 그 조언을 아내에게는 내 의견인 것처럼 말하곤 했다. "이번 일은 이렇게 하면 좋겠어!" 그 얘기를 들은 아내가 되물었다. "그건 오빠 생각이니? 아니면 아버님 생각이니?" 내심 뜨끔했다. 내 생각이 아니라 아버지에게 들었던 말이었기 때문이다.

　내 인생은 내가 사는 것인데도 부모님이 알려주시는 대로 행동으로 옮겼다. 그 조언이 어떤 결과로 이어질지 깊이 생각하지 않았다. 스스로 자립심을 기른다는 건 어려운 일이기도 했다. 그런 나의 행동이 오래 지속되면서 내 주위에 있는 사람들이 힘들어하는 걸 알게 되었다. 특히 가까운 사람 중에는 아내가 마음 아파했다.

　본가에 갔을 때의 일이다. 12월이 되면 부모님께서 김장을 하시는데 매번 조금씩 챙겨 주셨다. 그날도 어머니께서 김장을 하셨다며 시간 날 때 가져가라고 전화하셨다. 김치를 얻으러 갈 때면 온 김에 저녁 먹고 가라며 밥상을 차려주신다. 아버지도 가게 문을 닫고 집으로 올 시간쯤 된다. 그런 나는 아내에게 전화를 걸어 상황을 설명하고 부모님 댁에서 밥을 먹는다. 아버지는 결혼한 아들이 어떻게 지내는지 궁금해 이것저것 물어보신다. 아내와 사이좋게 지내는지 다투지는 않는지 또 일은 할 만한지 등. 그런 질문에 나는 길게 대답하지 않고 말을 짧게 끝내곤 했다. 말주변이 없는 것도 있었고 융통성이 있게 대답할 줄도 몰랐다. 그런데도 계속 물어보실 때면 속에 있는 얘기를 하게 될 때가 있었다. 걱정거리나 고민이 있을 때는 부모님께 털어놓았다. 그러면 부모님은 왜 빨리 전화해서 의논하지 않았냐며 화를 내시곤 했다.

　부모님 생신이나 어버이날이 되면 아내와 함께 본가에 찾아뵌다. 다 함께 식사를 하며 서로의 안부를 묻는다. 그런데 아버지는 내가 전에 김치 가지러 갔을 때 했던 이야기를 중간에 꺼내신다. 그리고 아내를 바라보며 무슨 일이라도 있었냐는 듯 대답을 기다리신다. 그런 아내는 그때 상황을 설명하며 아버지를 안심시키기 위해 애쓴다. 방금 전까지만 해도 좋았던 분위기가 금세 가라앉아 버린다. 인사를 드리고 집으로 돌아오면 아내는 내게 인상을 쓰며 짜증스럽게 말하곤 했다. "왜 오빠는 사사건건 부모님께 얘기해서 나를 곤란하게 만들어!" 결혼 초기에는 이런 일이 여러 번 있었고 아내는 그 기억이 강하게 남아 매번 나에게 하소연하곤 했다.

　아내는 가장인 내가 스스로 결정하길 바랐지만 나는 그 기대를 충분히 채워주지 못했다. 선택의 갈림길에 설 때면 혼자 고민하기보다 부모님께 많이 의지했다. 부모님이 알려주시는 길이 괜찮을 수도 있지만 나와 맞지 않는 길일 수도 있다. 이유야 어떻게 되었든 간에 스스로 결정하고 결과에 책임을 져야 하는 사람은 나라는 걸 알았다. 지금껏 주체적으로 생각하며 행동하지 못했다. 무슨 일을 해도 마음이 따라주지 않았고 열정도 생기지 않았다. 이제 선택의 갈림길에 선다면 그 중심에 내가 있고 싶다. 부모님 말씀을 잘 듣는 내가 아니라 스스로 생각하고 선택하며 몸으로 느끼고 싶다. 앞으로의 인생을 당당하게 살아가면서 말이다.

새로운 일을 시작하거나 처음 하는 일은 두렵고 불안하다. 혼자서 감당하기보다 누군가에게 의지하고 도움을 받고 싶어 한다. 남에게 의지하는 일이 계속 반복되면 스스로 문제를 해결할 수 있는 능력을 키울 수 없다. 도움을 받는다고 해서 반드시 잘되리란 보장도 없다. 그 일이 잘되지 않았을 때는 누굴 탓할 수도 없는 노릇이다. 인생에서 크고 작은 문제는 끊임없이 생긴다. 그 상황에서 본인이 직접 경험하며 배움을 얻을 기회로 삼아야 한다. 자신의 인생을 주체적으로 살아가기 위해서라도 자신을 굳게 믿고 행동할 필요가 있다. 그런 경험이 쌓여 내 안에 남는다. 다음에 또 선택의 기로에 서게 될 때 자기 확신을 가지고 앞으로 나아갈 수 있다.

**발표불안 극복을 위한 두 번째 황금열쇠**

1 — <u>주체적으로 생각하라</u>
부모님의 뜻을 따르는 것도 중요하지만 결국 내 인생의 방향은 내가 결정해야 한다. 스스로 고민하고 내린 선택이야말로 성장의 밑거름이 된다.

2 — <u>스스로 해결하는 힘을 길러라</u>
처음엔 두렵고 불안하더라도 직접 부딪히며 배우는 과정이 필요하다. 도움에만 의존하지 말고 경험을 쌓아야 다음 선택 앞에서도 자신 있게 나아갈 수 있다.

## 3

## 트라우마를 떨쳐내라

표현하지 못한 마음의 상처를 마주하다

"우리가 상처를 부정할 때 그 상처는 우리를 지배한다.
직면할 때 비로소 우리는 그것을 넘어설 수 있다."

_ 칼 융(심리학자)

사람들 앞에서 말할 때면 압박감 때문에 더 움츠러들었다. 일상적인 얘기를 하든 무슨 말이라도 해야 한다는 걸 스스로 알고 있었다. 마음이 편안하지 않으니 도통 입 밖으로 말이 잘 나오지 않았다.

20대 초반, 미용실에서 보조로 일할 때였다. 소규모 미용실에서 원장과 단둘이 일했다. 미용 자격증을 취득하고 들어간 첫 직장이었다. 이제 막 일을 시작해서 기술적인 부분이 많이 부족했다. 초반에는 기본적인 기술을 배워나갔다. 손님 머리를 감기는 것부터 시작했다. 파마 작업할 때는 원장 옆에서 도구를 전달해 주었다. 3개월쯤 지나자 원장과 함께 파마를 할 수 있을 만큼 실력이 늘었고 일에 점점 익숙해지고 있었다.

한 번은 영업시간이 끝날 무렵, 원장이 할 말이 있다며 나를 불렀다. 가게에 있던 커피 한 잔을 타 주며 그가 물었다. "현석아, 일하는 건 좀 어때?" 나는 "잘 가르쳐 줘서 어려움 없이 하고 있다."고 대답했다. 이어 원장이 말했다. "다행이네. 그런데 이제는 손님들과도 조금씩 대화를 나눠 보는 게 좋을 것 같아. 일도 어느 정도 익숙해졌잖아?" 사실 원장이 이런 말을 할 거라는 생각이 들었다. 일할 때 손님들과는 전혀 대화하지 않았기 때문이다. 손님 머리를 손질하면서도 머릿속에는 무슨 말을 해야 할지 걱정이 맴돌았다.

미용실 작업 의자 앞에는 거울이 있었고 손님은 그 거울을 통해 내 모습을 지켜보고 있었다. 나도 슬쩍 손님의 표정을 살펴보았다. 지루해하면서도 어딘가 불안한 눈빛을 띠고 있는 듯했다. 그런 모습을 보면 더욱 말을 건넬 용기가 생기지 않았다. 한편으로는 미용 일을 시작한 지 얼마 되지 않아 여유가 없다는 핑계를 대며 스스로를 달래기도 했다. 일을 하면서도 손님과 대화하지 않는 나 자신이 불편하게 느껴졌다. 그런 내가 답답한 정도라면 머리를 하는 손님은 오죽했을까 하는 생각도 들었다.

일하면서 기술적인 부분은 크게 어렵지 않았다. 그보다는 손님을 상대하고 대화하는 것이 더 힘들었다. 그날 원장에게 이야기를 들은 뒤 나도 뭔가를 해봐야겠다는 생각이 들었다. 내가 말없이 일만 하다 보니 가게 분위기도 어딘가 어색하게 느껴졌다. 한쪽에서는 원장이 손님들과 재미있게 대화를 나누고 있는데 그 옆에서는 나 혼자 조용히 일만 하고 있었기 때문이다. 미용은 서비스업이기에 단순히 기술만으로는 손님을 대할 수 없었다. 대화는 여전히 어렵고 부담스러웠지만 결국 내가 스스로 해결해야 할 문제였다.

　손님들에게 내 이야기를 하는 것이 익숙하지 않아 다른 방법을 찾아봤다. 관심을 표현할 수 있는 질문이라도 던져 보려고 했다. 사는 곳은 어디인지, 무슨 일을 하는지 등을 물어보며 대화의 물꼬를 트고 싶었다. 손님들이 대답할 때는 더 집중해서 들었다. 적절한 반응을 잘하기 위해 내용을 기억하고 있어야 했다. 몇 가지 질문으로 대화가 되는 듯했지만 오래가지는 않았다. 수동적으로 듣고만 있을 뿐 내 얘기는 하지 않았기 때문이다. 서로가 이야기를 주고받아야 하는데 전혀 그렇지 못했다. 말이 길게 이어지지 않았고 그저 형식적으로만 대화가 이루어졌다. 원장에게 내가 말이 없고 손님들과 대화가 부족하다는 얘길 들은 후 나도 변화해야겠다고 생각했다. 말주변이 없지만 어떻게든 연습해서라도 대화 기술을 익힐 필요가 있었다.

　고등학교 동창회 모임에 한 달에 한 번씩 참석했다. 열 명 남짓이 식당에 모여 함께 식사한 뒤, 자리를 옮겨 가볍게 맥주를 마시곤 했다. 모임에서는 내 얘기를 조금씩 할 수 있었다. 학창시절에 알고 지낸 사이여서 말하는 데 크게 불편하지 않았다. 그렇다고 일방적으로 말하는 건 아니었다. 나는 친구들의 근황을 물어보고, 그들이 이야기할 때 주로 듣는 편이었다. 어느 모임에서든 한두 사람이 분위기를 이끌어 가는 경우가 있다.

우리 모임에서도 그런 친구들이 있었다. 대화를 나누면서 조용해지는 순간이 한 번씩 있기 마련이다. 그럴 때 분위기 파악을 잘하는 그 친구들이 화젯거리를 던지며 대화를 이어간다. 중요한 내용은 아니지만 분위기에 맞게 이야기를 잘 이어가는 친구들이다. 옆에서 그 모습을 보고 있으면 '어쩜 저렇게도 편안하게 이야기할 수 있을까.' 하며 부러워했다. 자기가 하고 싶은 말이 있을 때 자유롭게 얘기하는 것 같았다. 그러다가 친구 한 명이 나에게 근황을 물어보면 구체적으로 대답하지 못하고 짧게 말하곤 했다. 나 사직동 근처에 있는 미용실에서 원장이랑 둘이서 일하고 있다고 말이다. 친구는 내 대답이 부족했는지 또 물어봤다. 내가 무슨 일을 하고 있고 언제 쉬는지 등의 이야기를 듣고 나서야 시선이 다른 친구들 쪽으로 옮겨졌다. 아마도 내가 미용 일을 하면서 어려운 점이나 에피소드는 뭐가 있는지 궁금했던 것 같다. 나는 만족스럽게 대답해 주지 못했고, 대화에 잘 녹아들지 못했다.

사람마다 본인이 생각하는 이미지가 있을 듯하다. 그걸 나라고 생각하면 어느 자리에 가서도 그런 이미지대로 행동하게 된다. 나는 내가 조용하고 말수가 적다는 이미지가 떠오른다. 어쩌다 말을 많이 하게 되면 나 자신이 아닌 듯 어색하게만 느껴졌다.

어떤 상황에서는 활력이 넘칠 때가 있다. 새로운 사람을 만날 때 평소보다 호기심이 더 생긴다. 궁금한 게 있으면 이것저것 물어보게 된다. 상대도 기분이 좋아지면서 대화가 자연스럽게 무르익는다. 이런 상태는 일정 시간 동안만 지속된다. 어느 정도 시간이 지나면 평소 내 모습대로 다시 돌아온다. 조용하고 얌전한 모습으로 말이다.

 사람들과 길게 대화를 나누기 위해서는 내 얘기도 해야 한다. 상대방에게 궁금한 걸 물어봤다면 자기 이야기도 같이 나눠야 한다. 나는 그걸 어려워해서 새로운 사람들을 만나고 관계를 지속하는 것이 쉽지 않았다.

 나를 표현하는 일이 스스로 어색하게만 느껴졌다. 나 자신이 어색하다고 생각하니 말하면서도 그 기운이 상대에게 전해진다. 흔히 책에서는 자신감 있고 당당하게 말하라고 조언한다. 막상 실천해 보면 생각처럼 잘되지 않는다. 오랫동안 자신을 표현하는 데 익숙하지 않아 더 그런 듯하다. 그런 이유를 알고서 용기 내어 한마디를 내뱉지만 자연스럽지가 않다. 그 상태로 사람들과 같은 공간에 있으면 나 자신을 더 의식하게 되고 불안을 느낀다. 그게 싫어서 속으로 한 번 더 용기를 내어본다. 그럼 내 안에서 이런 말을 한다. '괜히 얘기를 꺼냈다가 분위기가 더 안 좋아지면 어떻게 해.' 이후에는 더욱 자신감을 잃고 입을 닫게 된다.

 아직은 사람들에게 나를 표현하는 일이 어렵고 조심스럽다. 머릿속으로는 상대가 내 얘기를 잘 들어주고 공감해 주면 좋겠다는 상상을 자주 한다. 내 이야기를 한다는 건 살아온 경험과 생각을 표현하는 행위다. 이보다 더 진실한 얘기가 어디 있을까 하는 생각이 든다. 겉만 번지르르한 이야기가 아니다. 삶을 통해 경험하고 느꼈던 것을 그들과 공유하며 깊은 관계를 맺게 된다. 요즘은 의식적으로 나를 표현하려고 한다. 트라우마로 남았던 나의 아픔에서 이제는 자유로워지고 싶다.

  사람은 누구나 다 자기만의 마음의 상처가 있는 듯하다. 누군가에게 말하지 못하고 혼자 고민하거나 속으로 삼켜버린다. 용기를 내어 주위 사람들에게 말할 수 있지만 그러고 싶지 않다. 다른 사람들이 몰랐으면 하는 자신의 트라우마이기 때문이다. 한 번쯤은 그 상황이 나에게 왜 아픔으로 느껴졌는지 돌아볼 필요가 있다. 그저 트라우마라는 이유로 계속 상황을 회피한다면 본인에게 도움이 되지 않는다. 언제 또 비슷한 상황을 마주할지 모르며 그때가 되면 지금보다 더 큰 상처를 받을 수 있다. 자신을 돌아보는 과정을 통해 본인을 이해하게 되고, 상처를 치유할 힘을 얻게 된다.

**발표불안 극복을 위한 세 번째 황금열쇠**

1 — 트라우마를 인정하라
사람들 앞에서 말할 때 느끼는 불안은 마음속에 남아 있는 상처에서 비롯된다. 그 아픔을 외면하지 않고 솔직히 받아들이는 것이 곧 회복의 시작이다.

2 — 자신을 돌아보고 치유하라
트라우마를 반복해서 피하기보다 자신을 돌아보고 이해하는 과정이 필요하다. 이를 통해 상처를 치유할 힘을 얻고 더 강해질 수 있다.

## 생각의 주인은 나다

주체적으로 사고하지 못했던 나를 깨닫다

"사람은 자신의 신념을 선택할 자유가 있으며, 그것이 곧 삶의 방향을 결정한다."

_ 윌리엄 제임스(심리학자)

매력적으로 느껴지는 사람들이 있다. 그 사람들 옆에 있으면 흥미롭고 왠지 끌린다. 말로 재미를 준다기보다는 주위 사람들을 집중시킨다. 자기가 좋아하고 즐기는 일을 사람들에게 잘 표현한다. 곁에서 듣고 있으면 그들이 살아온 인생이 눈에 보이는 듯하다.

사회 경험이 부족한 나로서는 사람들과 어울리며 대화하는 게 어렵게만 느껴졌다. 가정에서도 부모님과 감정을 나눌 수 있는 환경은 아니었다. 그래서인지 누군가에게 내 생각과 감정을 표현하는 게 어색하게만 느껴졌다. 일상적인 얘기를 하더라도 각자의 생각이나 느낌이란 게 있다. 내 안에도 표현하고 싶은 무언가가 있었을 텐데도 그저 마음속으로만 간직한 채 전달하지 못했다.

자기만의 생각이 중심을 잘 잡으면 주위 사람들의 말에 잘 흔들리지 않는다. 인터넷 뉴스에 화제가 되는 기사를 보며 댓글을 읽을 때가 있다. 한쪽에서 이야기하는 내용을 읽어 보면 맞는 것 같고, 다른 쪽 의견도 가만히 보면 또 맞는 것 같다. 둘 다 옳은 얘기이니 결국 양쪽 다 그럴 수도 있겠다며 스스로 생각을 멈춰버린다. 서로의 상황을 이해라도 한 듯 넘어가게 된다. 그렇게 나 자신은 깊이 생각해 보지도 않는다.

한 주제에 대해 주관을 세우며, 표현할 수 있는 자세가 필요하다는 걸 알았다. 그 생각이 옳고 그름을 떠나 스스로 중심을 잡는 게 중요했다. 사람들의 말에 흔들리지 않고 중심을 지키는 그들이 부러웠다. 나에게는 그런 부분이 부족했다.

개인적인 이유로 13년간 해왔던 미용 일을 그만두고 생산직에서 일하게 되었다. 자동차 부품을 조립하고 생산하는 회사였다. 여러 업체에 납품하다 보니 작업장 안에는 몇 개의 라인이 설치되어 있었다. 현장마다 일하는 사람들도 팀을 이뤄 작업했다. 일하면서 효율적으로 작업하기 위해 서로의 의견을 주고받기도 했다. 그럼 누군가는 이렇게 하는 게 좋겠다고 하고, 또 다른 누군가는 그것보다 이게 더 낫다고 말한다. 정답이 있는 것은 아니었다. 작업 방법에 대해 서로의 생각을 말하고 조율하면 되었다. 논리적으로 이유와 근거를 제시하며 말하는 사람을 보면 나보다 한 단계 위에 있는 듯했다. 머릿속으로는 이렇게 하면 좋겠다는 생각을 했지만 스스로 확신이 없었다. 괜히 내 의견을 말했다가 누군가가 반박하면 어떻게 해야 할지 걱정돼 입을 닫게 된다.

 매 타임 두 시간 일하면 10분 정도 쉬는 시간이 있었다. 삼삼오오 모여 야외 휴게실에서 음료를 마시거나 잠시 얘기를 나누기도 한다. 일상적인 주제로 사람들과 대화할 때 나의 부족함이 드러나는 것 같아 포장하기도 했다. 주체적으로 생각하는 것도 잘되지 않았다. 타인의 의견들과 주위에 들었던 이야기를 종합해 내 생각인 양 말할 때도 있었다. 아마도 같이 있던 동료들은 속으로 '당연한 얘기를 하고 있네.'라며 생각했을지도 모른다. 올바른 대답이 될지는 모르지만 애당초 내 생각은 아니었다. 이런 나의 모습이 스스로가 생각하기에 매력이 부족하다고 느꼈다. 정답이 있고 없고를 떠나 자신의 삶을 돌아보고 경험을 바탕으로 말하면 되었다.

 다른 사람들을 의식해 나 자신을 표현하지 못할 때면 스스로가 한심스러웠다. 생각과 감정을 억누르며 내가 얻은 것은 별로 없었다. 그저 서로 부딪히는 일 없이 '사람 괜찮다.'는 말 정도만 들었을 뿐이다. 그건 어디까지나 자신감이 없던 나의 모습이었다. 나를 표현하고 싶은 욕구는 있었지만 입 밖으로 꺼내지 못했다. 대단한 용기가 필요한 것도 아니었다. 그 순간 그냥 말하면 되었다. 뒤돌아서서 '그때 말이라도 해 볼걸.' 하며 후회한 적이 셀 수 없이 많았다.

회사에서 동료들과 일상적인 얘기를 나누던 때가 있었다. 그중 한 동생이 요즘 어떻게 지내는지, 쉬는 날에는 무엇을 하는지 내게 물었다. 특별한 것 없는 가벼운 질문이었다. 그냥 그 순간 분위기에 맞춰 이야기하면 되었다. 하지만 나는 "나야 뭐, 그렇지. 재미있는 게 어디 있겠어."라고 대답했다. 분위기가 어색해지는 게 싫어 다시 좀 더 얘기했다. "집에서 TV 보면서 지내지, 너는 휴일에 뭐 하니?" 내 질문에 동생은 자기 이야기를 하기 시작했다. 나와는 다르게 목소리에 힘이 느껴졌다. 목소리에 힘이 있으니 집중하게 되었다. 자신의 경험을 생생하게 전하는 동생의 모습이 즐거워 보이기까지 했다.

나는 대화할 때 목소리에 힘이 있는 사람들을 관찰한다. 힘 있는 목소리가 부러워 더 잘 들리기도 했다. 그들은 자기 생각에 확신이 있어 자신감 있게 말한다. 가끔 사람들에게 내 목소리가 부드럽다는 말을 듣곤 했다. 그런 나는 자신감이 부족해 소리가 작다고 생각했다. 하지만 사람들은 다르게 받아들였던 것 같다. 한편으로는 내 목소리가 사람들에게 편안하게 들릴 수도 있겠다며 스스로를 위로하기도 했다.

한 번은 TV에 나오는 가수를 보며 아내와 이야기를 나눈 적이 있었다. 20년 전에 잠시 활동하다 최근에 다시 방송에 나온 가수였다. 노래를 부르며 춤추는 동작이 멋있어 보였다. 자유로운 영혼의 사람처럼 보였다. 그 모습이 매력적이라 나는 좋았다. 그런 내 느낌을 아내에게 전했다. 반면 아내는 그 가수가 마음에 들지 않는다고 말했다. 무대에서 표현하는 몸짓과 패션이 20년 전 그대로이고, 자기 멋에 취해 흐느적거리는 사람 같다고 했다. 아내와 서로의 취향을 이야기하던 중 목소리가 어느새 높아져 버렸다. 좋고 싫음을 얘기하다가 결국 누가 더 맞는지를 따지듯 해버렸다. 나는 그 가수를 보며 자유로운 영혼이라서 좋다고 했고 아내는 조금 더 구체적으로 이유를 설명했다. 서로 의견이 대립했던 것은 내 표현에 문제가 있었던 게 아닐까 하는 생각이 들었다. 내 의견을 말할 때 좀 더 구체적으로 설명했으면 좋았을 거라는 아쉬움이 남았다.

한 주제에 대해 주도적으로 생각하는 사고력은 말에 힘을 실어 준다. 다른 누군가의 생각이 아닌 자신의 경험을 통해 소신 있게 말하게 된다. 회사에서 동료와 대화할 때나 가족들과 TV를 보며 의견을 주고받는 상황처럼 말이다. 스스로 주체적으로 생각하고 말하는 사람을 보며 나를 돌아보게 되었다. 내 삶을 되돌아보고 경험했던 일들을 이야기 주제에 맞게 말하면 된다는 사실을 알게 되었다.

자기 생각에 확신이 생기려면 다양한 관점으로 대상을 볼 수 있어야 한다. 사람마다 상황을 바라보는 입장이 다를 수밖에 없다. 그걸 고려하지 않고 나만의 관점에서 이야기한다면 갈등이 생기기 마련이다. 상대방이 왜 저렇게 이야기하는지 그 사람의 입장에서 생각할 수 있어야 한다. 다양한 시각으로 상황을 바라볼 때, 이해의 폭은 저절로 넓어진다. 언제 또 상황이 바뀌어서 내가 그 사람의 입장이 될 수 있다. 그런 나는 이전과 다른 관점에서 생각하고 말하는 경우가 생기곤 한다. 양면적 사고를 하게 되면 내 의견에 힘을 실어 말할 수 있다. 상대를 배려하는 말하기가 전제가 되기에 내 의견에 무게감이 실린다. 대화할 때도 상대방이 나와 생각이 다르다고 해서 마음을 닫을 필요는 없다. 그들을 통해 내가 생각하지 못했던 부분을 알게 되기도 한다. 간접 경험할 수 있는 기회로 여기며 열린 마음으로 이야기를 들어 보자. 자기 생각의 폭을 넓힐 수 있게 말이다.

**발표불안 극복을 위한 네 번째 황금열쇠**

**1 — 생각의 중심을 세워라**
주위의 말에 휘둘리지 않으려면 나만의 기준이 필요하다. 옳고 그름을 떠나 자신의 주관을 세우는 것이 흔들리지 않는 첫걸음이다.

**2 — 표현하는 연습을 하라**
머릿속에서만 맴도는 생각은 힘을 잃는다. 작은 의견이라도 내 목소리로 표현할 때 마침내 중심을 지키는 힘이 생긴다.

## 5

## 당당함을 지켜라

주저하며 잃었던 자신감을 회복하다

"자신을 수용할 때 비로소 우리는 진정한 자기표현과 당당함을 경험한다."

_ 칼 로저스(심리학자)

    한동안 자기계발 서적에 빠진 적이 있었다. 스스로 부족한 게 많다고 느꼈고, 그 부족함을 책을 통해 채우고 싶었다. 내 관심을 끌던 내용은 자신감과 당당함에 관한 이야기였다. 사람들과 대화할 때 당당하게 말하지 못해 불편한 점이 한두 가지가 아니었다. 내 이야기조차 편하게 꺼내지 못하고 자꾸 머뭇거리게 되었다. 그런 내 모습을 본 사람들의 표정이 어두워 보였고, 불안해하는 것 같았다. 말할 때 좀 더 당당한 자세로 표현해야겠다는 생각이 들었다.

    내가 다니는 회사에서는 조장이나 반장이 조회 시간에 전달사항을 알린다. 회사에는 교육장이 있어서 그곳에 모이면 서른 명 정도 되는 인원이 참석한다. 그날도 전달사항이 있었고 우리는 제시간에 맞춰 교육장에 모였다. 조장과 반장이 먼저 도착해 우리를 기다리고 있었다. 빈 의자를 찾아 자리에 앉았다. 정면에 있는 빔 프로젝터 화면을 바라보았다. 화면 왼쪽 아래에는 작은 책상이 하나 있고 그 위에는 노트북 한 대가 놓여 있었다. 서른 명 정도 되는 인원 앞에서 한 조장이 리모컨을 손에 들고 이야기를 시작했다. 많은 사람이 모이면 보통 긴장하기 마련이다. 사람들이 자신을 쳐다보고 있기 때문에 의식하게 된다. 그런 상황에도 여유롭게 리모컨으로 화면을 넘기며 당당하게 말한다. 책에 나와 있는 자신감과 당당함을 갖춘 사람처럼 목소리에 힘이 있고, 눈빛에서 당당함이 느껴진다. 우리는 그 관리자의 카리스마에 압도되어 더 긴장하게 된다. 옆 사람과 잡담하지 않은 채 조장의 이야기를 집중해서 듣는다. 그날 전달사항을 다 말하고 마칠 때면 조장은 "위치로 돌아가서 작업하세요!"라고 큰 소리로 외쳤다. 그런 조장의 당당한 모습을 보며 부럽기만 했다.

나는 회사 쉬는 시간에 야외 휴게실에서 음료수를 마시곤 했다. 휴게실 쪽으로 걸어가는데 도착하기 전부터 누군가의 목소리가 들려온다. 그 소리를 들으면 누군지 단번에 알 수 있다. 조회 시간에 자신감 있고 당당하게 말하던 바로 그 조장이다. 어디에서든 자신의 존재감을 드러내는 사람 같다. 허스키한 목소리에다 걷는 자세마저 활기가 넘친다. 허리는 곧게 펴고 정면을 쳐다본다. 두 팔을 크게 흔들면서 시원시원하게 걷는다. 도대체 저런 자신감과 당당함은 어디에서 나오는지 궁금했다. 살아오면서 이룬 성과가 많아서인지, 아니면 그것과 상관없이 자기 자신을 믿기 때문인지 알 수 없었다.

　나도 자신감 있고 당당한 사람이 되고 싶어 관련된 책을 읽으며 배워 나갔다. 책에서 알려주는 대로 직접 해봐야겠다고 생각했다. 작은 것이라도 좋으니 꾸준히 해나가는 것이 중요하다고 강조했다. 자기가 할 수 있는 그 일을 지속적으로 했을 때 변화가 일어난다고 알려주었다. 그런 과정에서 성취감을 느끼고 남 앞에서도 당당하게 행동할 수 있다고 말했다.
　자기 확신을 높일 수 있는 문구도 만들어 보라며 알려주었다. 노트에 적은 뒤 소리 내어 말하라고 했다. 말과 글에는 힘이 있어서, 자신만의 문구를 반복적으로 쓰고 말하면 잠재의식에 영향을 준다고 했다. 스포츠 선수들이 경기가 있기 전부터 이미지 트레이닝을 하는 것과 비슷했다. 실제로 잠재의식을 이용해 연습을 했을 때 경기 결과도 좋게 나왔다는 사례가 있었다.
　말과 글로 표현하며 자신이 바라는 모습처럼 행동하라고 했다. 상상만 하고 행동하지 않으면 효과가 떨어진다고 알려주었다.
　평소 블로그를 하고 있었기에 '자기 확신'이라는 카테고리를 하나 만들었다. 거기에 '나는 자신감 있고 당당한 조현석이다.'라고 적었다. 하루도 빠짐없이 1년을 적어 나갔다. 또 그 문장을 소리 내어 말했다. 걸을 때도 어깨를 활짝 펴고 씩씩하게 걸었다. 작은 것이라도 꾸준히 실천하면 도움이 될 거라 믿었다.
　그렇게 1년 동안 다짐하며 행동했건만 어떤 일로 인해 그동안의 노력이 한순간에 무너졌다. 특정 상대에게 여전히 말하지 못하는 나 자신을 발견했다. 그 사람 앞에만 서면 예전의 나약한 내 모습으로 돌아가곤 했다. 목소리에 힘이 없고 당당하지 못한 나였다. '나는 그 상황에서 왜 그랬을까? 당당하게 행동하자고 소리 내어 외쳤는데!'라며 자책했다.

특정한 누군가였던 그 사람은 내가 상대하기 힘든 대상이었다. 나 자신이 그 사람에게 불편한 감정을 품고 있었기에 자연스레 경계심이 생겼다. 편안한 사람도 아닌데다가 내가 바라는 모습처럼 행동하는 게 더욱 힘들게만 느껴졌다.

그 일이 있은 후부터 나 스스로가 점점 초라해 보였다. 주위 사람이 말을 걸어오면 오히려 부담스러워졌다. 혼자 조용히 있고 싶었고, 가끔 동료가 말을 걸어와도 내 의견을 제대로 표현하지 못했다. 내가 먼저 말을 꺼내는 것은 엄두도 내지 못했다. 회사에서 일을 하는 동안에는 머릿속에 온통 이런 생각뿐이었다. '자신감 없고 당당하지 못한 나….'

그때 옆에서 함께 일하는 동생이 내게 말했다. "형님, 좀 당당하게 행동하세요. 왜 그렇게 사람들 눈치를 보세요?" 나는 발끈하며 대답했다. "아니, 내가 무슨 눈치를 본다고!" 그러자 동생은 바로 받아쳤다. "형님은 식당에서 밥 먹을 때도 두리번거리잖아요."

동생의 말을 듣고 나름 충격을 받았다. 인정하고 싶지 않았지만 부정할 수도 없었다. 나도 남들 눈치 보지 않고 당당하게 행동하고 싶었다. 하지만 현실의 나는 그렇지 못했다. 내 바람과는 달리 여전히 주위 사람들을 의식하며 행동하고 있었다. 며칠 동안 무기력한 상태로 지냈다. 이대로 주저앉을 순 없었다. 반드시 내 문제를 극복하고 싶었다. 스스로 일어서야 했다. 내가 바라던 모습이 되기 위해 다시 한 걸음을 내디뎌야 했다.

그 동생이 내게 말해 주었던 자신감 없고 당당하지 못한 나 자신을 인정하려 했다. 이것도 내 모습이라는 걸 부정해서는 안 되었다. 다시 처음부터 시작하면 되었다. 어떻게든 내 마음을 일으켜 세우는 일이 우선이었다.

시간이 약이 되었을까. 다행히 일주일쯤 지나자 내 생각과 감정이 조금씩 긍정적으로 변해갔다. 이제는 힘 있는 목소리를 낼 수 있을 것 같았다. 어깨를 펴고 당당하게 걸어갔다. 다른 사람들 눈치 보지 않고 내 생각과 감정을 말하려고 했다. 스스로 다짐을 하며 행동하지 않으면, 변화는 일어나지 않을 거란 생각이 들었다. 또 그런 태도는 결국 나 자신을 존중하지 않는 일이라는 것도 알았다.

인간은 누구나 나약한 면을 지니고 있다. 게다가 완벽하지도 않고 늘 어딘가 부족하다. 대부분의 사람이 그렇다는 사실을 우리는 알고 있지 않은가. 부족하다고 해서 당당하지 못할 이유는 없다. 자신의 모습을 부정하지 않고 있는 그대로 받아들여야 한다. 내가 아는 것이 많지 않더라도 상황에서 느꼈던 감정을 표현하면 된다. 나를 표현하는 일이 자신을 살리는 길이다. 그래야 지금보다 더 당당한 나로 거듭날 수 있다. 조금 실수해도 괜찮고 부족해도 괜찮다는 걸 스스로 받아들였으면 좋겠다. 마음에 들지 않는다고 외면했던 나 자신조차도 감싸안을 줄 알아야 한다. 당당하게 살고 싶다는 다짐과 그에 맞는 행동을 하며 천천히 걸어가길 바란다.

**발표불안 극복을 위한 다섯 번째 황금열쇠**

1 — 당당함은 꾸준한 실천에서 시작된다
작은 행동부터 지속적으로 해나가면 변화가 찾아온다. 부족함도 성장의 일부임을 받아들이는 것이 중요하다.

2 — 남의 눈치를 보지 말고 행동하자
남의 시선을 지나치게 의식하지 않고 내 생각과 감정을 솔직하게 표현할 때, 지금보다 더 당당한 나로 거듭날 수 있다.

## 6

## 비교는 그만, 나를 찾아라

부러움과 질투 속에서 나를 안다

"다른 사람의 성취는 배움의 기회이지 자신의 가치를 평가하는 기준이 아니다."

_ 스티브 잡스(기업가)

나를 있는 그대로 받아들이는 일은 쉽지 않았다. 부족한 부분들이 자꾸 눈에 들어왔고 거기에 신경 쓰다 보면 한없이 작아지는 듯했다. 누군가와 나를 비교하며 나 자신을 낮추고 자책했다. '나는 왜 저 사람처럼 하지 못할까?'라는 생각이 머릿속을 떠나지 않았다. 사람들은 모두 저마다의 장단점이 있다. 잘하는 일이 있을 수 있고 누구나 잘하지 못하는 일도 있기 마련이다. 하지만 나는 잘하는 것보다 못하는 부분에만 집중했다.

가깝게는 집에 있는 아내와 나를 비교하기도 했다. 아내는 나보다 두 살 어리지만 생각은 오히려 나보다 더 깊은 편이었다. 나는 어떤 대상을 볼 때 한쪽 면만 보는 반면 아내는 양쪽 면을 보는 것 같았다. 함께 대화를 나누다 보면 서로 의견이 맞지 않을 때도 있지만, 결국에는 내가 수긍하는 경우가 많았다.

한번은 이런 일이 있었다. 아내와 함께 밥을 먹으러 분식집에 가고 있었다. 우리보다 몇 걸음 앞서가던 두 사람이 식당 문을 열고 먼저 들어갔다. 우리는 그 뒤를 따라 들어섰다. 남자 두 명이 자리에 앉아 메뉴판을 보고 있었다. 무엇을 먹을지 고민하는 듯 보였다. 메뉴를 고르는 시간이 점점 길어지고 있었다. 우리는 이미 음식을 고른 상태였고 직원에게 말해주기만 하면 되었다.

나는 그 사람들이 주문하면 다음으로 음식을 시키려고 했다. 하지만 좀처럼 결정을 못 내리자 아내는 우리가 우선 주문하자고 말했다. 나는 저 사람들이 먼저 왔으니까 기다려야 한다고 대답했다. 그러는 동안에도 그들은 메뉴를 정하지 못하고 있었다. 이번에는 아내가 짜증 섞인 말투로 말했다. "저 사람들이 메뉴를 고르는 데 시간이 오래 걸리니까 우선 주문하면 돼!" 아내의 목소리를 들으니 말을 들어야 할 것 같았다.

이후 음식이 나왔고 밥을 먹으면서도 말다툼은 계속되었다. 다 먹고 식당을 나서면서 아내는 내게 물었다. "오빠는 저 사람들이 음식을 고를 때까지 계속 기다릴 생각이었어? 여기가 번호표 뽑고 기다리는 곳 아니잖아!" 이어서 덧붙였다. "만약에 가게 안에 여러 명이 있었으면 그 사람들이 전부 메뉴 선택할 때까지 우린 가만히 있어야겠네?" 그 말을 듣고 나는 좀 전에 했던 말로 똑같이 대답했다. "저 사람들이 우리보다 먼저 들어왔잖아!" 그 뒤로는 딱히 할 말이 떠오르지 않았다. 말할수록 설득력이 없어 보였다. 한편으로는 아내에게 말로는 안 되니 내가 스스로 계속 우기는 것처럼 느껴졌다. 그리고 아내는 나에게 융통성이 없다고 말했다. 사실 융통성 없다는 말은 예전부터 아내에게 종종 들었던 이야기였다.

식당에서 있었던 일을 다시 떠올렸다. 내가 말한 대로 계속 기다리는 게 맞는지 생각해 보았다. 서로의 의견 중 누가 더 논리적인지 비교했다. 한참을 고민한 끝에 결국 아내의 의견에 수긍하게 되었다. 머릿속에는 이런 장면이 떠올랐다. 어느 식당에서 메뉴판을 보는 사람들이 많을 때 나는 순서에 상관없이 손을 들어 먼저 주문할 것 같았다.

내 머릿속은 고정관념으로 가득 차 있었다. 상황에 따라 융통성 있게 행동하는 게 잘 되지 않았다. 아내 말대로 우선 음식을 주문하고 기다려도 될 일이었다. 식당에서 평소에 순서대로 음식을 내주는 곳이었다면 식당 사람들 역시 그에 맞춰 행동했을 터였다.

남성 미용실에서 디자이너로 2년간 일한 적이 있었다. 그곳 가게 원장은 나보다 한 살 많았다. 원장은 나와 나이 차이가 별로 없다며 편하게 말을 놓으라고 했다. 하지만 나는 예의를 지키기 위해 '원장님'이라는 호칭을 붙여 부르겠다고 대답했다.

서로의 경력을 비교해 보니 큰 차이가 없다는 생각이 들었다. 둘 다 비슷한 시기에 자격증을 취득했다는 걸 뒤에 알았다. 다만 나는 미용을 10년 이상 해오다가 이용으로 전향한 경우였고 원장은 처음부터 줄곧 이용만 해왔다. 이용 경력만 놓고 본다면 원장은 나보다 더 많은 남자 머리를 다듬었다.

커트를 얼마나 잘하는지 궁금해서 옆에서 지켜보았다. 나와 비교했을 때 기술적으로 큰 차이는 느껴지지 않았다. 다만 원장은 이용 경력이 오래돼서인지 커트 시간이 짧았다. 나는 속도보다는 꼼꼼하게 작업하는 스타일이었고 그만큼 커트 시간이 더 오래 걸렸다.

가게에서는 염색이나 파마 시술도 했지만 커트 손님이 대부분이었다. 머리를 꼼꼼하게 손질하는 것도 중요하지만 속도가 느려서는 안 되었다. 신속하게 커트를 마쳐야 더 많은 손님을 받을 수 있었다. 이는 곧 매출과도 직결되었다.

예전에 내가 미용실을 운영할 때는 비교적 여유 있게 일했다. 바쁜 상황에서 급하게 손질하다 보면 머리 모양이 예쁘게 나오지 않았다. 그만큼 손님들의 만족도 역시 떨어지곤 했다. 직접 가게를 운영할 때와 달리, 직원으로 일할 때는 상황이 달랐다. 작업 속도를 높이면서도 머리 모양을 깔끔하게 손질해야 했다. 한편으로는 급하게 커트하다 머리 모양이 이상해질까 하는 걱정도 있었다. 그런 우려 때문에 나는 속도보다는 꼼꼼하게 작업하는 방식을 선택했다. 6개월이 지날 무렵 커트 선이 처음보다 정교해졌다. 어려운 머리도 소화할 수 있겠다는 자신감이 더해졌다.

주말에는 평일보다 손님이 많은 편이었다. 직장인들이 주말을 이용해 머리를 하러 왔기 때문이다. 그날은 영업 시작 전인데도 손님들이 문 앞에서 기다리고 있었다. 그 상황을 보며 마음이 조급해졌다. 커트를 빨리 해야 한다는 생각이 들었다. 먼저 온 두 사람이 시술 의자에 나란히 앉았고 원장과 나는 함께 커트를 시작했다. 다른 손님들은 소파에 앉아 순서를 기다리고 있었다. 신문을 보는 사람도 있었고 TV를 보는 사람도 있었다. 가끔은 고개를 돌려 작업 중인 우리를 바라보기도 했다. 일할 때는 손님 머리를 하는 데 집중하려 애썼다. 하지만 누군가 뒤에서 계속 지켜보고 있다는 느낌이 들면 의식하게 되었다.

원장은 나와 비슷하게 작업을 시작했지만 5분 정도 빨리 커트를 끝냈다. 커트 선이 큰 차이가 없다면 속도가 빠른 사람이 더 잘한 셈이다. 손님 입장에서도 작업 시간이 짧은 미용사에게 머리를 맡기게 마련이다. 일정 시간이 넘어가면 지루해하거나 언제 끝나는지 물어보는 손님도 있다. 이후 내가 다음 손님을 받을 때였다. 소파에 앉아 있던 한 손님에게 앞쪽 의자에 앉으라고 말했다. 그런데 그 손님은 옆에 있는 원장에게 자르겠다고 대답했다. 그 말을 듣고 나서는 자존심이 조금 상하는 듯한 기분이 들었다. 원장 손님이었으면 이해했겠지만, 처음 온 손님 같았다. 손님은 뒤에서 커트하는 우리 모습을 보면서 원장이 더 잘한다고 생각했던 모양이다. 속으로는 '자르고 싶으면 자르면 되지. 나도 잘 자른다.'라며 나 자신을 위로했다. 그런 일이 몇 차례 반복되었고 나는 어떻게 하면 빠르고 정확하게 커트할 수 있을지 고민하기 시작했다.

원장과 회식을 할 때였다. 고민이 있거나 하고 싶은 말이 있을 때면 회식 자리에서 이야기하는 편이었다. 그날 내 고민은 '커트를 어떻게 하면 더 빨리할 수 있을까?'였다. 그걸 원장에게 물어보았다. 원장은 빠르게 하는 것보다 손님이 만족하는 것이 더 중요하다고 말해주었다. 속도는 하다 보면 자연스럽게 올라간다고 했다. 덧붙여 지금도 잘하고 있으니 부담 갖지 말고 하던 대로 하라고 말해주었다. 그 말을 듣고서 마음이 한결 편안해졌다. 그동안 원장과 나를 비교하며 힘들었던 나 자신을 돌아보게 되었다.

상대방을 보고 부러워하며 스스로가 위축될 때가 있다. 그 사람과 나를 비교해 '나는 왜 잘 안될까?'라며 자괴감에 빠지기도 한다. 사람마다 가지고 있는 재능은 조금씩 다르다. 원장이 남자 머리를 잘 만지듯, 나는 파마, 염색, 드라이 등 다양하게 할 수 있다. 사람마다 각자의 재능이 있다는 걸 인식하면 마음이 편안해진다.

남들과 비교하는 게 꼭 나쁜 것만은 아니다. 비교하며 자신을 하찮게 생각하거나 초라하게 느낀다는 것이 문제다. 나와 가까운 사람들과 서로 저울질하며 올라오는 감정이 있을 수 있다. 열등감, 질투, 좌절감 등 대체로 부정적인 감정들이다. 그럴 때는 시선을 돌렸으면 좋겠다. 나에게 도움이 될 수 있는 방향으로 말이다. 배우려고 하는 자에게 스승이 나타난다는 말이 있다. 내 곁에 있는 사람에게서 배울 점을 찾을 수 있지 않을까. 내게 부족한 부분을 보완할 기회로 여기자. 어제의 나보다 오늘의 내가 얼마나 성장했는지 바라보아야 한다. 자신의 성장을 위해 어떤 관점을 가져야 할지 생각해 보길 바란다.

발표불안 극복을 위한 여섯 번째 황금열쇠

1 — 비교는 성장을 위한 거울이다
남과 비교하며 위축될 필요는 없다. 대신 배울 점을 찾아 나만의 성장 기회로 삼으면 비교가 나를 더 나은 방향으로 이끌 수 있다.

2 — 나만의 재능을 인정하라
누구나 잘하는 것과 그렇지 못한 것이 있다. 남의 강점에 주눅 들기보다 내 안의 가능성을 발견하고 키워 나가는 데 집중하자.

## 1

## 표현, 대체 어떻게 해야 할까?

서툰 나를 마주하며 용기를 내다

"새로운 방식을 시도하는 순간, 우리는 이전과 다른 나를 만나게 된다."

_ 톨스토이(소설가)

 부모님과 많은 대화를 나눌 수 있는 환경은 아니었다. 두 분은 한자리에서 30년 넘게 이용원을 운영하셨다. 가게 안에는 큰 방이 하나 있었는데, 그곳에서 부모님과 형, 나 이렇게 네 명이 함께 생활했다. 큰방 옆에는 작은 부엌이 있었다.
 오전 6시가 되면 부모님은 가게 문을 열었다. 직장인들이 출근하기 전에 커트하러 오는 손님들이 종종 있었다. 그리고 저녁 8시까지 일을 이어가셨다. 손님이 없을 때면 가게 안을 정리하거나 뉴스를 보셨다. 뉴스만큼 손님들과 대화를 나누기에 좋은 소재도 없었다. 우리가 학교에 갈 시간이 되면 어머니는 부엌으로 들어왔다. 아침밥과 학교에서 먹을 도시락까지 챙겨주셨다. 부모님은 우리가 일어나기 전에 미리 식사를 하셨다.

서로 하루를 시작하는 시간이 달라 온 가족이 함께 아침밥을 먹는 일은 드물었다. 큰 방에서 네 식구가 함께 생활했지만 부모님과 다정하게 이야기를 나누기는 쉽지 않았다.

  나이가 일흔이 넘은 아버지는 지금도 가게에 나가신다. 한자리에서 오랫동안 가게를 운영해 온 덕분에 단골손님들은 많지 않더라도 여전히 찾아온다. 예전에는 정말 바쁠 때면 손님들이 앉을 자리가 없을 정도였다. 그렇게 바쁘게 일하면서도 직원을 구하지 않으셨다. 직원을 두면 가게에 손님이 많다는 소문이 날까 봐 일부러 두 분이 하셨다고 말했다. 일이 끝나면 어머니는 손님들이 사용한 수건을 빨기 시작했다. 적은 양이 아님에도 허리를 숙여가며 하나하나 비누칠을 하셨다. 부모님께 그때는 왜 세탁기를 사지 않으셨는지 물어볼 생각을 못 했다. 지금 생각해 보면, 조금이라도 아껴서 우리에게 더 잘해주고 싶으셨던 마음이었을 것 같다.
  가게 쉬는 날은 매주 화요일이었다. 화요일은 우리가 학교에 가야 하는 날이었다. 온 가족이 함께 여행을 간 기억이 별로 없다. 가족 앨범을 살펴봐도 많은 추억이 남아 있지 않았다. 사람들은 옛날 사진을 보며 좋은 추억을 떠올린다고 하지만 우리에게는 그런 사진조차 많지 않았다.

  형과 나는 둘 다 성격이 내성적이고 숫기가 없는 편이었다. 다른 집 형제들은 서로 장난도 치며 지낸다는데 우리는 그러지 않았다. 친구들과 놀러 다니는 성격도 아니었고 게임을 좋아하지도 않았다. 비슷한 취미조차 없었던 것 같다. 학교를 마치고 집에 오면 딱히 할 일이 없었다. 둘 다 밥상 위에 교과서를 펼쳐 놓고 나란히 공부하던 기억이 난다. 교과서를 많이 봤으면 성적이 좋아야 했지만 꼭 그런 것은 아니었다. 가게 안에 방이 있었기에 우리는 일하시는 부모님의 눈치를 살필 수밖에 없었다. 두 살밖에 차이 나지 않아 편하게 지낼 수도 있었지만 서로 많은 대화를 나누지는 않았다. 속에 있는 이야기를 털어놓은 기억도 거의 없다. 타고난 기질도 있었겠지만 생활환경 역시 한몫하지 않았을까 싶다.

나는 표현을 잘하지 않는 편이었다. 내 이야기를 하는 게 어색해서 주로 듣기만 했다. 누군가 물어보거나 말을 건네면 대답은 잘했다. 그렇게 해서라도 상대방에게 잘 보이고 싶은 마음이 있었던 것 같다. 사람들에게 잘 맞추려 했던 내 행동을 보며 주위에서 나를 착하다고 말했다. 그런 말을 듣는 것이 좋아서 계속 그렇게 행동하게 되었다. 하지만 어느 순간부터는 '착하다', '순하다', '인사성이 밝다'는 말들이 예전처럼 기쁘게 들리지 않았다. 그 말들에는 칭찬보다는 순진하거나 자기주장이 없다는 의미가 담겨 있는 것처럼 느껴졌다. 남들에게 잘 보이려고 했던 행동들이 항상 나에게 좋은 것만은 아니었다. 내 마음과 다르게 행동하고 있다는 생각이 들 때면 나를 속이고 있는 듯한 기분이 들었다. 나를 포장한 채 사람들에게 비쳤던 시간이 너무 길었다. 감정을 숨기고 그들의 의견에 맞장구치며 호응하던 나였다. 그때는 그저 좋은 사람처럼 보이고 싶었다. 하지만 그런 내 모습은 싫은 소리 한마디 제대로 하지 못하고 속마음조차 알 수 없는 아이로 비치기도 했다.

20년 넘게 알고 지내는 고등학교 친구가 있다. 이 친구와는 한 달에 한 번쯤 만나 밥도 먹고, 편안하게 술도 한잔 나눈다. 학창시절에는 지금처럼 친하지 않았다. 복도에서 마주치면 가볍게 인사만 주고받는 정도였다. 졸업 후 동창회 모임에서 다시 만나 이야기를 나누기 시작했다. 성격도 비슷하고 말이 잘 통해 금세 가까워졌다.

언젠가 친구와 둘이서 술을 마시는데, 친구가 내게 말했다. 너와 술을 엄청나게 마셔서라도 네 속내를 알고 싶다고 했다. 나는 친한 친구에게조차 속마음을 잘 드러내지 않았다. 친구가 오죽 답답했으면 그런 말을 했을까 싶다. 그때는 내 이야기를 하는 게 조금 두렵고 어색했다. 주로 내 이야기보다 주변에서 일어나는 일이나 화젯거리로 대화를 이어갔다. 친구와 깊은 대화를 나누지 못한 아쉬움이 기억에 남는다.

마음속으로는 나를 표현하고 싶었다. 내 생각과 감정을 사람들에게 전하고 싶은 마음이 가득했다. 상대방의 이야기에 반응만 하는 데 그치지 않고, 주도적으로 대화를 이끌고 싶은 욕구도 있었다. 상대가 내 말에 반응하지 않거나 공감하지 않으면 어떡하나 하는 불안감이 컸다. 그런 불안이 나를 더 위축시키고, 표현하지 못하게 만들었다.

내가 마음을 열어 얘기하지 못했던 가장 큰 이유는 두려움 때문인 것 같다. 내 감정을 잘 받아주는 사람이 주위에 있었다면 좋았을 텐데 하는 아쉬움이 남는다. 그런 사람이 내 곁에 있었다면 편안하게 이야기할 수 있었을 것 같다는 생각도 들었다.

표현하는 게 서툴고 어색하다는 이유로 나 자신을 계속 억압해서는 안 되었다. 내 생각과 느낌을 사람들에게 표현해야 했다. 편하게 말하지 못하더라도 조금씩 입 밖으로 꺼내야 했다. 나를 드러내는 게 두려워서 가만히 있으면 시간이 지나도 지금 모습 그대로 행동할 것 같았다.

내가 경험했던 상황과 그때 느꼈던 감정을 표현하기 시작했다. 감정 표현에 서툴렀던 나는 다양한 느낌을 드러내는 게 쉽지 않았다. 하지만 천천히 내 속마음을 조금씩 보여주자 색다른 느낌이 들었다. 누군가에게 내 마음을 전할 수 있다는 사실이 뿌듯했다. 내 이야기에 사람들이 공감해 줄 때면 더욱 만족스러웠다.

나를 표현하며 매 순간 느끼는 감정을 인식하려고 했다. 상황에 따라 내 감정이 어떻게 변화하는지 지켜보았다. 나 자신에게 관심을 두고 알아갔다.
예전 같으면 내 감정을 마주하고 그 반응을 되돌아보는 일조차 생각하지 못했다. 나에게 의미 있고 소중한 시간이 되었다.
표현하는 게 서툴고 두렵기도 하며, 상대가 어떻게 반응할지 걱정도 된다. 그렇지만 그런 과정을 통해 나 자신을 알아가는 일이 감사하게 느껴진다.

주위에 나와 비슷한 경험을 하거나 고민을 안고 있는 사람들도 분명 있다. 자신을 표현하는 데 익숙하지 않은 사람들 말이다. 그런 모습이 어느새 자연스럽게 몸에 밴 사람들은 표현에 대한 두려움을 피하려 지금의 안정감에 자신을 맡기곤 한다.

사람들에게 나를 드러내는 것이 두렵고 불편하더라도 작은 용기를 내어 자신을 표현해야 한다. 익숙하다고 느끼는 자신의 행동 방식에서 천천히 걸어 나오면 된다. 생각과 느낌을 말로 표현하기 힘들 때는 작은 메모지를 꺼내 적어도 좋다. 하루를 기록하며 표현하지 못한 자기 모습을 돌아볼 수 있다. 앞으로 어떻게 행동해야 할지도 생각해 볼 수 있다. 내가 바라는 모습을 떠올리며 실천 사항을 적어본다. 일상에서 하나씩 실행하며 또 다른 나만의 행동 방식을 만들어 가길 바란다.

### 발표불안 극복을 위한 일곱 번째 황금열쇠

**1 — 마음을 열어 표현하자**
서툴고 두렵더라도 내 속마음을 조금씩 드러내는 것이 성장의 첫걸음이다. 표현을 통해 내 감정을 알아가고 받아들이자.

**2 — 익숙함에서 벗어나자**
익숙한 행동 방식을 벗어나 나만의 새로운 방식을 만들어 가자. 작은 용기를 내어 생각과 느낌을 솔직하게 표현하자.

# 갇힌 시선에서 벗어나라

선입견을 깨고 사람을 보다

"첫인상만으로 판단하지 말라. 진실은 깊이 있을 때 발견된다."

_ 에머슨(사상가)

사람을 처음 볼 때 내 마음에서 일어나는 생각이나 감정이 있다. 첫인상만으로 내가 상대에게 호감을 느끼는지 아닌지 판단하게 된다. 서로 대화를 하지 않았는데도 '저 사람은 이럴 것이다.'라고 단정을 짓는다. 지금까지 사람들과 관계를 맺으며 알게 모르게 내 안에 선입견이라는 게 생겼다.

미용실에서 10년 넘게 손님을 대하면서 자연스럽게 선입견이 생긴 듯하다. 예전 인간관계에서 느꼈던 감정을 기억해 지금 내 앞에 있는 사람과 비교한다. 인상이 비슷하다는 이유로 '이 사람은 아마 이런 성격일 것 같다.'며 섣불리 짐작하게 된다. 그게 맞을 때도 있고 아닐 때도 있었다.

한 번은 아침마다 달드라이를 하러 오는 50대 여성이 있었다. 달드라이는 한 달 요금을 미리 계산하고 그 기간 동안 드라이를 받는 것을 말한다. 그 손님은 영업 일을 하는데 집에서 드라이하는 게 번거롭다며 미용실에 온다고 말했다. 오전 10시에 미용실 문을 열었는데 그 손님은 10시 10분쯤 머리를 하러 왔다. 영업 일을 한다는 말을 들었을 때 만만치 않을 것 같다는 생각이 들었다. 처음 얼굴을 봤을 때도 내 선입견으로 그 사람을 보긴 했다. 자기만의 세계가 있고 예민할 것 같다는 느낌을 받았다. 영업이란 게 남들을 설득해서 상품을 팔아야 하기에 자기만의 무기는 있을 거란 생각이 들었다. 나는 손님에게 기가 눌리면 안 된다는 생각에 사적인 이야기는 하지 않으려 했다.

며칠 동안 드라이를 하던 중 한 번은 손님이 나에게 하소연했다. 자기는 머리숱이 적은 데다 머리카락이 빠지는 것 같아 고민이라고 얘기했다. 머리카락이 빠지거나 가늘어지는 건 중년 여성들이 흔히 하는 걱정이기도 했다. 그 사람이 마음을 연 건지 몰라도 자기 고민을 말해 준 게 내심 고마웠다. 나는 그 손님의 고민을 덜어드리기 위해 두피 관리하는 방법을 알려주었다. 둥근 브리시로 마사지하는 방법이나 샴푸할 때 손으로 지압하는 방법을 설명해 주었다. 또 탈모에 효과적인 샴푸도 추천해 주었다. 이후 드라이를 하러 올 때마다 손님은 자기 이야기를 편안하게 하고 있었다. 내가 예상했던 이미지와 다르게 다정하다는 느낌을 받았다. 처음 첫인상만으로 그 손님의 성격을 추측했다. 나와 맞지 않을 것 같다는 느낌이 들어 경계하기도 했다. 그런 내 선입견 때문에 마음을 열지 못하고 거리를 두었다.

 주말에는 미용실에 손님이 많아 점심밥을 제때 챙겨 먹지 못할 때가 있다. 그걸 어떻게 알았는지 달드라이하러 오는 손님이 따끈한 떡을 챙겨왔다. 아내와 내게 시간 날 때 하나씩 먹으라며 건네주었다. 그러고는 내일 아침에 머리하러 온다고 하고선 바로 나가버렸다. 사실 손님이 계속해서 들어올 때면 점심때를 놓쳐 밥을 못 먹을 때가 종종 있었다. 가게 마칠 때쯤 피곤한 상태로 하루 한 끼만을 먹곤 했다. 그날도 오늘은 점심은 못 먹겠다며 생각하고 있었다. 마침 그 손님이 간편하게 먹을 수 있는 간식을 챙겨줬던 게 고마웠다.

 언젠가 평일 점심시간쯤에 그 손님이 드라이를 하러 왔다. 평소 아침에 머리를 하러 오는데 그날은 다르게 오후에 왔다. 손님은 일이 바빠서 점심도 못 먹었다며 혼잣말로 투덜거렸다. 그러고는 우리에게 점심을 안 먹었으면 내가 사줄 테니까 같이 시켜서 먹자고 말했다. 미용실에서 손님들과 밥을 먹을 기회가 없는 건 아니었지만 흔한 일은 아니었다. 조금 불편하고 다른 손님들도 함께 있는 공간이라 서먹하기도 했다. 그 손님이 우리에게 계속해서 보여줬던 친절한 행동들이 고맙기도 했고 미안하기도 했다. 나만의 선입견을 품고 그 손님을 바라봤던 생각들이 마음에 걸렸다.

 나는 내 마음속에 상대를 단정 짓는 나쁜 습관이 있었다. 있는 그대로의 모습을 제대로 볼 수가 없었다. 그저 나만의 느낌으로 상대를 미리 판단하며 저울질했다. 이런 내 태도가 사람들과의 관계에서도 도움이 되지 않는다는 걸 알게 되었다.

 내 선입견으로 상대를 바라보면 관계의 폭이 좁아지겠다는 생각이 들었다. 나와 맞지 않을 것 같은 사람과는 무의식적으로 거리를 두게 된다. 이미 마음속에서 상대방을 판단하고 관심은 두지 않으려 한다. 저 사람과 대화하지 않아도 알고 있다는 듯이 말이다. 내 생각이 아닐 수도 있다는 것은 잠시 대화를 나눠보면 알게 된다. 지금껏 내 시선으로 상대에게서 보고 싶은 부분만 확대해서 보았다. 또 그 부분과 관련된 것들을 계속해서 찾았다. 내 판단이 옳다는 것을 스스로 증명하려고 했다.

 상대를 바라보는 내 마음이 무의식적으로 드러난다는 걸 알게 된 적이 있었다. 회사에서 있었던 일이다. 나보다 열 살 정도 어린 동생이 있었다. 이 회사에서 일한 지는 7년쯤 되었다고 전해 들었다. 그때 나는 2년 정도 되어가고 있었다. 서로 다른 라인에서 일을 했기에 대화를 나눈 적은 별로 없었다. 어쩌다 작업 도구가 필요해 그 동생에게 몇 마디 건넨 것이 전부였다. 같이 일하진 않았지만 지켜보면서 어떤 사람일 거라는 느낌은 있었다. 자기주장이 뚜렷하고 당당해 보였다. 본인과 친한 사람이 아니면 굳이 대화하지 않는 것처럼 보였다. 자신보다 나이가 많다고 해서 인사를 하거나 친절하지도 않았다. 나와는 정반대의 성향이었다.

 한 번은 일을 하는데 그 동생과 가까운 거리에서 작업하게 되었다. 서로 다른 작업이었지만 우연히 옆에서 나란히 일하게 되었다. 주변에는 우리 둘밖에 없었다. 한 시간 동안 서로 대화도 나누지 않은 채 각자의 일을 하고 있었다. 나는 그날 평소 하던 일이 아니었고 잠시 지원을 온 거였다. 그 일이 익숙하지 않아 신경을 쓰며 작업했는데, 잘 되고 있던 기계가 중간에 멈춰버렸다. 혼자서 이것저것 기계를 만지며 고치고 있었다. 내가 할 수 있는 정도의 문제가 아닌 것 같았다. 누군가에게 도움을 받아야 했지만 마땅히 물어볼 사람이 없었다. 옆에 있던 동생에게 도움을 받아야만 했다. 조금 망설였다. 도와주지 않으면 어쩌나 걱정되었다. 기계를 빨리 고쳐 작업을 계속해야 했다. 동생에게 기계가 멈췄는데 도와주면 안 되냐고 물어보았다. 동생은 나를 쳐다보더니 자기도 모른다면서 하던 일을 계속했다. 본인이 지금 하고 있는 일에 방해가 되는 것 같아 귀찮아하는 듯했다. 내가 생각하기에 그 동생은 알고 있지 않을까 싶었다. 내가 하던 그 자리에서 작업하는 것을 몇 번 봐왔다. 게다가 일 잘한다는 얘기가 직원들 사이에서 소문이 돌았다. 나는 하는 수 없이 사무실에 가서 조장에게 도와달라고 말해야만 했다. 나는 사무실에 가서 얘기한 후 라인으로 돌아왔다. 그런데 좀 전까지 옆에서 일하고 있던 동생이 보이지 않았다.

　기계 수리가 끝난 후 나는 다시 일을 하고 있었다. 그러고는 나의 행동을 되돌아보았다. 일하면서 동생에게 한마디 말조차 건네지 않았다. 또 지루해하는 모습을 보면서도 못 본 척했다. 정작 필요할 때만 도와달라고 말을 건넸다. 그런 내 모습들이 떠올랐다. 생각해 보니 나는 동생에게 관심이 없었고 내 일만 하고 있었다. 그렇게 일에만 집중했던 이유는 나만의 선입견으로 동생을 경계하고 있었기 때문이다. 나에게 없는 모습이 동생에게 있었다. 자기중심적이고 당당한 태도였다. 나와 다른 성향을 보인 동생에게 적대적인 마음을 품고 있었다. 말은 하지 않았지만 동생을 향한 내 마음이 무의식적으로 드러난 것 같았다. 정작 우리는 제대로 대화조차 나누지 않은 상태였다.

  때로는 자신의 선입견으로 사람들과의 관계에서 보이지 않는 선을 긋는다. 나와는 다른 사람에게 심리적 거리를 두기도 한다. 왠지 저 사람은 나와 잘 맞지 않을 것 같다는 느낌이 들어서다. 제대로 대화를 시작하지 않고서 내 생각대로 상대를 판단한다. 나만의 관점으로만 상대를 본다면 나 또한 그런 대상이 될 수밖에 없다. 자신의 기준으로 사람들을 미리 판단하지 않아야 한다. 내가 경험하고 느꼈던 것들도 대상의 단면일 뿐이다. 상대에 대한 내 생각을 내려놓을 때 비로소 있는 그대로를 바라볼 수 있다. 열린 마음으로 사람을 대하면 좋은 인연을 만들 기회가 생긴다.

**발표불안 극복을 위한 여덟 번째 황금열쇠**

1 — **선입견의 틀을 벗어나자**
첫인상만으로 상대를 단정 짓는 순간 관계의 폭은 좁아진다. 내 기준을 내려놓을 때 마침내 진짜 모습을 볼 수 있다.

2 — **열린 마음이 표현의 시작이다**
선입견 없이 상대를 바라볼 때 예상치 못한 좋은 만남이 찾아온다. 나만의 열린 태도가 자유롭게 표현할 힘을 만들어 준다.

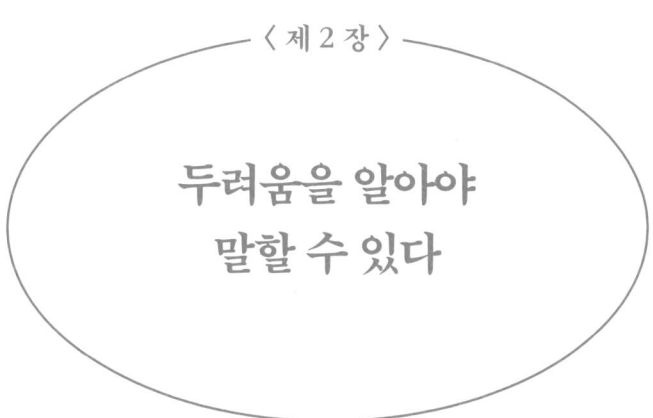

## 〈제 2 장〉

## 두려움을 알아야 말할 수 있다

내 마음을 마주하기

# 먼저 다가설 수 없어 괴로웠던 나

내 안의 불안을 마주하다

"내 마음을 이해하면 타인과의 관계도 자연스럽게 풀린다."

_ 달라이 라마(불교 지도자)

사람마다 먼저 다가가기 힘든 대상이 있을 수 있다. 그 대상이 회사 동료이거나 친구, 혹은 가족일 수도 있다. 그들과 함께 있으면 평소 자신의 모습대로 행동하지 못하고, 소극적인 자세로 가만히 있게 된다. 그 사람들은 그런 나와 상관없이 편안하게 행동한다. 오직 나만 그들에게 마음을 열지 못하고 다가서지 못하고 있다.

나는 말수가 적은 편이다. 특히 장모님 댁에서 아내의 언니들인 처형들과 함께 있으면 더 말이 없어진다. 왠지 모르게 조심스러워지고 편안하게 말할 수가 없다. 어딘가 조금 불편한 기운이 감도는 듯했다.

명절이 되면 장모님 댁에서 식구들이 모였다. 성인만 열 명이 되었다. 그중 처형 세 명이 대화를 이끌어 가는 편이었다. 한 사람씩 말을 하다 보면 대화가 끊기지 않고 분위기가 화기애애했다. 한 주제로 길게 얘기하지 않고 금세 다른 이야기로 넘어갔다. 나도 대화에 참여하고 싶었지만 머릿속으로는 '나는 무슨 이야기를 하지?'라는 생각만 할 뿐이었다. 화제가 금방 넘어가다 보니 말할 기회를 놓치곤 했다. 사실 생각만 할 뿐 이야기를 꺼내지는 못했다. 괜히 한마디 했다가 분위기 안 좋아질까 봐 걱정되었다. 그 좋은 분위기에 어울려서 놀면 되는데 나 혼자만 즐기지 못했던 것 같다. 마음속으로는 편안하게 이야기하면 된다고 생각했지만 말처럼 쉽지 않았다. 결국 말을 꺼내지 못한 채 조용히 앉아만 있었다. 그러다가 가끔 형님들과 처형들이 내게 물어볼 때가 있었다. 그럴 때면 나는 단답형으로만 대답했다. 길게 이야기할 수 없었고 마치 생각이 멈춘 듯했다. 그러면 이내 분위기가 가라앉았다. 나는 민망해서 고개를 숙였다.

식구들과 헤어지고 집으로 돌아오면 아내는 내게 물었다. "오빠, 우리 집에서 왜 말 한마디도 안 해? 그렇게 불편해?" 그런 나는 "식구들이 얘기하니까 듣고 있었지."라고 대답했다. 사실 말은 하고 싶었지만 자신감도 없고 용기도 없었다. 이런 일이 여러 번 반복되다 보니 트라우마가 생겼다. 처형들과 밥 약속이라도 잡히면 그전부터 불안하고 걱정되었다. 제대로 말 한마디 못 하고 꿀 먹은 벙어리처럼 가만히 앉아 있는 내 모습이 떠올랐다.

한 번은 여름휴가 때 춘천으로 2박 3일 여행을 간 적이 있었다. 우리 차를 끌고 아내와 나, 처형과 형님 이렇게 네 명이 간 거였다. 부산에서 춘천까지 4시간 이상 걸렸다. 이동 거리가 있다 보니 중간에 휴게소에 들러 밥을 먹고 차 안에서 간식도 먹었다. 처형과 형님 두 사람 다 자기주장이 뚜렷하고 서로 토론하는 걸 좋아한다. 처음에는 가볍게 이야기하다가 어느새 토론하고 있다. 어떤 주제를 가지고 한 명이 "나는 이렇게 생각한다."고 말하면 옆에서 "아니, 그건 아니지!"라며 서로 열을 올렸다. 아내는 중간에서 괜히 한쪽 편을 들어주면 언쟁이 날 것 같아 중립을 지키곤 했다. 차 안에는 네 명이 타고 있었지만 이야기는 세 명만 하고 있었다. 나머지 한 명인 나는 아내 옆 조수석에 앉아 그냥 듣기만 했다. 머릿속으로는 '무슨 이야기를 하지? 한번 말해볼까?'라는 생각만 하다가 입을 꾹 다물고 있었다. 어쩌다 한마디 했다가 갑자기 대화의 흐름이 끊어져 적막감이 감돌 때도 있었다. 그 적막감이 나 때문이라는 걸 스스로 알기에 이후로는 듣기만 하고 반응만 할 뿐이었다. 말이 반응이었지, 기어들어 가는 목소리로 "네, 맞아요. 그런 것 같은데요."라고 대답만 했다. 즐기려고 간 여행인데 혼자만 즐기지 못하고 마음 아파했던 기억이 있다.

 '왜 난 형님과 처형이 옆에 있을 때 하고 싶은 이야기를 편안하게 하지 못할까? 아는 지식이 없어서 말을 못 하는 걸까, 아니면 상대방의 이야기에 공감하지 못하는 걸까…?' 그런 생각들이 떠올랐다. 나 이외에 세상이 어떻게 돌아가는지 관심이 없다는 생각도 들었다. 대화라는 게 세상 사는 이야기를 하는 건데 사람들이 나를 어떻게 생각할지에만 몰두하고 있었던 것 같다. 식구들이 모인다는 얘기를 들으면 그때부터 긴장되었다. 오늘도 '말 한마디 못 하고 가만히 있겠지.' 하는 걱정을 했다. 결혼하기 전

본가에서는 형제가 형하고 나 둘뿐이었지만 이곳은 여덟 명이나 되었다. 그렇게 다 함께 있는 공간에서 잘 녹아들지 못했다. 식구들이 나를 멀리한 것도 아니었다. 나 혼자 마음이 굳어 있는 채로 소통하지 못하고 있었다. 형님들과 처형들이 그런 내 모습을 보면서 오해했을 수도 있다. 모두가 한마디씩 하며 대화를 나누는데 나만 말하지 않고 가만히 있었다. 일부러 그런 것도 아니었다. 마음속으로는 무슨 말이라도 하고 싶었다. 어떻게 표현해야 할지 몰랐고 또 어떻게 다가가야 할지도 몰랐다. 그렇게 나는 말을 하지 못하고 조용히 듣고만 있었다.

　나는 쉽게 먼저 다가갈 수 없는 사람들이 있다. 자기주장이 뚜렷하고 자신의 욕구를 잘 아는 사람들이다. 본인이 원하는 것을 상대에게 정확하게 이야기하며 사람들에게 오해의 소지가 없도록 생각을 정리해 표현한다. 그런 모습을 보고 있으면 내가 갖지 못한 부분이 드러나 부럽기도 하고 질투심도 일어난다. 그들과 함께할 때면 나의 욕구를 억제하거나 그 사람들의 기분에 맞춰야 할 것 같았다. 분명 하고 싶은 말은 있지만 그걸 이야기했을 때 비판받을 수 있다는 생각이 들었다.
　그들이 말할 때는 그 얘기에 공감해야 한다는 부담도 있었다. 상대는 내가 자신의 의도를 제대로 이해하지 못할 때 답답해하곤 했다. 옳고 그름을 떠나 자기 생각에 확신을 가지고 말한다는 느낌이 들었다. 함께 대화를 나눌 때면 내 마음이 편안하지 않아 자꾸 긴장하게 되었다. 그들 앞에서는 수동적인 자세로 가만히 있을 수밖에 없었다. 한편으로는 내가 자신감이 부족하니 상대가 더 강하게 얘기하는 건 아닐까 하는 생각도 들었다. 나의 어정쩡한 태도가 마음에 들지 않으니 차라리 본인이 강하게 말하겠다는 심리처럼 느껴졌다. 그들 앞에서는 자꾸만 소극적으로 행동하게 되었고 그런 내 모습이 싫어 말을 더 잘해야겠다고 다짐하기도 했다.

말을 잘하는 것보다 먼저 표현하는 법을 배워야 했다. 나를 표현하는 것도 잘 안되는데 어떻게 말을 잘할 수 있을까 싶었다. 내 생각이나 감정을 자연스럽게 말하는 것이 우선이었다. 논리적으로 말하는 건 내게는 오히려 욕심처럼 느껴졌다. 무엇보다 사람들 앞에서 당당하게 이야기해야겠다고 생각했다.

사람마다 먼저 다가가기 힘든 대상이 있을 수 있다. 평상시보다 나를 표현하는 게 어렵고 마음도 편안하지 않다. 대화를 주고받지 못해 그저 수동적인 자세로 머물게 된다. 그런 자신의 모습에 불편한 마음이 생기고, 다 함께 있는 공간에서 즐기지 못한다. 마음이 편안해야 자신의 이야기도 자연스럽게 할 수 있다. 내가 누군가를 불편하게 생각하면 그 상대에게 다가가기는 힘들어진다. 상대방은 나에게 마음을 열고 다가오는데 나는 움직이지 않고 있다. 일부러 그렇게 행동하는 것도 아니다. 아직 내 마음이 따라가지 못하고 있는 것뿐이다. 어떻게 해야 할지도 모른다.

상대를 바라보는 자신의 마음을 관찰하면 다양한 감정을 만난다. 그 감정을 외면하지 않고 한 번 더 생각해 봐야 한다. 나는 왜 그들에게 불편한 마음이 드는지 스스로 되돌아봐야 한다. 나에게는 두려움이 있었고 사랑받고 싶은 욕구도 있었다. 그들이 나를 받아주지 않으면 어쩌나 하는 걱정을 했다. 관심과 사랑을 받고자 하는 마음은 컸지만 정작 나는 그들에게 관심과 사랑을 주지 않고 받기만을 원했다.

자신의 마음이 열리지 않아 그들에게 다가가지 못한다면 이제는 한 걸음이라도 내디뎌보자. 내 안에 있는 마음을 조금이라도 표현해 보자. 내가 전한 따뜻한 말 한마디에 상대가 감동할지도 모른다. 그런 나를 기쁘게 받아줄지는 또 누가 알겠는가. 스스로 '두려움'을 계속 키우지 말고 가볍게 감사의 말이라도 건네보자.

**발표불안 극복을 위한 아홉 번째 황금열쇠**

1 — 마음을 관찰하자

마음이 편안해야 말도 자연스럽게 흘러나온다. 상대를 바라보기 전에 먼저 내 마음을 관찰하자. 다양한 감정을 외면하지 않고 다시 한번 돌아보는 과정이 필요하다.

2 — 일단 행동하자

느리더라도 한 걸음 내딛는 것이 중요하다. 내 마음을 조금이라도 표현해 보자. 두려움은 잠시 뒤로 하고 가볍게 감사 인사나 안부를 건네보자.

## 2

# 마음으로 소통하라

진심으로 이어지는 연결감을 느끼다

"사람은 자신을 이해해 주는 단 한 사람만 있어도 버틸 수 있다."

_ 빅터 프랭클(정신과 의사)

깊이 있는 대화를 나누면 서로 통하는 느낌이 든다. 상대방이 내 얘기를 귀담아듣고 반응할 때면 내심 기분이 좋다. 평소에 고민이 있거나 걱정이 있을 때 답답한 마음을 누군가에게 표현하고 싶어진다. 그 순간 문제가 해결되지 않더라도 상대가 진심으로 들어주면 마음이 한결 가벼워지는 듯하다.

한 달에 한 번 정도 만나서 같이 밥을 먹는 고등학교 친구가 있다. 학교 다닐 때는 복도에서 가볍게 인사만 할 정도였다. 졸업하고 동창회 모임에서 이런저런 이야기를 나누며 가까워졌다.
이 친구는 버스회사에서 근무하고 있다. 직업 특성상 주말마다 쉴 수가 없고 휴무일이 일정치 않다. 어쩌다 나와 쉬는 날이 같을 때면 약속을 잡고 만나기도 한다. 장소는 각자의 집에서 거리상으로 중간쯤에서 만나는 편이다. 우린 성격이 잘 맞는 데다 만나면 속마음을 터놓고 얘기할 수 있어서 좋았다. 서로 안부를 묻거나 그동안 있었던 일과 고민거리를 말하며 시간을 보낸다. 사람 사는 게 다 비슷해서 어느 정도 예상되는 이야기지만 그런 얘기가 더 공감되고 마음이 열린다. 누구에게도 말하지 못했던 나만의 이야기를 이 친구에게는 허심탄회하게 털어놓게 된다.

그렇게 서로 대화를 나누고 나면 머릿속 걱정거리가 정리되는 느낌이 든다. 고민을 해결했다기보다 그 문제에서 한 발짝 물러나 나를 객관적으로 바라볼 수 있게 된다. 친구와 한바탕 이야기를 나누면 집으로 돌아오는 발걸음이 한결 가볍다. 평소 말수가 적다고 생각하던 나였지만 마음이 통하는 친구와 있을 땐 얘기하고 싶어진다. 생각이나 느낌을 상대에게 표현하다 보면 자존감이 높아지는 것을 느낀다. 내 이야기를 누군가가 들어주고 공감해 줄 때 그 순간은 인정받는 것 같아 기분이 좋다.

친구라도 마음을 터놓고 이야기할 수 없는 사이가 있다. 동창회 모임에서는 그저 같은 반 친구라는 이유로 대화를 시도한다. 오랜만에 만나 안부를 주고받지만 간단한 인사치레로 끝나는 경우가 많다. 감각적으로 나와는 결이 다르다고 생각해 대화를 이어가지 않는다. 그렇게 서로에게 관심을 두지 않고 모임에 참석만 할 뿐이다.
누군가를 처음 만날 때 어느 시기에 알게 되느냐에 따라 친밀감의 정도가 달라지기도 한다. 첫 만남에서 상대에게 호감을 느끼지 못하면 별로 대화를 나누지 않는다. 그런데 어느 순간 같이 밥도 먹고 술도 한잔하는 가까운 관계로 발전하기도 한다. 사람 일이라는 게 어떻게 될지 모를 일이다. 그저 나와 결이 다르다고 생각해 처음엔 관심을 두지 않았지만 지금은 둘도 없는 친구가 되었다. 서로에게 힘이 되어주는 인생의 동반자처럼 말이다.

회사 생활을 시작하면서 힘들었던 것 중 하나가 사람 사귀는 일이었다. 내성적인 성격이라 누군가에게 먼저 말을 건네기가 쉽지 않았다. 일과 관련된 문제는 하다 보면 익숙해지고 적응되는데 사람 사귀는 일은 달랐다. 누가 먼저 내게 말을 건네주면 좋으련만 선뜻 다가오는 사람이 없었다. 아마도 낯설고 나에 대해 잘 모르기 때문에 경계했던 것 같다.

점심시간에는 같이 밥 먹을 사람이 없어서 몇 달 동안 혼자서 먹었다. 식당에는 동료들과 짝을 이뤄 밥을 먹는 사람들이 대부분이었다. 그 모습을 보고 있으면 왠지 내가 외롭게 느껴져 빨리 밥을 먹곤 했다.

일을 마치고 집으로 돌아올 때면 이런 생각이 들었다. '내일 출근하면 내가 먼저 말을 꺼내야지.' 가만히 있으면 아무도 다가오지 않을 거란 불안감도 느껴졌다. 어떻게 하면 사람들에게 자연스럽게 다가갈 수 있을지 고민했다. 우선 일에 대해 모르는 것이 있으면 누군가에게 물어봐야겠다고 생각했다. 그렇게라도 해서 사람들에게 다가간 후 소통하려고 했다.

회사에는 여러 생산 라인이 있었는데, 그중 남녀 두 명이 짝을 이루어 작업하기도 했다. 내가 그랬고 바로 옆 라인도 마찬가지였다. 50대로 보이는 여성과 내 또래로 보이는 남성이 함께 일하고 있었다. 나는 입사한 지 얼마 되지 않아 일에 대해 아는 것이 많지 않았다. 도움을 받으면서 작업해야만 했다. 내 파트너는 경력이 10년이 넘었지만 그 사람에게 물어보는 건 부담스러웠다. 고개를 돌려 옆에서 일하던 남성을 쳐다보았다. 바빠 보이지는 않았다. 나와 비슷한 공정을 하고 있어서 궁금한 점을 물어보기에도 좋았다. 다가가서 도움을 청했다. "저기요, 이거 어떻게 하는지 조금 알려줄 수 있나요?" 다행히 그 사람은 친절하게 설명해 주었다. 내가 들어온 지 얼마 되지 않았다는 것을 알고 있었는지 자세히 알려 주려고 했다.

일 외에도 도움을 받으면서 우리는 가까워졌다. 서로 자기소개를 하다가 내가 나이가 한 살 많다는 걸 알았다. 내가 이 회사에 왔을 때 동생은 6개월 정도 다니고 있었다. 오래 다니지 않았지만 회사 시스템이 어떻게 돌아가는지 잘 알고 있는 듯했다.

동생은 전에 보험 관련 일을 했다고 말했다. 전혀 예상하지 못했다. 나와 성격이 비슷하고 차분해 보였기 때문이다. 내가 생각하는 영업 일은 자기주장이 뚜렷하고 사람들을 잘 설득해야 한다고 알고 있었다. 동생은 그것과는 달라 보였다. 그저 친절하고 배려하는 모습만 떠올랐다. 서로 친해진 후에는 휴게실에서 깊은 얘기를 나누기도 했다. 앞으로 어떻게 살 건지, 무슨 일을 하고 싶은지 그런 이야기를 나누었다. 동생은 이 회사에서 1년 정도만 다닌 후 보험 일을 다시 할 생각이라고 했다. 지금 하는 일이 자신과 맞지 않는 데다 작업하는 방식도 마음에 들지 않는다고 했다.

그 얘기를 들으며 한편으로는 아쉬운 마음이 들었다. 회사에서 친하게 지내는 사람이 동생 한 명뿐이었다.

혼자만의 시간을 좋아하는 사람도 있다. 혼자 밥을 먹기도 하고 사색을 즐기는 그런 사람들 말이다. 반면 사람들과 대화를 나누며 자신의 속마음을 털어놓고자 하는 이들도 있다. 서로 소통하고 공감하면서 마음을 나누고 싶어 한다. 자신의 성격 때문이거나 용기가 부족해서 사람들에게 말을 건네지 못한다. 누군가 자신에게 다가오기만을 기다리고 있다. 그렇게 누구도 먼저 다가가지 않으면 관계는 시작조차 되지 않는다. 서로 대화를 나누지 않으면 상대가 어떤 사람인지도 모른다. 또한 그들도 내가 어떤 성향의 사람인지 알 길이 없다. 각자의 가치관이나 취미, 관심사가 비슷한지는 소통하면서 알게 된다.

나는 혼자 떨어져 있는 게 싫었고 누군가와 함께하고 싶었다. 사람들과 소통하지 않고 지내기에는 외롭고 고립된 느낌이 들었다. 직장에서든 가정에서든 친구들과도 대화를 나누면서 지내고 싶은 마음이었다.

대화할 수 있는 상대가 옆에 있다는 것만으로도 편안한 마음이 든다. 본인이 힘든 일이 있을 때 그것을 이야기하며 힘을 얻을 수 있다. 상대방 또한 나를 통해 위로를 받고 마음의 안정을 찾는다. 그렇게 서로에게 호응해 주고 공감해 줄 수 있는 사람이 있다는 것은 감사한 일이다. 그런 사람이 여러 명이 아니라 한 명이라도 좋다. 진심이 통하는 그 한 사람이 내게는 든든한 지원군이 된다. 서로에게 지원군이 될 수 있는 사람. 그 사람이 자신이 되기를 바란다. 그러기 위해서는 마음을 열고 그들과 소통하면 된다. 내가 상대에게 이해받기를 바라듯, 나도 그 사람들의 마음을 이해하며 받아주자.

**발표불안 극복을 위한 열 번째 황금열쇠**

### 1 — 대화는 관계의 시작이다

누군가 먼저 마음을 열고 말을 건네야 관계가 열린다. 소통을 통해 서로의 관심사와 마음을 발견할 수 있다.

### 2 — 진심이 통하면 연결된다

문제가 당장 해결되지 않아도 서로의 이야기를 들어주면 위로와 힘이 된다. 단 한 사람이라도 진심을 나눌 수 있다면 든든한 지원군이 생긴다.

## 3

## 부끄러움에도 나를 드러내라

숨기고 싶은 나를 보여주다

"부끄러움은 숨기지 말고 오히려 이야기로 풀어낼 때 힘이 된다."

_ 브레네 브라운(연구자)

내 이야기를 사람들에게 하는 게 어색했다. 내면을 드러내는 것 같아 부끄러웠다. 나와는 달리 아내는 편안하게 이야기한다. 집에서 새로운 음식을 만들었던 일이나 가정용 재봉틀로 본인의 옷을 수선했던 경험 등 다양한 이야기를 나에게 들려준다. 옆에서 그 모습을 보고 있으면 여러 가지 생각이 든다. '어쩜 저렇게 자기 이야기를 잘할 수 있을까?', '나를 의식하지 않고 편안하게 얘기를 하네.' 그렇게 본인의 감정에 충실하며 자연스럽게 표현한다.

초등학교 다닐 때 친구들은 수업을 마치고 집에 가면 그날 있었던 일을 얘기한다고 들었다. 학교에서 선생님께 칭찬받았던 일이나 친구들하고 사이좋게 지냈던 일을 부모님께 자랑하면서 말이다. 나는 그 친구들처럼 학교에서 있었던 일을 부모님에게 말하지는 못했다. 내성적인 성격도 있었고 말할 수 있는 환경도 좋은 편은 아니었다.

부모님은 내가 다니던 중학교 근처에서 이용원을 운영하셨다. 두 살 위의 형과 나는 같은 중학교를 1년 정도 함께 다녔다. 수업이 끝나고 집까지 걸어가는데 10분도 채 걸리지 않았다. 가게 안에는 방이 하나 있었는데 그곳에서 우리 네 식구가 함께 지냈다. 아버지는 집에 도착한 우리에게 잘 다녀왔냐고 물은 뒤, 하던 일을 계속하셨다. 아버지의 그 한마디에는 선생님 말씀을 잘 듣고, 친구들과 사이좋게 지냈는지 묻는 것 같았다. 하지만 나는 친구들과 있었던 일이나 학교생활이 어땠는지 등 자세한 이야기는 제대로 하지 못했다.

당시 부모님이 가게를 운영하시느라 손님들 상대하기에 바쁘셨다. 가게 안에는 커트할 수 있는 시술 의자 세 대가 놓여 있었는데, 항상 손님들로 가득했다. 한쪽 벽면에는 긴 소파와 간이용 의자가 있었고, 차례를 기다리는 손님들이 앉아 있는 곳이었다. 그 자리에 손님들이 가득 앉아 있을 때도 많았다.

가게 위치가 좋은 편이었다. 근처에 내가 다니는 중학교가 있어서 학생들이 수업을 마치고 집에 가려면 부모님 가게 앞을 지나야만 했다. 학교에서 제일 가까운 이용원이기도 했다. 자연스럽게 학생들이 가게로 들어와 머리를 다듬고 갔다. 가게 근처에는 신발 공장도 하나 있었다. 부산에 신발 산업이 한창일 때였다. 회사 월급날이 될 때면 직원들이 머리를 손질하러 많이 찾아왔다.

　그렇게 부모님은 매일매일 바쁘게 시간을 보내셨다. 저녁 8시에 영업이 끝났지만, 항상 제시간에 마칠 수 있는 건 아니었다. 마감 시간쯤에 손님이 오면 그냥 돌려보내지 않으셨다. 일이 끝난 후에는 어머니는 부엌에서 저녁 준비를 하셨다. 나와 형은 냉장고에 있는 반찬을 꺼내며 어머니를 도왔다. 우리 네 식구는 뉴스를 보면서 밥을 먹었다. 어느 정도 TV를 본 뒤, 부모님은 곧장 잠자리에 드셨다. 아마 하루 종일 일하시느라 많이 피곤하셨던 것 같다. 가게 안에 있는 큰 방 하나에 네 식구가 함께 지냈지만 이야기꽃을 피운 기억은 많지 않다.

　형과 나는 둘 다 성격이 내성적이고 자기표현을 잘하지 못했다. 우리는 같은 초등학교와 중학교에 다녔다. 중학교는 집하고 거리가 가까웠지만 그때도 서로 대화를 거의 나누지 않았다. 그냥 둘이서 조용히 학교로 걸어가기만 했다. 속마음을 털어놓은 기억도 거의 없다.

　어릴 적 초등학교 시절의 일이다. 둘 다 학교를 마치고 집에 있었고 부모님은 가게에서 일하고 계셨다. 우리는 배가 고파 저녁을 먹기 전 라면 하나를 부숴 먹기로 했다. 나는 먹기 편하게 라면을 손으로 잘게 부순 뒤 봉지를 살짝 뜯고 스프를 뿌렸다. 봉지 윗부분을 접어 한 손으로 잡고 흔들었다. 하지만 손으로 잡고 있던 틈 사이로 스프가 옆에 있던 형의 눈에 들어가 버렸다. 형은 인상을 찌푸리며 화를 냈는데, 순간 너무 당황했다. 내가 잘못한 건 맞지만 그렇게 화내는 모습을 이전에는 본 적이 없었다. 그 일 이후로 서로 조금 더 서먹해진 기억이 난다. 그냥 형에게 미안하다

〈제2장〉 두려움을 알아야 말할 수 있다　　　81

고 말하면 되는 건데 그땐 그런 말조차도 하지 못했다.

대학을 졸업하고 사회생활을 시작했을 때였다. 필요에 따라 사람들과 대화해야 했고 내가 원하는 걸 표현해야 할 때도 많았다. 상황에 따라서는 사람들 앞에 나서야 하는 일도 있었다. 동료들과 밥을 먹을 때도 뭘 먹고 싶은지 얘기를 해야 하듯이 말이다. 그런 나는 표현하는 게 부끄러워서 당당하게 말하지 못했던 때가 많았다.

20대 초반에 있었던 일이다. 직장에 출근할 때는 버스를 이용했다. 정류장이 집과 가까운 곳에 있었고 게다가 종점이기도 했다. 덕분에 항상 자리에 앉아서 갈 수 있었다. 직장까지는 40분 정도 걸렸는데 출근 시간대라 버스 안은 금세 승객들로 가득 찼다. 나는 의자에 앉아 멍하니 창밖을 바라보기도 하고 거리의 사람들도 구경하기도 했다. 그러다 휴대전화를 꺼내 들고 버튼을 누르며 만지작거렸다. 가끔 친구에게서 전화가 걸려 올 때가 있었다. 전화를 받으면 제대로 통화를 못 하고 금방 끊어 버리곤 했다. 그것도 친한 친구와의 통화였다. 버스 안의 승객들이 나에게 집중하는 것 같아 신경이 쓰였다. 사람들의 시선이 의식될 때면 마음이 불편했다. 이후에는 통화 중에도 목소리가 작아지고 단답형으로만 대답하게 되었다. 모르는 사람들이 내 이야기를 듣고 있다는 게 부끄럽게만 느껴졌다.

사람들에게 비치는 내 모습이 어떤지 생각하게 된다. 자신감 있고 당당한 모습인지, 아니면 내성적이고 말수가 적은 모습인지. 나는 내가 나를 어떻게 생각하기보다는, 남들이 생각하는 내 모습에 집중한다. 자기표현을 할 때에도 생각과 감정을 있는 그대로 표현하지 못하고 사람들을 의식한다. 내가 이런 말을 했을 때 상대방이 어떻게 받아들일지 걱정하고 입을 닫아버린다. 드러내지 못한 감정이 마음속에서 맴돌 뿐이다. 이런 일이 계속 반복되니까 내 이야기를 하는 게 부끄럽고 어색하게만 느껴진다. 자기 이야기를 하는 게 부끄러운 일은 아닌데, 그때는 왜 그랬는지 모르겠다. 지금도 남들을 의식하고 신경을 쓰긴 하지만 부끄러워하는 마음은 조금 줄었다. 표현하고자 하는 목마름이 내 안에 있어서 자유롭게 표현하고 싶어진다. 성격이 내성적이고 어릴 때 가족들과 많은 대화를 나누지 못했더라도 이제는 표현하려고 한다. 한두 번 내 얘기를 하다 보면 어느새 그 모습이 자연스럽게 느껴지지 않을까 싶다.

   사람들에게 내 이야기를 하는 게 부끄럽게 느껴질 때가 있다. 왠지 내 모든 걸 누군가에게 보여주는 것 같아 벌거벗겨진 기분처럼 말이다. 그런 기분을 느끼는 것은 스스로 자신을 있는 그대로 받아들이지 않기 때문이다. 지금 나의 모습을 받아들이지 못하고 이상적인 모습만을 계속해서 떠올린다. 부족하고 모자란 자기 자신을 인정하지 않으려 하면서 말이다. 그와 같은 행동은 자신을 아끼지 않거나 사랑하지 않는 행위이기도 하다. 무슨 일을 잘하고 그걸 이뤄냈을 때만 칭찬해 주거나 인정해 주어서는 안 된다. 잘하지 않아도 조금 부족한 상태여도 노력하고자 하는 본인을 존중해 줄 필요가 있다. 그렇게 자신을 감싸안아 주고 보살펴 줄 때 자기 자신을 소중히 여기게 된다.

남들에게 보이는 내 모습을 지나치게 신경 쓰지 않고 본인에게 집중했으면 좋겠다. 순간순간 느끼는 내 감정을 잘 이해하고 자신을 알아갔으면 한다. 그렇게 나와의 시간을 보내며 마음속이 충만한 감정으로 채워지길 바란다. 마음의 여유가 생긴다면 주위 사람들에게 내 이야기를 전해보자. 내가 있는 모습 그대로를 보여주고 내 마음을 사람들과 함께 나누어 보자.

### 발표불안 극복을 위한 열한 번째 황금열쇠

**1 — 자신을 감싸안아라**
완벽하지 않아도 부족해도 노력하는 자신을 존중할 필요가 있다. 이상적인 모습만 바라보기보다 지금 이 순간의 나를 인정하자.

**2 — 나에게 집중하라**
남들의 시선에 흔들리지 말고 내 감정에 집중하자. 마음이 충만해질 때 자연스럽게 내 이야기를 세상과 나눌 수 있다.

# 남들의 시선에서 자유로워져라

나를 가둔 시선에서 벗어나기

"타인의 판단을 두려워하지 않는 사람이 진정으로 자유롭다."

― 소크라테스(철학자)

남들의 시선을 의식해 제대로 말하지 못했다. 사람들이 나에게 집중하고 있다는 생각에 긴장되었다. 마음속으론 하고 싶은 얘기가 있는데 입 밖으로 꺼내기가 힘들었다.

30대 후반쯤에 말을 잘하고 싶다는 욕구가 생겼다. 사람들 앞에서 당당하게 말하고 싶었다. 스피치 학원에 다니면 말을 잘할 수 있을 것 같다는 생각이 들었다. 인터넷으로 검색하며 학원을 알아봤다. 부산에서 유명한 학원이 있었다. 학원 대표가 텔레비전과 라디오 방송에도 출연했다. 학생들의 후기도 찾아봤는데 도움이 되었다는 내용이 많았다. 그런데 수강료가 나에게는 적은 편이 아니었다. 아내에게 허락을 받아야 했다. 뭐라고 얘기해야 할지 고민이 되었다. 스피치를 배우고 싶어서 학원에 가고 싶다고 말하는 게 창피했다. 주위 사람들의 시선도 두려웠다. 말을 잘하고 싶은 마음이 컸기에 어쨌든 얘길 건넸다. 다행히 내 바람이 통했는지 아내는 마지못해 허락해 주었다.

  학원 주소를 보며 직접 찾아갔다. 위치는 대학가 근처의 번화가였다. 대형 빌딩의 고층에 있었고 한 층 전체를 쓸 정도로 규모가 컸다. 상담실에는 나와 연령대가 비슷해 보이는 한 여성이 있었다. 검은 정장을 입고 업무를 보고 있었다. 수강생들의 상담과 등록을 도와주는 사람이었다. 서로 가볍게 인사를 나눈 후 여성은 의자에 앉으라며 말했다. 곧이어 그녀는 학원에 관해 설명하며 수업 진행 방식을 알려주었다. 이후 학원에 오게 된 이유를 내게 물어보았다. 나는 말을 잘하지 못해서 오게 되었다고 대답했다. 수강료는 집에서 미리 검색해 봤기에 크게 신경 쓰이지 않았다. 다만 이 수업을 들으면 내가 말을 잘할 수 있을지 걱정되었다. 상담을 받고 있는데 창문 너머로 옆 강의실이 보였다. 수업을 듣고 있는 수강생들을 볼 수 있었다. 내 또래 남자들과 여자들도 있었다.
  학원 게시판에는 짧은 글과 사진이 있었다. 학생들이 올린 후기와 발표하는 모습을 찍은 사진이었다. 그걸 보며 '그래, 용기 내서 학원에 왔으니 열심히 수업을 듣자!'라고 속으로 되뇌었다. 상담을 도와주던 여성은 나에게 서류를 건네며 등록을 권했다. 나는 테이블 위에 있는 볼펜을 잡고 작성하려고 했다. 순간 손이 떨렸다. 서명하고 있는 내 모습을 그 여성이 보고 있다는 생각에 긴장되었다. 종이에 이름 하나 적는 것뿐인데 손이 떨려서 제대로 쓰지 못했다. 긴장하는 내 모습을 감추기 위해 빨리 이름을 적고 사인했다.

　수업을 함께 들었던 수강생은 대략 서른 명 정도 되었다. 두 시간 교육이었고, 강사가 한 시간 정도 강의를 한 후 나머지 시간에는 수강생들이 연습하는 방식이었다. 연습 때에는 강사가 제시한 주제로 발표했다. 강단에 나와서 스피치를 할 때도 있었고 의자에서 일어나 그 자리에서 할 때도 있었다. 한 명씩 돌아가며 발표를 마치면 30분 정도 시간이 남았다. 나머지 시간에는 그날 들은 교육에 대한 강의 소감을 짧게 이야기하며 마무리했다. 발표할 때마다 얼마나 긴장되는지 수업을 들으면서도 늘 걱정되었다. 한 명씩 강단 앞으로 나와 소감을 말했는데 많은 사람이 발표자를 주목하고 있었다. 내 차례를 기다리는 동안 머릿속으로 할 말을 계속 떠올렸다. 중간중간 말을 잘하는 수강생들이 있으면 더 긴장되었다. 나도 잘해야 한다는 압박감을 느꼈다.

　학원에서 처음 스피치를 하던 때가 생각난다. 내 차례가 되어 연단 앞으로 걸어 나갔다. 1분 정도로 강의 소감을 말하면 되었지만 내게 결코 짧은 시간은 아니었다. 강단에 서 있는 나와 그것을 바라보는 사람들. 그 상황에서 나는 입술이 바짝 말라 버렸다. 시선은 어디에 두어야 할지 몰랐고 표정은 굳어져 버렸다. 머릿속으로 생각했던 내용들이 떠오르지 않았다. 그 자리를 빨리 벗어나고 싶은 마음이었다. 어떻게든 말을 해야 했기에 시작했다. "오늘 교육 잘 들었습니다. 강의 중 알려주신 방법대로 잘 실천하겠습니다." 하고 강단에서 내려왔다. 10초도 채 말하지 못한 채 끝내 버렸다. 자리로 돌아와 의자에 앉으면서 그때야 생각했던 내용들이 하나씩 떠올랐다. 다시 올라가 발표하면 잘할 수 있을 것 같다는 아쉬움이 남았다.

  매주 2회, 3개월 동안 스피치 학원에 다녔다. 사람들 앞에서 말하는 연습을 여러 번 반복했다. 평상시에는 이런 경험을 할 기회가 흔치 않았다. 학원에 다니면서 발표 연습을 할 수 있었고 나에게 좋은 경험이 되었다. 함께 교육을 받은 수강생들 덕분에 시너지 효과도 느낄 수 있었다. 매번 연단에서 발표하고 나면 수강생들이 응원의 박수를 보내 주었다.

  3개월 동안 한 번도 빠지지 않고 꾸준하게 학원에 다녔다. 수업 중 강사가 문제를 내면 손을 번쩍 들어 대답하기도 했다. 사람들이 나를 바라보는 시선도 조금은 적응되는 듯했다. 자신감도 더해졌다. 하지만 그것도 얼마 가지 않았다. 교육이 끝나고 시간이 지나면서 예전 나의 모습으로 돌아왔다. 다른 사람들의 시선을 의식하는 나로 말이다. 오랫동안 남들의 시선을 의식한 탓에 3개월의 수업 기간도 나에게는 부족했다. 나름대로 열심히 수업을 듣고 연습했지만 스스로는 쉽게 바뀌지 않았다. 머리로는 사람들을 크게 의식하지 말자고 생각하지만 몸은 내 맘 같지 않았다. 사람들 앞에서 긴장되고 떨리는 마음은 어쩔 수 없었다.

  지금껏 사람들을 지나치게 의식했다. 또 그들이 나를 어떻게 생각하는지에 빠져 있었다. 그런 생각에 사로잡혀 내 행동이 위축되기도 했다. 무슨 행동을 할 때마다 다른 사람들을 신경 쓰며 눈치를 보았다. 주위에 사람들이 없을 때는 편안하게 있다가도 누군가가 지켜보고 있으면 괜히 긴장했다. 일을 할 때에도 평소 하지 않던 실수를 했다. 그러면서 '내가 왜 이러는 거지?'라며 자책하기도 했다. 내가 일하는 모습을 보면 그들이 나를 평가할 것 같다고 생각했다. 사람들은 그냥 쳐다본 것뿐인데 나 혼자만의 생각에 빠져 상대를 의식한 것일지도 모르겠다.

　이젠 남들의 시선에서 벗어나 자유롭게 표현하고 싶다. 다른 사람들에게 집중하지 않고 나에게 집중하고자 한다. 그들이 내 인생을 대신 살아줄 것도 아니다. 남들이 나를 어떻게 생각하든, 그건 그들의 자유다. 내가 느끼고 생각하는 것을 표현하면 된다. 아직은 사람들의 시선을 지나치게 의식하지만 계속 연습하면 점차 괜찮아질 수 있다. 남들이 보는 내 모습이 아니라, 당당한 나로 서기 위해 스스로 응원하며 표현하면 된다. 언젠가는 나답게 행동하며 멋지게 살아갈 수 있다는 것을 믿으면서 말이다.

　남들의 시선에서 자유롭지 못한 사람들이 있다. 무슨 말을 할 때에도 옆에 있는 사람들을 의식하며 신경 쓴다. 혹시나 본인이 말을 잘하지 못해 남들이 나를 이상하게 생각하지 않을까 걱정하기도 한다. 그런 자기 생각과는 달리 다른 사람들은 나에 대해 크게 관심이 없다. 나 또한 그들과 마찬가지로 다른 누군가에게 큰 관심이 없지 않은가. 대화할 때도 상대의 이야기를 들으며 자신의 경험을 떠올린다. 나는 무슨 말을 할지 생각하면서 말이다. 이처럼 다른 사람들이 나를 향해 쳐다보는 것도 내가 말하고 있으니 단지 한 번 쳐다본 것일 뿐이다. 그렇게 생각하며 사람들의 시선에 지나치게 의미를 부여하지 말자. 남들의 시선을 두려워하지 않고, 그들을 향한 내 시선을 나 자신에게 돌리자. 그래야 스스로에게 집중할 수 있다.

**발표불안 극복을 위한 열두 번째 황금열쇠**

1 — 걱정에 갇히지 말자
말을 잘하지 못할지 걱정하지 마라. 사실 다른 사람들은 나에게 크게 관심이 없다. 그저 나처럼 자신에게 집중할 뿐이다.

2 — 의미 부여를 멈춰라
사람들의 시선은 단지 지나가는 시선일 뿐이다. 그 시선에 의미를 부여하지 말고 자유로워지자.

## 5

## 자신감에 흔들리지 마라

자신 없는 나를 직면하다

"자신감을 가지려면 행동하라. 생각만으로는 결코 생기지 않는다."

_ 데일 카네기(작가)

내 주위에는 자신감 있는 사람들이 몇 명 있다. 그들은 말할 때 확신에 찬 목소리로 이야기한다. 또 소리에는 힘이 실려 있다. 그런 모습을 보면 나는 주눅 들어 소극적인 자세가 된다. 함께 있으면 불편하고 내 생각을 말하기 어렵다. 그저 상대의 얘기에 고개를 끄덕이며 반응만 한다.

가깝게는 아내가 대화하기 어려운 상대다. 나와는 달리 논리적으로 생각하고 말한다. 옳고 그름을 떠나 주제에 대해 이유와 근거를 제시한다. 나는 논리적으로 생각하기보다는 감정적으로 말하는 편이다. 상대와 대화할 때는 객관적인 시선보다 그 사람이 느끼는 감정을 더 많이 생각한다.

한 번은 아내의 얘기를 듣다가 내 생각과 달라 반박한 적이 있었다. 나로서는 충분히 어필할 수 있는 부분이라 생각했다. 그런데 서로 대화를 나누다 보면 어느새 아내의 의견에 수긍하게 된다. 몇 차례 말이 오가며 내 생각에는 확신이 없어지고 스스로에게 의문을 품게 된다. 내가 한 말이 맞았는지 의심이 들면서, 있던 자신감마저 떨어진다.

언젠가 아내와 우리 가족에 대해 대화를 나눈 적이 있다. 분가한 지 얼마 안 되었을 때였다. 어머니가 내 소식이 궁금해서 전화를 주실 때가 있다. 일을 하고 있을 때는 전화를 받지 못해 집에 있는 아내에게 연락을 하신다. 일을 마치고 집에 돌아오면 아내가 말한다. "오빠 부모님은 자식이 다 커서 결혼했는데도 왜 계속 전화를 하시는지 모르겠어!" 나는 대답한다. "부모님 입장에서는 자식이 결혼해도 걱정하는 게 당연한 거 아니겠어?" 그러자 아내가 다시 말한다. "오빠가 독립했으면 이제 자립심을 길러야지, 언제까지 부모님 간섭을 받을 거야!" 그 순간에는 뭐라고 답해야 할지 머릿속이 하얘진다.

매번 아내와 어떤 주제로 대화를 나누다 보면 결국 내 기가 꺾인다. 대화라는 건 서로 말을 주고받아야 하는데 아내와는 생각처럼 잘되지 않는다. 그런 일이 여러 번 반복되면서 내 생각이나 느낌을 말하는 게 편안하지 않았다. 한 번씩 내 의견을 말해보지만 이내 아내는 자기 확신을 가지며 자신의 생각을 더 강조한다. 그런 나는 다시 소극적으로 가만히 듣기만 한다.

자신감 있는 사람들의 말에는 힘이 느껴진다. 여러 사람이 이야기를 나누는 상황에서도 확신에 찬 목소리로 말한다. 일상적인 이야기를 하더라도 흥미롭고 집중하게 만든다. 자기만의 기준으로 상황을 판단하고 의견을 제시할 줄 안다. 나는 목소리에 힘이 없고 스스로에 대한 확신이 부족하다. 누군가와 대화할 때도 되도록 상대에게 맞춰주는 편이다. 배려라기보다는 자신감이 부족하기 때문이다. 상황 판단을 잘하지 못해 내 의견을 말한 뒤에는 많은 여지를 남긴다. 상대에게 제대로 전달되지 않는 경우가 많다. 상대방은 되묻게 되고 그런 나는 '내가 한 말이 이상한가?'라며 상황을 되돌아보게 된다.

회사에 함께 일하는 동생이 있었는데 나보다 열두 살이 어렸다. 입사한 지는 얼마 안 되었지만 동생 주위에는 같이 어울리는 사람이 여러 명 있었다. 반면 나는 처음 회사에 들어올 때 적응하기도 힘들고 사람들 사귀는 것도 쉽지 않았다. 동생은 활발한 성격에다 자기표현도 잘했다. 자신의 이야기를 하는데 거리낌이 없었다. 옆에서 그 모습을 지켜보면 당당해 보였다. 나는 속으로 '어떻게 저렇게 당당하고 자신감이 있을까?' 하며 부러워했다. 내가 스스로 자신감이 없다고 생각하니 그 마음이 행동으로 드러나는 듯했다. 내 얘기를 하면서도 상대방의 표정을 의식해 중간에 말을 바꾸기도 했다. 아마 이런 내 모습이 자신감 없는 사람처럼 보였을 것 같다.

회사 식당에서 밥을 먹을 때였다. 점심시간이 되면 삼삼오오 짝을 이뤄 3층 식당으로 올라간다. 식당 안에 있는 식기 도구를 챙기고 줄을 서서 차례를 기다린다. 사람들이 많을 때는 대기 시간도 길어진다. 기다리는 시간이 지루해서 주위를 쳐다볼 때가 있다. 테이블에 누가 앉아서 밥을 먹는지, 반찬은 뭐가 나왔는지 그런 걸 본다. 내 차례가 되어 음식을 받은 후 빈자리나 편안한 자리에 가서 먹는다. 음식을 집중해서 먹지 않고 주위를 둘러본다. 내 앞뒤 테이블에 누가 누구와 먹는지 무슨 이야기를 하며 저렇게 웃는지 궁금해하며 쳐다본다.

밥을 다 먹고 식당 계단으로 내려오고 있었다. 이후 화장실에 가려는데 함께 일하던 그 동생이 내 옆으로 걸어왔다. 잠시 멈춰 서서 나에게 물었다. "형님은 밥 먹으면서 왜 그렇게 주위를 두리번거리세요? 사람들 눈치는 왜 그렇게 보세요?" 그 말을 듣고 나는 아무렇지 않은 척했지만, 속으로는 조금 당황스러웠다. 나는 스스로 어떻게 행동하는지 알지 못했고 눈치를 본다는 걸 인정하고 싶지 않았다. 무의식적으로 행동했던 부분도 있었겠지만 동생이 그 모습이 어땠는지 알려주었다.

동생이 말한 것처럼 내가 밥을 먹으면서 사람들 눈치를 보고 있었는지 생각해 보았다. 얘기를 듣기 전에는 몰랐는데 상황을 돌이켜보니 뭔가 떠올랐다. 음식을 기다리면서 사람들을 보긴 했지만 머릿속으로는 별의별 생각을 하고 있었다. 내가 알고 있는 사람들이 누구와 밥을 먹는지, 서로 얼마나 친한지를 떠올렸다. 그냥 있는 그대로를 보지 못하고 '질투'라는 감정이 내 안에서 올라오고 있었다. 동생이 식당에서 내 모습을 콕 집어 말해주었기에 천천히 상황을 돌아볼 수 있었다.

다른 사람들을 지나치게 의식하고 있는 나를 인식하게 되었다. 자신감이 없던 내 모습이었다. 내가 나에 대한 믿음이 부족해 주위를 둘러보며 상황을 살폈다. 그렇게 사람들의 표정을 살피며 내 행동을 조절하고 있었던 것 같다. 그들이 조용히 밥을 먹을 때면 분위기가 좋지 않다고 느꼈다. 반면 서로 웃으며 대화할 때면 경계심이 들었다. 나는 그 자리에서 함께하지 못한다는 생각에 의기소침해졌다. 나도 저 사람들처럼 이야기를 나누며 유대감을 느끼고 싶었다.

그 일이 있은 뒤 나는 스스로에게 자신감 있고 당당하게 행동하자고 다짐했다. 사람들의 행동 하나에 내 감정이 오르락내리락했다. 내가 중심을 잡지 못하고 자꾸만 흔들리고 있었다. 이제는 주위 환경에 지나치게 영향을 받는 내가 되어서는 안 되었다. 나를 있는 그대로 바라볼 필요가 있었다. 남들과 나를 비교하며 스스로 저울질하던 태도를 바로잡아야만 했다.

자기 자신에 대한 믿음이 부족한 사람이 있다. 대화할 때도 확신이 없어서 목소리마저 작아진다. 상대방이 본인의 생각을 힘주어 말하면 내 뜻과 달라도 받아들인다. 스스로 그 말을 깊이 생각하지 않고 정작 자신의 의견은 속으로 삼켜버린다.

지금껏 반응해 왔던 본인의 태도를 바꿀 필요가 있다. 그들의 의견을 한 번 더 생각해 보고 스스로 결정을 내려야 한다. 자신이 중심을 잘 잡지 못하면 계속해서 누군가에게 끌려가게 마련이다. 설사 내 선택이 좋은 결과로 이어지지 않더라도 실망할 필요는 없다. 그렇게 주도적으로 하나씩 결정할 때야 비로소 스스로에 대한 믿음이 생길 수 있다.

자신의 태도를 바꾸기 위해 작은 것이라도 꾸준하게 시도해 봐야 한다. 그런 행동들이 내 안에 쌓여 결국 나만의 관점을 형성하게 된다. 그 관점으로 상황을 바라보고 내 생각을 사람들에게 전하면 된다. 목소리에 힘을 실어 자신감을 느끼면서 말이다.

발표불안 극복을 위한 열세 번째 황금열쇠

1 — **스스로 중심을 잡자**
자기 믿음이 부족하면 목소리마저 작아진다. 다른 사람 의견에 휘둘리지 말고 한 번 더 생각한 뒤 스스로 결정하자.

2 — **작은 행동으로 자신감을 쌓자**
작은 시도를 꾸준히 이어가며 나만의 관점을 만들어 가자. 그 관점으로 말하고 힘 있는 목소리로 자신감 있게 표현하자.

## 6

## 강박을 내려놓아라

잘 보여야 한다는 생각에서 벗어나기

"남에게 보이기 위해 사는 삶은 진정한 자유를 주지 않는다."

_ 세네카(철학자)

첫 보직을 맡고 일하면서 사람들을 알아간다. 간단하게 자기소개도 하고 서로에 대해 궁금한 것도 묻는다. 그러면서 상대에게 좋은 모습을 보여주고 싶은 마음이 생기기도 한다. 좋은 인상을 남긴다고 해서 손해 볼 일은 없다. 그렇게 상대방에게 배려하거나 호의적으로 행동한다.

그 배려가 지나치면 오히려 인간관계에서 불편한 감정이 생기기도 한다. 처음에는 상대방이 나에게 친절하게 대해주어 고마웠다. 그런 나도 보답하고자 상대방을 도와준다. 서로 어느 정도 알아가면서 상대의 태도가 바뀌기 시작한다. 자기가 해야 할 일을 이제 나에게 떠넘긴다. 말로는 도와달라고 하지만 바쁘다는 핑계로 본인이 하지 않으려 한다. 그때부터 마지못해 상대의 일을 도와주며 불편한 마음까지 올라온다. 좋은 게 좋다고 생각하며 그냥 넘어간다. 상대를 위한 배려가 누군가에게는 당연함이 되어버린다.

회사에서 한 동료가 커피 한 잔 마시자며 나를 부른 적이 있다. 나와 함께 일하는 동료였는데 서로 알고 지내면 좋겠다는 의미로 내게 호의를 베푼 듯했다. 상대방의 친절한 행동이 고마워 나도 보답하고자 음료를 사주었다. 동료가 반복적으로 나를 챙겨주면서 자연스레 마음이 열렸다. 이후에는 내가 상대방에게 더 신경 쓰며 배려하고자 했다. 일로 도와준다거나 옆에서 함께 있어 주었다.

어느 정도 서로를 알게 된 후, 그의 태도가 바뀌었다. 나를 배려하기보다는 이용하려는 느낌이 들었다. 동료는 내가 한가해 보이면 도와달라고 요청했다. 자신은 일을 하고 있는데 나는 편안히 쉬는 것처럼 보였던 모양이다. 내 할 일을 다 해놓고 한숨 돌리고 있는 줄 몰랐던 것 같다. 어렵지 않은 일이었기에 처음에는 기꺼이 도와주었다. 하지만 몇 번 그 일을 대신해 주고 나자 정작 본인은 할 생각조차 하지 않았다. 그 일은 제쳐두고 다음 자기 할 일을 하고 있었다. 사실 내 불편함을 감수하며 동료를 도와주고 있었다. 서로의 관계가 틀어질까 걱정되었고 나에게 좋지 않은 감정이 들까 염려되었다.

내가 상대에게 배려했던 것은 그 사람이 먼저 나에게 호의를 베풀었기 때문이다. 고맙기도 했고 나도 똑같이 보답해야 할 것 같았다. 그런 나의 행동이 좋은 의미로 받아들여지길 바랐지만 그렇지 않았다. 호의가 계속되면 고마움이 아닌 당연함으로 받아들여졌다. 이를 뒤늦게 알고 나서는 서로에게 적정한 심리적 거리가 필요하다는 것을 인식하게 되었다. 그전에는 몰랐다. 지나치지도 않고 모자라지도 않는 적정한 거리가 존재한다는 점을 말이다.

한동안 사람들이 내게 몰려들어 이야기꽃이 피는 모습을 보며 즐거워했다. 그들의 관심을 끌었던 이유가 있었다. 내가 그들의 말을 적극적으로 호응하며 들어주었기 때문이다. 누군가 자신의 이야기를 잘 들어주면 신이 나서 계속 말을 하고 싶어진다. 비록 내가 표현하는 것은 서툴렀지만 나름 잘하는 방식으로 사람들에게 호감을 얻으려 했다. 그것도 잠시뿐이었다. 내 얘기를 잘하지 않으니 한쪽에서 일방적으로 말하는 상황이 되어버렸다. 계속해서 상대방의 이야기만 들을 수는 없었다. 대화가 되려면 서로가 말을 주고받아야 했다.

처음 사람들과 대화할 때는 적극적으로 호응하다가 이후에는 말없이 조용히 있게 되었다. 평소 내 모습대로 행동하게 되었다. 말수가 적고 일상적인 얘기조차 편안하게 하지 못하는 나로 말이다. 이런 상반된 두 모습이 내 안에 있다는 것이 조금 혼란스럽기도 했다. 내 주위에 사람들이 몰려들면 기분이 좋고 스스로 존재감을 느꼈다. 그러다 사람들이 내게 흥미를 잃고 발길을 돌리면 외로웠다.

여러 가지 생각이 들었다. '나는 왜 이런 행동을 하는 걸까?', '인간관계를 맺을 때마다 반복되는 내 행동 패턴이 있네.' 그렇게 행동하는 이유가 무엇인지 되돌아봤다. 상대에게 잘 보이고 싶은 마음이 내 안에 있었다. 처음에는 사람들에게 적극적으로 다가갔다. 평소보다 조금 들뜬 마음으로 행동했다. 그 모습을 사람들이 좋아하고 나와 함께하고 싶어 한다는 것을 알았다. 사람들이 내게 관심을 두니 계속 괜찮은 모습만 보여주고 싶었다. 내가 생각한 괜찮은 모습은 남들에게 잘 보이려는 행동이었다. 나 자신을 숨기고 그들이 원할 것 같은 모습으로 나를 꾸몄다. 사람들이 말할 때는 나와 함께하는 순간이 즐겁게 느껴지도록 호응했다. 결국 나는 좋은 모습만 보여야 한다는 강박을 느꼈고 부족하거나 모자란 부분은 숨기려 했다. 있는 그대로의 내 모습을 보여주지 못했다.

 나를 아는 사람들 가운데 몇 명은 가끔 이렇게 말했다. "현석아, 너는 너무 착한 것 같아." 하지만 나는 이 말을 썩 좋아하지 않았다. 착한 사람이 싫다기보다 착하면 사람들이 나를 함부로 대할 것 같다는 생각이 들었기 때문이다. 또 매력적이지 않다는 뜻으로 받아들여지기도 했다.
 사람들과 일을 할 때 되도록 그들에게 피해를 주고 싶지 않았다. 내가 어떤 행동을 했을 때 상대가 싫어할 것 같다는 생각이 들면 하지 않으려 했다. 때로는 내가 불편해도 상대를 도와주었다. 그 사람이 할 일을 내가 대신해 주며 고마워할 거라는 생각으로 행동했다. 아마 이런 내 모습을 보며 회사 동료나 지인들이 착하다고 말했을 터이다. 사람들이 계속 그런 말을 하면 나도 그 말에 보답해야 할 것만 같았다. 그러면 또 착한 행동을 해야 한다는 압박감이 들었다. 본래 나는 착하지 않다고 생각하지만 그렇게 봐주는 그들을 의식해 다시 행동하게 된다. 나의 불편함을 감수하며 상대방에게 좋은 사람으로 보이고 싶었던 것 같다.

　지금껏 나는 처음 누군가를 만나면 그 사람에게 호감을 주기 위해 행동했다. 내 안의 쾌활함을 쏟아 표현했고, 상대는 그 모습을 좋아하며 나와 함께하고 싶어 했다. 그렇게 서로 가까워지고 관계가 깊어질 수 있는 상황이 되었다.
　내 안에는 여러 모습이 있지만 그저 좋은 모습만 보여주려고 했다. 긍정적이고 밝은 모습들이었다. 나를 통해 사람들이 즐거워할 수 있도록 분위기를 만들었다. 그래야 사람들 사이에서 내 존재가 느껴지는 듯했다. 하지만 한 사람에게 밝은 에너지만 있는 것은 아니다. 진지한 모습도 있고 때로는 어설픈 모습도 분명 있다. 그들에게 비친 내 모습을 의식하며 나를 꾸미고 포장했다. 진짜 내 모습을 보여주지는 못했다.

　이런 내 행동 패턴을 인식하며 나 자신을 돌아보게 되었다. 사람들과 일시적인 관계가 되지 않기 위해서라도 나에게 변화가 필요했다. 조금 부족하고 어수룩한 모습조차 숨기지 않아야 한다는 것을 알았다. 지금 있는 그대로의 나의 모습도 괜찮다는 것을 받아들이는 것이 중요했다.

　사람들은 인정받고 사랑받고 싶은 욕구가 조금씩은 있기 마련이다. 그런 욕구를 충족시키기 위해 사람들에게 잘 보이려 한다. 그들이 좋아할 만한 모습으로 자신을 꾸미거나 포장하면서 말이다. 대화할 때도 항상 밝고 긍정적인 모습을 보여주려 한다. 하지만 언제까지 그런 모습만 계속 보여줄 수는 없다. 나 자신을 힘들게 하거나 가두어 놓아서는 안 된다.

사람은 누구나 장단점이 있지 않은가. 잘하는 것이 있으면 못 하는 것도 분명 있다. 자신의 부족한 부분을 남들에게 보여주기 싫은 마음도 충분히 이해가 된다. 사람들이 내 모습을 알게 되면 이상하게 생각하지 않을까 걱정도 된다. 사람은 누구나 부족하다. 완벽한 사람은 이 세상에 없다. 우리는 서로의 부족함을 잘 알기에 나도 상대도 있는 모습 그대로를 받아들일 수 있어야 한다. 그러니 사람들에게 자신의 밝은 모습도, 어두운 면도 보여줄 수 있다고 생각해야 한다. 이런 생각을 자연스럽게 받아들이며 자기 모습대로 편안하게 행동하면 된다.

**발표불안 극복을 위한 열네 번째 황금열쇠**

1 — **자신을 있는 그대로 받아들이자**
사람은 누구나 장단점이 있다. 부족한 모습조차 숨기려 하지 말고 있는 그대로의 나를 받아들이자. 완벽하지 않아도 괜찮다.

2 — **겉모습보다 마음으로 행동하자**
인정받고 사랑받고 싶은 마음은 누구에게나 있다. 하지만 항상 밝은 모습만 보여주려 하면 자신이 지친다. 솔직한 마음과 생각을 중심으로 편안하게 행동하자.

## 1

## 아버지의 사랑을 행동으로 배우라

말보다 깊은 마음을 느끼다

"사랑은 항상 말로 표현될 필요는 없다. 진심은 행동 속에서 나타난다."

_ 마더 테레사(인도주의자)

아버지는 한자리에서 30년 넘게 이용원을 운영하고 계신다. 예전에 교통사고로 다리를 다치신 적이 있다. 한 달 정도 병원에 입원했다가 퇴원하셨지만 그 일 외에는 매일 가게로 출근하셨다. 오전 6시에 가게 문을 열어 저녁 8시까지, 손님이 있든 없든 자리를 지키셨다. 그 모습을 보고 있으면 아버지가 참 성실하다는 생각이 든다.

나는 공부를 썩 잘하지는 못했다. 중학교 3학년 때 우리 반 인원은 50명 조금 넘었는데 성적은 반에서 중간 정도였다. 고등학교 진로 문제로 인문계와 실업계 중 한 곳을 선택해야 했다. 애매한 성적 때문에 안전하게 실업계를 선택하게 되었다. 당시 사회적 분위기는 대학을 나와야 취직하기가 좋았다. 아버지는 대학 등록금은 걱정하지 말고 공부만 열심히 하라고 하셨다. 형과 나는 대학에 들어가 졸업할 때까지 등록금 걱정 없이 잘 다닐 수 있었다.

내 친구 중에는 대학 생활 동안 방학 때 아르바이트를 하던 친구도 있었다. 용돈을 벌기 위해 일하는 친구도 있었고 사회 경험을 미리 해보고 싶어 하는 친구도 있었다. 반면 형과 나는 대학 다니는 동안 아르바이트를 할 필요가 없었다. 아버지는 항상 우리에게 말씀하셨다. "너희는 아르바이트 안 해도 되니까 학교생활 잘하고 공부만 열심히 해라." 먹고 싶은 게 있으면 사 먹으라며 용돈도 챙겨 주셨다. 아마 우리에게 공부 외에는 신경 쓰지 않게 하려고 그러셨던 것 같다.

아버지는 우리에게 고마운 분이셨지만 작게나마 서운한 점이 하나 있다. 일에만 너무 전념하신 탓에 아버지와 깊이 있는 대화를 나눈 기억이 별로 없다. 물론 그 당시 다른 집도 비슷한 상황이었다. 전형적인 아버지 상이라는 생각이 든다.

우리는 아버지가 일하고 생활하는 모습을 오랫동안 보며 자랐다. 하지만 자식들에게 마음을 잘 드러내지 않으셨고 감정 표현도 서툴렀다. 지금껏 아버지가 우시는 모습을 한 번도 본 적이 없다. 굳이 자식들 앞에서 눈물을 보일 필요는 없겠지만 어린 내가 보기에는 어리광을 부릴 수 있는 존재는 아니었다.

중학교 3학년 때 아버지에게 크게 혼난 적이 있었다. 중간고사 시험을 앞둔 시점이었다. 평소 시험 기간이면 집에서 공부했지만 그날은 친구들과 함께 공부하고 싶었다. 아버지에게 친구 집에 가서 공부하고 와도 되냐고 물어보니 흔쾌히는 아니지만 허락해 주셨다.

같은 반 친구 다섯 명이 한 친구 집으로 모였다. 그 친구네 집은 부산 해운대 바닷가 근처였다. 놀기에도 좋은 곳이었다. 우린 시험공부를 한다며 모였지만 누가 먼저랄 것도 없이 밖으로 나가 놀았다. 동네를 한 바퀴 돌며 각자 용돈으로 오락실에 가거나 과자를 사 먹으며 시간을 보냈다. 그렇게 하루를 보내고 각자 집으로 돌아왔다. 나는 아버지에게 태연하게 "잘 다녀왔습니다."라고 말하며 아무 일 없었다는 듯 행동했다.

며칠 후 시험을 봤는데 문제를 보며 답답하기만 했다. 제대로 공부하지 않았으니 시험을 잘 볼 수 없었다. 성적표를 받았는데 아니나 다를까 중학교에 들어간 이후 가장 좋지 않은 성적이었다. 아버지는 내가 친구 집에서 공부하지 않고 놀았다는 것을 직감적으로 아신 것 같았다. 분명 내가 잘못한 일이었고 거기다 성적까지 많이 떨어졌다. 아버지에게 혼나는 것은 당연하다고 생각했다. 돌이켜 보면 아버지에게 칭찬받은 기억은 별로 없지만 혼났던 일은 오래도록 기억에 남았다.

'내가 바라보는 아버지는 보수적인 데다 왜 그리 마음을 표현하는 데 서툴렀을까? 돌아가신 할아버지도 아버지에게 표현하는 데 인색하셨던 걸까?' 사랑을 듬뿍 받아본 사람이 사랑을 잘 나눌 수 있다고 들었다. 그런 아버지도 나와 같이 부모님에게 사랑을 충분히 받지 못했던 건 아닐까 하는 생각이 계속 이어졌다. 꼬리에 꼬리를 물듯 궁금해졌다. 어쩌면 그렇게 자라온 환경이 아버지와 내가 자연스럽게 느껴졌을 수도 있겠다는 생각이 들었다.

아버지와의 추억을 떠올릴 때가 있다. 형과 나는 아버지와 함께 한 달에 몇 번씩 목욕탕을 간 기억이 있다. 주로 사람이 몰리지 않는 이른 아침에 집을 나섰다. 그때가 목욕탕 물이 깨끗하다며 잠이 덜 깬 우리를 데려가곤 했다. 목욕탕 안에는 세 개의 탕이 있었다. 열탕, 온탕, 그리고 냉탕. 어린 나이에 뜨거운 열탕에 들어가는 건 큰 도전이라 비교적 따뜻한 온탕에 들어갔다. 그것도 잠시뿐 우리는 들어간 지 10분도 되지 않아 물 밖으로 나왔다. 물속에 있는 게 답답하고 견디기 힘들었다.

아버지는 열탕을 좋아하셨던 것 같다. 자식들과 함께하기 위해 온탕에 있다가도 우리가 물 밖으로 나올 때면 열탕으로 넘어가시곤 했다.

그렇게 따뜻한 물로 몸을 불린 후 몸에 때를 밀기 시작했다. 세 명이 나란히 앉아 서로의 등을 밀어주었다. 어릴 때는 아버지의 팔 힘이 너무 세게만 느껴졌다. 형과 나는 그 강한 손길을 피하고자 둘 다 자리를 양보하려고 했다. 서로 등을 밀어주는 그 상황에서 아버지는 넌지시 우리에게 묻곤 하셨다. 감정을 물어보는 대화는 아니었던 것 같다. 일상적인 이야기로 무슨 일이 있었는지, 무엇을 했는지 정도였다. 아버지가 물으시면 우리는 짧게만 대답했을 뿐 대화가 길게 이어지지 않았다. 돌이켜 보면 아버지는 말로 표현하기보다는 행동으로 마음을 전하셨던 것 같다. 그런 행동이 아버지께는 더 편안하고 자연스러웠던 듯하다.

얼마 전 아버지가 가게로 출근하시다 다리를 다쳤다는 얘기를 들었다. 평소처럼 자전거를 타고 가시다가 도로에 있는 기둥에 부딪치셨다고 한다. 다리에 깁스를 하신 상태였다. 그럼에도 일을 하러 가야겠다며 형에게 차를 태워달라고 하셨다. 그렇지 않아도 오랫동안 서서 일하느라 무릎이 좋지 않은 상태였다. 거기다 다치기까지 해서서 마음이 아팠고 죄송하기도 했다. 내가 경제적으로 여유가 있었다면 부모님께 용돈도 더 드리고 싶은 마음이었다. 이제는 일을 그만두시고 편안하게 생활하시길 바랐다.

지금은 분가해서 자주 찾아뵙지는 못하지만 문득 아버지가 보고 싶을 때가 있다. 그럴 땐 전화를 걸어 목소리를 듣기도 한다. 아버지는 힘이 빠진 목소리로 나에게 안부를 묻는다. "현석아, 어떻게 잘 살고 있나? 일하는 거 힘들지? 언제 시간 되면 집으로 와서 밥이나 먹고 가라."

예전 같으면 그런 말들이 그냥 스쳐 지나갔을 텐데 이제는 다르게 느껴진다. 아버지와의 추억이 많지 않다. 특별히 기억에 남는 일도 떠오르지 않는다. 아버지와 성인이 된 내가, 이야기를 나눌 수 있는 시간이 많지 않다는 걸 알고 있다. 조금은 어색하지만 내가 먼저 아버지에게 다가가야 할 것 같다. 앞으로의 추억이 오랫동안 기억에 남을 수 있길 바라면서 말이다.

자녀들에게 표현을 잘하지 않는 부모님이 계실 듯하다. 마음은 그렇지 않은데 감정을 드러내는 게 어색하게만 느껴지신다. 자식들이 분가해도 부모님의 마음은 항상 자녀들을 생각하고 계신다. 가끔 전화를 드려 안부를 물어보지만 길게 통화를 하지 않으려 하신다. 그 짧은 통화에서도 자식들의 목소리만 들으면 어떻게 지내고 있는지를 직감적으로 알고 계신 듯하다.

힘들 때 제일 먼저 생각나는 사람이 부모님이 아닐까 싶다. 나를 있게 한 부모님께 힘들 때만이 아니라 평소에도 전화를 드려 마음을 전했으면 한다. 겉으로 크게 표현하지는 않으시지만 분명 좋아하시고 전화를 기다리고 계실 게 분명하다.

발표불안 극복을 위한 열다섯 번째 황금열쇠

1 — 부모님의 사랑은 말보다 깊다
겉으로 표현이 서툴러도 부모의 마음은 늘 자녀 곁을 향한다. 짧은 안부 전화 한 통에도 그 사랑이 전해진다는 것을 잊지 말자.

2 — 마음을 먼저 전하라
힘들 때만이 아니라 평소에도 부모님께 마음을 표현해 보는 건 어떨까. 작은 연락이 부모님께는 큰 기쁨이 될지도 모를 일이다.

## 8

# 나를 바라보는 시선이 나를 만든다

나는 나를 어떻게 생각하는가

"자신의 가능성을 제한하지 말라. 다양한 나로 살아가는 것이 성장이다."

_마하트마 간디(사상가)_

자기표현을 공부하고 발표불안을 극복하면서 중요한 사실을 알았다. 내가 나를 어떻게 생각하는지가 내 이미지에 영향을 미친다는 점이다. 그 이미지를 가지고 나를 표현하게 된다.

사람들은 스스로 생각하는 자신의 이미지를 그린다. '나는 자신감 있고 당당한 사람이다.', '나는 성실하고 끈기 있게 맡은 일을 해 나간다.', '나는 내성적이고 수줍어서 표현을 잘하지 못한다.' 등등. 개인마다 자신이 생각하는 그 이미지를 마음속으로 품는다. 그 모습을 나라고 받아들이며 밖으로 표현한다. 그 외의 모습들은 본인과 어울리지 않다고 생각해 잘 표현하지 않게 된다. 왠지 그건 내가 아닌 것 같고, 어색하기만 하다.

자신이 생각하는 그 이미지는 어떻게 형성된 것일까? 내가 스스로 만든 것일까, 아니면 다른 누군가가 그 이미지를 부여한 것일까? 지금껏 그런 생각들을 깊게 하지는 않았다. 그저 내가 생각하고 느끼는 대로 살아가고 있었다.

어떤 자리에 가면 나는 말없이 조용해진다. 또 다른 어떤 자리에서는 활달하고 적극적이다. 상황에 따라서 내 행동이 변하는 것을 느낀다. 서로 다른 두 모습을 보며 나 자신이 헷갈리기도 하고 혼란스럽기도 하다. 이것도 나의 모습이고 저것도 나의 모습이다.

나는 사람들과 어울릴 때 상대를 배려하려고 한다. 친구를 만나 밥을 먹을 때도 묻는다. "너 뭐 먹고 싶은데? 오늘 뭐 먹을까?" 나는 먹지 못하는 것만 아니면 괜찮았다. 말은 그렇게 하면서도 마음속으로는 뭔가가 걸렸다. 내가 무엇을 먹고 싶은지 생각하지 않고 상대에게 맞춰줬기 때문이다. 그걸 모르는 상대방은 내가 배려하는 행동에 고마워한다. 그러고는 이렇게 얘기해 준다. "너는 상대를 배려할 줄 알아." 내 안에 있는 욕구를 애써 외면하며 그들에게 맞춘다.

내가 바라보는 나는 어떻게 해서 지금과 같이 생각하고 행동하게 되었을까. 아마도 내가 살아온 환경에서 경험한 것들이 내 안에 스며들었기 때문일 수 있다. 부모님이 들려주시고 보여주신 것들도 내게 영향을 주었다. 그런 것들이 몸과 마음에 저장되었고 나는 그것을 나라고 여기며 행동하게 된다.

　어릴 때는 내가 나를 어떻게 바라보는지 생각조차 하지 못했다. 집에서 원하는 내 역할이 있으면 그대로 행동으로 옮겼다. 부모님은 오래도록 가게를 운영하시며 성실하게 일하셨다. 그런 분들이 내게 바라던 것은 학교에서 공부를 잘하는 일이었다. 선생님 말씀 잘 듣고 친구들과 사이좋게 지내는 모습을 원하셨다. 수업을 마치고 집으로 돌아오면 부모님 말씀을 잘 듣는 착한 아이가 되었다. 우리를 위해 열심히 일하시는 모습을 보면 착한 아들이 되어야 한다고 생각했다.

　초등학생이던 나는 어머니와 함께 저녁 반찬을 사러 시장을 가곤 했다. 우리 가게에서 시장까지는 걸어서 10분도 채 걸리지 않았다. 길을 걷다 보면 자연스럽게 사람들과 마주쳤다. 부모님이 한자리에서 이용원을 오랫동안 운영하셨기에 이웃 사람들 대부분이 우리 가족을 알고 있었다. 시장으로 내려가며 나는 어머니 옆에 꼭 붙어 걸어갔다. 그래서 나를 모르는 사람이 없었고 다만 큰아들인지 작은 아들인지 정도만 궁금해했다. 내가 형보다는 키가 조금 더 컸기 때문이다. 사람들을 만나면 나는 예의 바르게 인사하려 애썼다. 착한 아들이라는 모습을 보여주고 싶은 마음이 있었다. 이웃 사람들은 그런 나를 보며 "이 집 아들은 인사도 잘하고 착하다."고 말했다. 그 말을 들으면 겉으로는 쑥스러웠지만 속으로는 '그래, 나는 착한 사람이지.'라고 생각했다.

내가 생각하는 나는 내성적이고 부끄러움을 잘 타는 사람이기도 했다. 대화할 때 사람들의 눈을 제대로 쳐다보지 못했다. 내 안에 있는 여러 자아가 상대에게 들킬 것 같아 부끄러웠다. 상대방의 시선을 계속 피하다 보면 사람들이 오해하기도 했다. 일부러 눈을 피하는 것은 아니었지만 그렇게 해야만 할 것 같았다.

예전에 미용실을 운영할 때였다. 아내와 둘이서 가게를 하고 있었다. 정신적으로 힘들어서 지인의 소개로 마음공부를 하게 되었다. 가게 문을 열기 전에 다녀와야 했기에 이른 시간에 수련회에 갔다. 그곳에는 수련생을 도와주는 도움님이 있었다. 나의 사정을 알고 있어서 평소보다 일찍 수련 준비를 해주었다. 수련하는 방은 크기별로 몇 개가 있었다. 그 시간에는 나 혼자였기에 작은 방에 들어갔다. 바닥에 있는 방석을 깔고 앉아 내 인생을 돌아보았다. 긍정적인 생각이든 부정적인 생각이든 상관없이 지난날을 떠올리며 나를 돌아보면 되었다. 그렇게 눈을 감고 한 시간 정도 명상을 하고 있으면 도움님이 방 안으로 들어왔다. 한쪽 벽면에는 화면이 설치되어 있었고 내게 영상을 보여주며 다음 수련 방법을 알려주었다. 도움님과 나와의 거리는 3미터 정도였다. 수련 방법을 알려줄 때 나는 시선 처리를 어떻게 해야 할지 몰랐다. 도움님은 나를 계속 쳐다보는데 나는 몇 초만 마주 보고 있어도 눈을 피해 버렸다. 그런 일이 여러 번 반복되었다. 며칠 후 도움님이 조용히 말했다. "현석 님은 제가 얘기할 때 눈을 제대로 안 쳐다보네요. 눈을 피하지 말고 저를 쳐다보세요." 무의식적으로 행동했던 내 모습을 콕 집어 말해주었다. 문득 내 의도와는 다르게 상대방이 오해할 수 있겠다는 생각이 들었다. 눈을 마주치고 대화하는 것이 자연스러운 행동인데 나는 그러지 못했다. 이후 눈을 마주쳐야 한다는 생각 때문에 수련에 집중할 수가 없었다. 머릿속으로는 다른 생각을 하고 있었다. '도움님이 나를 어떻게 보고 있을지, 내가 이야기를 잘 듣고 있다는 것을 보여줘야지.' 하는 생각을 하기도 했다.

나는 사람들에게 좋은 모습을 보여주고 착하게 행동해야 한다는 생각이 내 안에 자리 잡혀 있었다. 좋은 사람, 착한 사람이 아닌 다른 모습은 사람들이 알아서는 안 된다고 생각하곤 했다. 내가 그들에게 보여주는 모습이 내 전부는 아니다. 부모님이 바라셨던 '착한 아들'도 나의 일부분이 드러났을 뿐이다. 나 스스로 정해 놓은 틀에 나를 가두다 보면 어느 순간 한계에 부딪히는 것을 느낀다. 내 안에는 다양한 자아가 있는데 그중 내가 진정으로 원하는 정체성으로 살아가지 못하게 된다.

자신이 생각하고 바라는 본인의 모습을 스스로에게 알려줄 필요가 있다. 각자가 원하는 이미지는 스스로 만들어 가면 된다. 자신이 되고 싶은 모습을 상상하면서 말이다. 앞으로 나는 이렇게 살고 싶다, 나는 이런 사람이 되고 싶다. 이처럼 우리는 다양한 정체성을 가질 수 있다. 스스로 '착한 사람'이 싫다고 해서 애써 부정할 필요는 없을 듯하다. 내 안에는 착한 모습도 있고 그 반대의 모습도 있다. 그것을 자신이 원해서 표현했다면, 그 모습으로 살아가면 된다. 거기에 본인을 가둘 필요는 없다. 다만 자기를 어느 틀 안에 넣어버리면 어느새 그게 내 모습처럼 느껴진다. 그렇게 계속 행동하게 되고 무의식적으로 몸 안에 저장된다. 행동 패턴이 한쪽으로만 치우쳐 인생을 살아가게 된다. 이제는 내가 생각하는 나를 스스로 만들어 보자. 내가 나를 어떻게 생각하고 바라보는지가 자신의 이미지가 된다. 그 이미지를 가지고 사람들과 소통하며 나를 표현하면 된다.

**발표불안 극복을 위한 열여섯 번째 황금열쇠**

**1 — 나를 스스로 정의하라**
자신이 생각하고 바라는 모습을 스스로에게 알려주자. 남의 기준이 아닌 내가 되고 싶은 나를 상상하며 만들어 가면 된다.

**2 — 틀에 가두지 말라**
'착한 사람'만 되어야 한다는 강박에 갇히지 말자. 다양한 모습이 내 안에 공존하며 원하는 모습을 자유롭게 표현하면 된다.

〈제3장〉

# 발표불안, 이제 나의 힘으로 넘는다

두려움을 용기로 바꾸기

## 1

## Love Myself, 나부터 하라

자신을 받아들이는 첫걸음을 내딛다

"자신을 사랑하는 것이야말로 다른 모든 사랑의 시작이다."

_ 오스카 와일드(작가)

내 생각이나 감정을 자유롭게 말하고 싶었다. 사람들 앞에서도 당당하게 표현하고 싶었다. 마음속으로는 자신감 있고 당당한 사람이 되겠다고 다짐했다.

그런 마음을 품게 된 데에는 계기가 있었다. 어느 날 장모님 댁에서 온 가족이 모였다. 많은 식구들이 둘러앉아 화기애애하게 이야기를 나누고 있었다. 그중에는 좋은 분위기에 함께 하지 못하고 가만히 앉아 있는 사람이 있었다. 바로 나였다. 말할 용기가 없어 대화에 참여하지 못했다. 그러다 중간에 끼어들어 한마디 해보았지만, 대화의 흐름이 끊어지고 말았다. 더는 말하지 못하고 사람들이 얘기할 때 듣기만 했다. 나 자신이 초라하게 느껴졌다. 매번 장모님 댁에서 다 같이 모이면 그 자리가 불편했고 내가 없어지는 느낌이 들었다. 그런 내 모습이 싫어 어떻게든 나를 변화시키고 싶었다.

말을 잘하는 방법을 고민했다. 그 고민을 해결하고 싶어 책을 읽었다. 스피치와 관련된 책은 손에 잡히는 대로 읽었다. '말을 잘해야 성공한다', '최고의 영업 사원이 알려주는 대화하기'와 같은 주제의 책들이었다. 평소에 알고 있던 내용도 있었고 새롭게 알게 된 부분도 있었다. 그렇게 읽은 책이 100권은 넘은 듯하다. 많은 책을 읽으며 일상생활에 적용할 수 있는 기술도 배웠다. '어깨를 펴고 자신감 있게 말하라.', '상대방의 눈을 바라보며 또박또박 말하라.' 책에서는 이처럼 다양한 방법을 알려주었다.

실제로 사람들과 만나면서 하나씩 실천하기도 했다. 가깝게는 집에 있는 아내에게 연습했다. '상대방과 소통하면서 제대로 공감하자.'는 방법으로 시도해 보았다. 아내가 말할 때 집중해서 이야기를 들었다. 책에서는 소통을 잘하려면 상대방의 말을 경청해야 한다고 강조했다. 중간에 머릿속으로 다른 생각이 떠오를 때마다 다시 주의 깊게 들었다. 그 외에도 여러 가지 방법이 있었고 그 방법들을 오래도록 기억하고자 메모도 했다.

머리로는 이해하고 기억했지만 막상 행동으로 옮기는 일은 쉽지 않았다. 듣는 건 그나마 괜찮았는데 말하는 건 여전히 어려웠다. 입 밖으로 말을 꺼내기가 두려웠고 용기도 없었다. 오랫동안 표현하지 못한 데다 소극적인 성격도 한몫했다. 사람들 앞에서 말하는 연습이 필요하다고 느꼈다.

스피치를 체계적으로 배울 수 있는 학원을 알아보았다. 부산에 유명한 스피치 학원이 있었는데 매주 2회, 3개월 과정이었다. 학원에 다니면서 한 번도 빠지지 않고 수업에 집중했다. 그것만으로는 부족하다는 생각이 들어 서울까지 올라가 발표불안을 전문적으로 다루는 학원도 다녔다. 부산에서 서울까지 스피치 학원에 다닌다고 하자 아내는 속상해서 며칠을 울었다고 했다. 단순한 취미 정도로 여겼지만 정신이 반쯤 나간 사람처럼 돌아다녔다고 말했다. 나는 어떻게든 말을 잘하고 싶은 마음뿐이었다. 그러면서도 한편으로는 스스로가 한심하다는 생각이 들었다. 내 만족을 위해 아내에게 상처를 주고 있었기 때문이다.

서울에서 들은 발표불안 극복 과정은 말을 잘하는 기술을 가르치는 수업이 아니었다. 발표나 스피치를 할 때 새겨야 할 마음가짐을 알려주었다. 또 배운 내용을 실천할 용기까지 심어주었다. 한 달간 교육을 받은 후 나도 할 수 있다는 자신감을 느끼게 되었다. 스피치와 관련된 영상을 찾아보며 스스로 연구하기 시작했다. TV를 볼 때도 진행자가 어떤 태도로 말하는지 주의 깊게 살펴보았다. 사람들과 소통하면서 진정으로 필요한 것이 무엇인지도 생각했다.

말을 잘하기 이전에 중요한 사실 하나를 알게 되었다. 사람들과 소통하려면 먼저 나에 대해 알아야 했다. 대화는 일방적인 말하기가 아니라 서로가 말을 주고받는 과정이다. 상대방이 자신의 이야기를 하면 그에 맞춰 내 얘기도 해야 한다. 내가 나를 잘 알아야 다른 사람에게 자기표현을 할 수 있다. 남의 이야기가 아닌 내가 경험하고 느꼈던 것을 전하면서 말이다. 나를 알아가기 위해서는 우선 자신을 사랑할 줄 알아야 했다. 누군가를 알고 싶고 관심이 간다는 것은 그 사람에게 애정이 있다는 뜻이다. 나 자신을 사랑하는 마음이 있어야 나에 대해 알고 싶고 관심도 생기기 마련이다. 내가 좋아하는 것은 무엇인지, 어떤 일에 관심이 있는지, 또 어떤 점이 부족한지를 알아가는 과정처럼 그렇게 자신을 관찰할 필요가 있었다.

자기표현을 잘하려면 기술을 배워야 한다고만 생각했다. 설득력 있게 말하거나 멋지게 말하는 것이 전부라고 여겼다. 하지만 진정으로 사람들과 소통하고 공감하려면 나 자신을 잘 알아야 한다. 나를 알기 위해서는 관심과 사랑이 바탕이 되어야 한다. 그런 나는 무엇을 좋아하는지, 어떤 취미가 있는지 분명히 알지 못했다. 알지 못하니 그걸 사람들에게 제대로 표현할 수도 없었다. 친구들과 밥을 먹어도 내 취향조차 말하지 못했다. 그냥 아무거나 먹으러 가자고 말할 뿐이었다. 자신이 좋아하는 것과 싫어하는 것을 잘 아는 사람은 의사를 명확하게 표현한다. 평소에도 스스로에게 관심이 있기 때문에 자신 있게 말할 수 있다. 나는 발표불안을 극복하려면 스피치 기술보다 자신을 사랑하는 것이 먼저임을 깨달았다.

쉬는 날 가끔 만나는 친구가 있다. 고등학교 동창이다. 내 휴대전화에 저장된 친구의 사진을 한 번씩 들여다보곤 한다. 혼자 여러 곳을 여행하며 찍은 사진들이다. 자기 인생을 제대로 즐기는 사람처럼 보인다. 자전거를 타고 지방을 여행하는 모습, 선글라스를 쓰고 산 중턱에서 포즈를 취한 모습, 멋진 옷차림으로 패션 감각을 뽐내는 모습을 볼 때면 친구가 자신을 사랑한다는 느낌이 든다. 둘이 만나 대화를 나눌 때도 본인이 스스로와 즐겁게 지내고 있다는 것을 알 수 있다. 그날 입고 나온 옷차림이나 최근에 시작한 취미 같은 자신과 관련된 일들을 편안하게 이야기한다. 본인에게 관심을 주고 흥미를 느끼게 하는 것이 무엇인지 알고 있다. 그렇게 자신을 설레게 하고 두근거리게 하는 것들을 찾아다닌다.

나는 말을 잘하고 싶어 화술과 관련된 책을 읽고 스피치 학원에 다녔다. 하지만 사람들에게 전할 내 이야기는 뒤로하고 기술을 배우는 데만 집중했다. 겉은 번지르르했지만 속은 텅 비어 있었다. 대화할 때도 내 이야기가 아닌 주변에서 들은 흥미로운 이야기들만 꺼내려 했다.

사람들과 제대로 소통하려면 남들에게서 들은 이야기만으로는 부족하다. 사람들이 정말 궁금해하고 듣고 싶어 하는 얘기는 따로 있을 터다. 그건 자신이 직접 경험하고 느낀 생생한 이야기가 아닐까 싶다. 그런 얘기가 가슴에 더 와닿고 진정성도 느껴진다.

자신의 이야기를 한다는 것은 스스로를 사랑하는 마음이 있어야 가능한 일이다. 내가 나에게 애정을 느껴야 본인을 소중히 여기고 아낄 수 있다. 발표불안을 극복하려면 나 자신을 사랑해야 한다. 이것이 가장 먼저 실천해야 할 일이라고 생각한다. 말을 잘하는 방법도 중요하지만, 나를 사랑하는 마음을 가진 뒤에 연습해도 늦지 않다. 작은 것이라도 괜찮으니 내가 좋아하고 즐거워하는 일을 한 번 해보자. 하나씩 천천히 경험하며 나 자신을 아끼고 사랑해 주자. 나와의 시간을 충분히 보내며 그 순간을 행복하게 느꼈으면 좋겠다. 나만의 행복한 이야기로 사람들과 소통하고 공감할 수 있길 바란다.

**발표불안 극복을 위한 열일곱 번째 황금열쇠**

1 ― 나를 사랑하는 마음이 출발점이다
자기표현은 자신을 사랑할 때 가능하다. 나를 소중히 여기고 아끼는 마음이 있어야 말에 진정성이 담긴다.

2 ― 나와의 시간을 소중히 하자
나와의 시간을 충분히 보내며 그 순간을 행복하게 느끼자. 나만의 행복한 이야기로 사람들과 소통하고 공감할 수 있기를 바란다.

## 나를 이해하라

스스로를 돌아보며 나를 안다

"스스로를 이해하는 시간이야말로 가장 가치 있는 시간이다."

_ 달라이 라마(불교 지도자)

나는 나에 대해서 안다고 생각했다. 그저 그렇게 어렴풋이 믿고 있었다. 실제로는 내가 무엇을 좋아하고 무엇을 잘하는지조차 알지 못했다.

예전에 아내와 미용실을 운영하던 시절, 가게 안에는 몇 권의 책이 있었다. 이전 원장에게 미용실을 인수하면서 함께 받은 책들이었다. 책장에 꽂혀 있던 책 중 한 권을 집어 들었다. 제목은 정확히 기억나지 않지만 영업에 관한 책이었다. 저자가 영업 일을 하며 겪은 경험담을 들려주었는데 이야기가 흥미로워 하루 만에 다 읽어버렸다. 누군가의 인생을 책으로 읽으며 가슴이 두근거린 건 처음이었다.

그때 나는 독서를 통해 나를 알아갈 수 있으리라는 희망을 품었다. 가게에서 읽었던 책의 저자처럼 나와 비슷한 고민을 하는 사람들이 있을 것이라 생각했다. 자신을 표현하고 당당하게 살아가고 싶은 사람들 말이다. 그들의 이야기가 앞으로의 내 인생에도 도움이 될 것이라 믿었다. 책을 읽으며 지식을 얻고 저자의 삶을 간접적으로 체험할 수 있었다. 그렇게 나는 스스로 어떻게 살아야 할지를 알아가고자 했다.

미용실을 운영하면서 가슴이 답답했다. 내가 가고자 하는 이 길이 맞는지 고민이 되었다. 아내도 그렇고 나도 그렇지만 손님을 상대하는 일이 쉽지 않았다. 손님이 머리를 하는 동안 편안하고 지루하지 않게 해드리면 좋겠지만 나는 그게 잘되지 않았다. 손님을 대하는 내 마음도 편하지 않았다. 성격이 내성적이고 말수가 적은 것도 한몫했다. 주도적으로 머리 스타일을 추천하고 대화를 이끌어 가면 좋겠지만 그러지 못했다. 내가 생각하는 이상적인 미용사의 모습과는 거리가 있었다.

처음 가게를 인수할 때 돈이 부족해 대출해야 했다. 다행히 부모님이 돈을 빌려주셨다. 빌린 돈을 빨리 갚아야겠다는 생각에 초반에는 열심히 일했다. 손님이 영업시간이 지난 후에 찾아와도 머리를 해주었고 바쁠 때는 식사도 제대로 챙기지 못했다. 쉬는 날에 세미나가 있으면 찾아가서 기술을 배우기도 했다. 배운 기술을 내 것으로 만들면서 뿌듯했고 재미도 있었다. 덕분에 매출이 오르면서 빌린 돈을 예상보다 빨리 갚을 수 있었다.

여유가 생기자 조금씩 게을러지기 시작했다. 쉬는 전날에는 일을 하다가도 손님이 끊기면 문을 닫고 아내와 함께 밖으로 나갔다. 그 사이 가게에 왔다가 몇 번이나 헛걸음만 했다고 말한 손님들도 있었다. 우리의 이런 행동은 주기적으로 반복되었고 어느 순간 둘 다 시계추처럼 가게를 오갔다.

가게를 운영하면서도 불안했다. 미용 일을 계속해야 할지 걱정되었고 앞으로 어떻게 살아야 할지도 고민되었다. 마음이 흔들리는 상태에서는 가게에 집중하기도 어려웠다. 복잡했던 내 심정을 누군가에게 속 시원하게 털어놓지도 못했다.

미용실에서 우연히 읽게 된 그 책을 시작으로 독서를 시작하게 되었다. 자기계발을 해야겠다는 생각으로 관련된 책들을 찾아 읽었다. 어떻게 하면 나를 성장시킬 수 있을지 방법을 찾고 싶었다. 책 속의 내용들이 다른 세계의 이야기는 아니었다. 평소 알고는 있었지만 실천하지 않았던 부분들도 있었다. '자기가 이루고자 하는 목표를 명확하게 정하라.', '과거를 잊어버리고 현재를 살아라.', '하루를 감사하며 매일 일기를 적어라.'와 같은 내용이었다. 일상에서 실천할 수 있도록 동기 부여를 해주었던 것도 인상 깊었다.

그중에서 한 가지를 직접 시도해 보았다. 나를 알아가기 위해 매일 감사한 일과 그 상황에서 느낀 감정을 일기에 적었다. 이것을 꾸준히 실천하면 나에 대해 좀 더 알아 갈 수 있을 거라는 기대가 있었다. 개인 블로그를 만들어 그곳에 일기를 썼다. 처음에는 감사한 일을 찾기가 어려웠다. 이 정도가 감사한 일인가 싶을 만큼 쓸 내용이 없었다. 감정도 단순히 '그래서 좋았다.', '너무 행복했다.', '눈물이 났다.' 정도로만 적었다. 계속해 보자는 마음으로 1년 넘게 써 내려갔다. 그러던 어느 순간 내 감정을 구체적이고 솔직하게 표현하고 있다는 것을 느꼈다. 겉으로 드러난 감정뿐 아니라 속마음까지 다루고 있었다. 나 자신을 알고 싶어 했던 마음이 오랫동안 기록을 이어갈 수 있게 해주었다.

한 번은 어떤 책에서 100가지 질문을 접하게 되었다. 그 질문들은 독자가 자신에 대해 생각해 보도록 유도했다. 책을 읽으며 자기 자신을 알아갈 수 있도록 도왔다. 책에서는 어떤 상황을 설명하고 두 개의 선택사항 중 하나를 골라야 한다고 말한다. 또 왜 그걸 선택했는지를 대답해야 한다. 당신의 삶의 가치는 무엇인가? 만약 당신에게 엄청난 돈이 있다면 무슨 일을 할 것인가? 같은 질문들이 있었다.

나는 그 책에 나와 있는 100가지 질문에 모두 대답하고 싶었다. 하루에 하나씩 나에게 질문하고 대답하기 시작했다. 소리 내어 말하고 기록으로 남기고 싶어 휴대전화로 녹음해 저장하기도 했다. 쉽게 대답할 수 있는 질문도 있었고 그렇지 않은 질문도 있었다. 깊이 생각해야 하는 질문은 한참을 고민해야 했다. 나에 대해 진지하게 생각해 본 경험이 부족해 시간이 오래 걸리기도 했다. 그렇게 매일 하나씩 내게 질문을 던졌던 시간이 나를 알아가는 기회가 되었다.

스스로가 자신을 잘 안다고 생각할 수 있지만 제대로 모르는 경우가 많다. 주위 사람들이 본인에 대해서 말을 해줄 때가 있다. 그 얘기를 듣고 내가 정말 그랬었나 하고 돌이켜보기도 한다. 곰곰이 생각해 보면 상대방이 말해준 대로 내가 그렇게 행동했다는 사실을 깨닫게 된다.

　가깝게는 집에 있는 아내가 한 번씩 나에게 무언가를 알려준다. "오빠는 이 음식을 정말 좋아해!"라며 말한다. 분명 그 음식에 손이 가긴 했는데 내가 그렇게 좋아했는지를 다시 생각하게 된다. 평소 내가 먹고 싶다고 하는 음식이 별로 없기도 했다. 그런데 순간, 어이없게도 아내가 한 말에 나 자신이 수긍하게 된다. 식탁에 있는 여러 반찬 중 하나에만 자꾸 손이 가는 것을 알게 된다. 일상에서 의식하지 않고 행동하던 내 모습이었다. 아내는 몇 번의 관찰만으로 내가 잘 먹는 음식을 말해주었다. 서로 관찰하는 부분이 달라 대수롭지 않게 지나칠 수도 있다. 하지만 내가 나에 대해서 잘 몰랐던 부분을 아내가 말해준 셈이다. 이렇게 나 자신을 잘 안다고 생각하지만 어느 부분에서는 모르는 경우가 있기 마련이다.

　나 자신을 알고 싶어 순간순간 일어나는 생각과 감정을 글로 적어본다. 언제 기분이 좋고 언제 기분이 가라앉는지, 사람들과 대화할 때 말이 많아지는 경우는 언제인지 등을 기록한다. 일상에서 의식하지 않고 지나쳤던 일을 다시 돌아볼 수 있는 계기가 된다. '나는 이런 상황에서 이렇게 행동하는구나.', '내가 느끼는 감정은 이렇구나.' 이를 통해 나 자신을 이해하게 된다. 점차 상황에 따라 내가 어떻게 반응하는 사람인지 알아가게 된다.

　자기 내면에서 말하는 소리를 잘 듣는 사람이 있다. 평소에도 스스로에게 관심을 기울이고 그 소리에 반응하려 한다. 반면 어떤 이는 내 안의 소리보다 외부의 소리에 더 귀를 기울인다. 지금껏 자신이 반응해 온 방식이기도 하다. 이제는 외부의 소리가 아니라 본인에게 집중하는 시간이 필요하다. 혼자만의 시간을 보내거나 일기를 적어 보는 것도 도움이 된다. 책을 통해 자신과 비슷한 고민을 했던 저자의 경험을 참고해도 좋다. 어떤 방법으로든 스스로에게 이야기를 건넬 수 있는 기회를 만들어 보자. 그렇게 나에 대해 관심을 두고 자신을 알아가도록 하자.

발표불안 극복을 위한 열여덟 번째 황금열쇠

1 ― 자신을 모른다고 인정하라
나를 안다고 생각할수록 놓치는 부분이 많다. 나에 대해 관심을 두고 돌아볼 때 비로소 진짜 나를 발견할 수 있다.

2 ― 나와 대화하는 시간을 보내자
혼자만의 시간을 보내자. 일기를 쓰고 책을 읽으며 자신에게 말을 걸자. 그 순간들이 쌓여 나를 더 깊이 이해하게 된다.

# 3

## 뻔뻔함으로 나를 지켜라

*작은 용기를 발휘하다*

> "자신을 위해 목소리를 내는 것이야말로 진짜 용기다."
>
> _ 마야 안젤루(작가)

내가 생각하는 나와 다른 사람들이 바라보는 내가 다를 거라는 생각이 들었다. 동창회에서 친구들이 나에게 이런 말을 해줄 때가 있었다. "현석이 착하지, 남들한테 싫은 소리도 잘 안 하지."라고 말이다. 친구들이 생각하는 나는 착한 사람이었다.

동창회에서 친구들과 대화할 때면, 어떤 주제에 관해 자신 있게 말하는 친구가 있다. 자기가 하는 말에 확신에 찬 목소리로 이야기한다. 옳고 그름을 떠나 남을 크게 의식하지 않고 당당하게 표현한다. 그 친구를 보며 남 눈치 보지 않는 당당한 모습에 부러움을 느낀다. 우리는 친구의 얘기를 듣다가 뭔가 조금 이상하다 싶으면 그 말에 반박하기도 한다. 그런데 본인은 전혀 타격감을 받지 않는 것처럼 보인다. 이후 자신의 말이 앞뒤가 맞지 않는다고 생각되면, 바로 자세를 바꾼다. "그래, 그럴 수도 있겠네."라며 쉽게 인정해 버린다. 또 우리의 의견을 정리해서 자신이 생각한 것처럼 다시 말하기도 한다. 그것도 힘 있는 목소리로 자신감 있게 말한다. 그런 모습이 뻔뻔스럽다는 느낌도 들면서 순간 빠져든다. 나는 친구의 당당한 모습조차 부러웠다. 내가 그렇게 말할 배짱은 없었다. 친구의 모습을 보며 나도 한번 따라 해보고 싶은 마음이 들기도 했다.

예전에 스피치 학원에 다녔을 때였다. 당당하면서도 조금은 뻔뻔스러운 사람이 있었다. 50대 초반의 남자로, 프랜차이즈 식당을 경영하는 대표였다. 여러 사람 앞에서 말해야 하는 상황이 많았는데 생각처럼 잘 안 됐던 모양이다. 발표를 잘하고 싶어 스피치 학원에 오게 됐다고 말했다.

수업 중에는 마지막에 수강생들이 강단에서 스피치 연습을 하는 시간이 있었다. 그날도 한 명씩 돌아가며 3분씩 발표하고 있었다. 대표가 발표할 차례가 되었고 자리에서 일어나 강단으로 걸어갔다. 뒷모습을 보는데 걸음걸이가 매우 씩씩했다. 강의실이 크진 않았지만 그 모습은 마치 어딘가로 돌진하는 사람처럼 보였다. 고개는 정면을 향했고 팔은 앞뒤로 크게 흔들며 시원스럽게 걸었다. 이후 우리를 보며 고개 숙여 인사했다.

발표를 시작하기 전에 강사가 정해준 규칙이 하나 있었다. 시간은 3분을 넘지 않아야 했다. 다른 수강생들에게 피해를 주어서는 안 되었다. 대표는 준비한 내용으로 3분 스피치를 시작했다. 어떤 주제로 이야기했는지 잘 기억나지 않는다. 다만 말할 때의 목소리와 태도는 지금도 떠오른다. 자신만의 독특한 음성으로 목소리에 힘이 있었다. 우리와 눈을 맞추며 자연스러운 손짓과 동작을 취했다. 나는 집중해서 들으면서도 다른 수강생들이 어떻게 듣는지 궁금해 고개를 돌려 쳐다봤다. 그들도 나와 같이 대표의 이야기에 집중하고 있었다. 그 사람의 자신감 있고 당당한 모습이 수강생들에게 매력적으로 보였을 것 같다. 나는 속으로 '저 사람은 학원에 안 와도 될 것 같은데, 왜 왔지? 자랑하러 온 걸까?'라는 의문이 들 정도였다. 시간이 3분을 넘어서 거의 5분이 되어가고 있었다. 분명 강사가 발표 시간을 맞춰야 한다고 얘기했지만 대표는 잊어버린 것 같았다. 보다 못한 강사가 주의를 주면서 그렇게 발표는 마무리되었다. 나 같으면 다른 사람들을 의식해서 1분이면 충분할 것 같았다.

한편으로 그 대표를 보며 나에게도 저렇게 당당하고 뻔뻔한 모습이 필요하겠다는 생각이 들었다. 그 사람의 모습을 통해 내게 부족한 점을 확인하게 되었고 좋은 자극이 되었다.

누군가와 이야기하다 보면 그 사람 특유의 에너지가 느껴진다. 자기만의 세계가 뚜렷해서 어떤 이야기를 할 때 자신에게 빠져 신나게 말하는 사람도 있다. 그런 사람들 옆에서 이야기를 듣고 있으면 집중이 되면서 나도 빠져들게 된다. 그 사람에게서 묘한 매력이 느껴지기도 한다.

회사 생활할 때 함께 일하던 조장이 있었다. 나보다 두 살이 어린 동생이었다. 내가 이 회사에 들어왔을 때 그 동생은 조장으로 일하고 있었다. 회사에서 전해 듣기로는 조장이 되기 전부터 적극적으로 일을 했다고 한다. 심지어 기계가 고장 나면 담당 직원이 수리를 해주는데도 자기가 직접 고쳐 보겠다며 나섰다고 했다.

예전에는 고객사에서 제품 불량이 나오면 그날 조·반장들이 회의실로 불려 갔다고 한다. 불량이 많이 나와 호출이 잦아질 때면 스트레스를 받아 직책을 내려놓는 사람도 있었다. 그러면 조장을 다른 사원 중에 다시 뽑아야 했는데 자진해서 손을 드는 사람이 없었다. 옆에서 조·반장들이 회의실로 불려 가는 모습을 지켜봤기에 누구도 하고 싶어 하지 않았다. 사무실에서 누군가에게 조장 자리를 권해도 서로 하지 않겠다고 했다. 그때 나보다 두 살 어린 그 동생이 손을 번쩍 들고 "제가 조장 한 번 해보겠습니다." 하고 말했다고 한다.

내가 3조 2교대로 일을 할 때 동생은 같은 교대조로 라인 조장이기도 했다. 나는 현장에서 일을 했고 동생은 사무실에서 업무를 보고 있었다. 쉬는 시간에 야외 휴게실에서 서로 만나면 대화를 나누기도 했다. 동생은 자기 이야기에 스스로 빠져 손짓과 몸짓, 그리고 눈빛으로 상대를 압도하며 얘기했다. 옆에서 듣고 있으면 쉬는 시간이 끝나 가는데도 자리를 벗어나면 안 될 것 같은 느낌이 들었다. 본인이 말할 때 상대방이 빠져들도록 분위기를 이끌었다. 집중해서 들어보면 논리적으로 말하지 않지만 어느새 고개를 끄덕이게 되었다.

대화하면서 상황이 자신에게 불리해질 때면 다른 사람들이 더 이상 말을 못 하게끔 막아 버리기도 했다. 어떻게든 자신에게 유리한 상황이 될 수 있게 대화를 이끌어 갔다. 또 자기 말이 틀려도 남들을 의식하지 않고 할 말은 끝까지 했다. 그 모습이 조금은 뻔뻔스러웠고 얼굴에 철판을 깐 것 같은 느낌을 받았다. 자기 행동에 대해 부끄러움이 없는 듯 대수롭지 않게 넘겼다. 그 모습을 보는데 마냥 싫지만은 않았다. 본인의 의견을 끝까지 밀어붙이려는 모습이 보여 귀여웠다.

사람들과 대화하다 보면 옳은 얘기만 할 수 있는 것은 아니다. 내 이야기가 틀릴 수 있고 처음과 다르게 말을 바꿔 의견을 말할 수도 있다. 자기 생각에 나름의 기준이나 확신을 느끼며 자유롭게 표현하면 된다. 이야기를 나누면서 내가 잘 모르는 내용이 나오더라도 기죽을 필요는 없다. 모르는 게 있으면 상대방에게 물어보고 알아가도 좋다. 얘기를 잘 들으면서 내가 겪었던 일을 떠올려 상황에 맞게 말하면 된다.

나를 표현하는 데 어려움을 겪었기에 남들을 너무 의식하지 말자고 생각했다. 말할 때 조금은 뻔뻔스럽게 행동하자고 되뇌었다. 매번 말할 때마다 앞에 있는 사람들을 의식했기 때문이다. 내가 하고 싶은 말을 제대로 하지 못하고 머뭇거린 적이 한두 번이 아니었다. 그렇게 돌아서면 그제야 '왜 좀 전에 이 얘기를 하지 못했을까!'라는 생각이 들어 후회하기도 했다.

사람들 앞에서 발표할 때면 떨리고 긴장해서 준비한 말을 제대로 하지 못했다. 이제는 배짱을 키우고 조금은 뻔뻔해지고 싶다. 앞에서 당당하게 발표했던 대표처럼 씩씩하게 걸어 나가 본다. 나를 바라보는 청중을 향해 고개 숙여 인사한다. 내 얼굴에 '뻔뻔스러움'을 장착한 후 발표를 시작한다. 내가 하는 얘기에 스스로 확신을 느끼고 목소리에 힘을 준다. 그런 내 모습이 익숙하지 않을 수도 있다. 그렇게 행동해 본 경험이 거의 없었기 때문이다. 발표를 조금 못하면 어떤가. 큰일이 일어나는 것도 아니다. 그 순간 조금 창피할 뿐이다. 내 성장을 위해서라도 약간의 뻔뻔스러움은 필요하다. 상대를 배려하는 마음은 유지하되, 얼굴에 얇은 철판 하나쯤은 깔고 자신을 표현해 보는 건 어떨까.

 발표불안 때문에 힘들어하는 사람들을 보면 대체로 겸손하고 상대에게 배려심이 깊다. 자신보다 다른 사람에게 더 신경을 쓴다. 하지만 그 배려가 지나치면 계속해서 남을 의식하게 된다. 본인의 생각이나 느낌을 자유롭게 표현하지 못하기도 한다. 상대를 지나치게 의식하지 않고 때로는 다소 뻔뻔하게 말할 수 있는 자세도 필요하다. 평소에는 사람들에게 그런 식으로 말하기가 힘들 수 있다. 친한 친구들이나 나를 잘 아는 사람에게라도 조금은 뻔뻔한 모습을 보여주자. 그 정도는 그들도 애교로 넘어가 주지 않을까 싶다.

### 발표불안 극복을 위한 열아홉 번째 황금열쇠

**1 — 뻔뻔함이라는 무기 하나쯤 가지자**
발표할 때 떨리고 긴장하는 것은 자연스러운 일이다. 남들을 의식하지 않고 얼굴에 얇은 철판 하나쯤 깔고 자신을 표현해 보는 용기를 내어보자.

**2 — 나만의 목소리를 연습하자**
겸손과 배려도 중요하지만, 때로는 조금 뻔뻔하게 말할 줄 아는 나만의 목소리가 필요하다. 친한 사람에게라도 그 모습을 보여주며 자신감을 쌓아보자.

# 내 마음의 목소리를 들어라

진심을 마주하다

"내면의 목소리를 무시하지 마라. 그것이 가장 솔직한 안내자다."

― 소크라테스(철학자)

아내와 7년간 미용실을 운영하다가 개인적인 일로 가게를 정리하게 되었다. 아내에게는 내가 돈을 벌어 올 테니 집에서 좀 쉬라고 말했다. 둘이서 바쁘게 일하기도 했고 힘들어하는 아내를 보며 안쓰럽기도 했다. 혼자서 벌면 수입이야 줄겠지만 생활비를 아껴 쓰면 되었다. 내 말을 들은 아내도 고마운 듯 나에게 잠깐 쉬라고 말했다.

아내에게는 그렇게 말했지만 무엇을 하며 먹고 살아야 할지 걱정되었다. 30대 후반의 나이에 미용실 직원으로 다시 들어가기에는 자신이 없었다. 나보다 나이가 어린 동생들과 함께 일한다는 것도 부담스러웠다. 미용실을 운영할 때는 내게 부족한 부분은 아내가 채워줄 수 있었다. 하지만 직원으로 들어가면 하나부터 열까지 스스로 해결해야 한다는 생각에 두렵기만 했다.

　미용 일을 계속해야 할지 아니면 새로운 일을 찾아야 할지 고민했다. 미용실을 운영하면서 깊이 생각하지 않았던 일을 뒤늦게 고민하게 되었다. 그나마 할 수 있는 일이 미용뿐인데 그 일을 계속하고 싶지는 않았다. '내가 정말 하고 싶은 일이 뭘까?'라는 질문을 나에게 던졌다. 마음속으로 하고 싶은 일은 있었다. 예전부터 생각은 하고 있었지만 내가 잘하지 못하는 일이라 망설였다. 그건 바로 스피치였다. 스피치에 관심이 있어서 관련된 책을 읽고 교육을 받기도 했다. 말을 잘하지 못하니 나의 부족한 부분을 채워 보고 싶은 마음이었다.

　한 번은 인터넷을 검색하다 서울에 있는 스피치 학원을 알게 되었다. '발표불안 극복'을 중점적으로 다루는 학원이었다. 그전에도 스피치 학원에 다녀봤지만 이번에는 뭔가 다를 것 같다는 느낌이 들었다. 기존 학원에서는 말을 잘하는 기술을 가르쳐 주었다면, 이곳에서는 사람들 앞에서 편안하게 말하는 방법을 알려주었다. 부산에 살다 보니 서울까지 교육을 들으러 가기에는 거리가 너무 멀었다. 하지만 사람들 앞에서 편안하게 말할 수 있게 된다는데, 거리 때문에 포기하고 싶지는 않았다. 발표불안을 꼭 극복하고 싶었다.

　아내에게 서울에서 교육을 듣고 싶다는 얘기를 해야 했지만 허락해 주지 않을 것 같았다. 학원 개강 날짜는 다가오고 있었고 어떻게 말해야 할지 망설여졌다. 이전에도 다른 스피치 학원에 다녔는데 별로 달라진 게 없다며 아내가 구박한 적이 있었다. 이번에는 느낌이 달랐다. 내 고민을 해결할 수 있을 것 같다는 생각이 들었다.

　이번 수업을 듣지 못하면 다음 개강까지 한 달을 기다려야 했다. 기다리는 시간 동안 아무것도 할 수 없다는 생각에 괴로워할 것 같았다. 무언가를 하고 싶다는 욕망이 강하게 생긴 것은 그때가 처음이었다. 나름대로 오기가 생겼고 이번에는 제대로 해보자며 스스로 다짐했다. 걱정 반 기대 반으로 아내에게 말을 꺼냈다. 얘기를 건네자마자 아내의 표정이 굳어졌다. 인상을 쓰며 나를 한심스럽게 쳐다보았다. 내 모습이 꽤 진지해 보였는지, 하고 싶으면 하라며 허락해 주었다. 그러곤 이렇게 말했다. "오빠, 정말 다니고 싶으면 그렇게 해. 그런데 잘 안되면 네가 책임져!" 그 말을 듣는 순간 내가 잘하고 있는 건지 걱정도 되었다.

　교육 기간은 한 달이었고 주 1회, 총 4회에 걸쳐 수업이 진행되었다. 매주 화요일에 고속버스를 타고 서울로 올라갔다. 열정적인 마음으로 수업에 참여했다. 학원에는 나와 같은 어려움을 겪은 사람이 여러 명 있었다. 동병상련이라고 해야 할까. 함께 수업을 들으며 서로에게 강한 동기 부여가 되기도 했다.

　학원에서는 말을 잘하는 방법을 배우지 않았다. 사람들 앞에서 떨리고 긴장되는 마음을 스스로 통제하는 방법을 배웠다. '어떻게 하면 대중 앞에서 편안하게 말할 수 있는지.'를 몸으로 익혔다. 한 달 동안 집중해서 수업을 들었다. 내 문제는 반드시 해결하겠다고 다짐하며 의지를 다졌다.

　강사는 수강생들에게 매주 일상에서 실천할 과제를 내주었다. 나는 과제를 모두 실천했다. 주말에는 집 근처에 있는 공원에 가서 사람들 앞에서 스피치를 하기도 했다. 의욕적으로 해나가면서 어느새 나도 할 수 있다는 확신이 생기기 시작했다. 내 트라우마를 반드시 극복하겠다는 마음도 강해졌다.

한 달간의 교육이 끝날 때쯤, 강사는 우리에게 하나의 제안을 했다. 교육을 듣고 싶어 하는 수강생은 많지만 강사가 부족하다고 했다. 우리 중에서 강사가 되고 싶은 사람이 있으면 신청을 받겠다고 했다. 지방에서는 흔하지 않은 교육 과정이기도 했다. 한 번쯤 도전해 보고 싶었다.

교육비가 만만치 않았다. 나 혼자 결정할 일은 아니었다. 강사로서 활동할 기회가 되기는 하겠지만 신중하게 진로를 고민해야 했다. 지금까지와는 전혀 다른 일을 시작하는 만큼 책임감도 컸다. 과연 '내가 잘할 수 있을지, 하다가 잘 안되면 어떻게 하지?'라는 걱정스러운 마음도 들었다. 내가 스피치 강사가 될 자격이 있는지도 의문이 들었다. 스피치 강사는 말을 조리 있게 하고 남을 잘 설득할 수 있어야 한다고 믿었다. 그런데 나는 그렇지 않았기에 마음속이 혼란스럽기만 했다. 내가 생각하는 나는 이상적인 강사의 모습과는 차이가 있었다. 내 의견도 제대로 표현하지 못하면서 무슨 강사를 할 수 있겠느냐며 자책했다. 한편으로는 잘하지 못하니까 교육을 받으면서 잘하고 싶다는 생각도 했다.

아내에게 내 마음을 솔직하게 말했다. 아내는 잠시 생각할 시간을 달라고 했다. 일주일 정도 지난 후, 아내는 차분한 목소리로 "그래, 허락할 테니까 열심히 해봐. 오빠가 정말 하고 싶다는데 해야지, 어떻게 내가 말리겠어."라며 말해주었다. 그 얘기를 듣는데, 정말 고마웠고 마음도 무거웠다. 가정을 책임져야 할 남편인데 자기 하고 싶은 일 있다고 내팽개친다는 생각이 들었다. 이번 일이 잘 돼서 돈도 많이 벌고 아내를 기분 좋게 해주고 싶다는 바람도 있었다.

 지금껏 내가 주도적으로 무슨 일을 해본 적이 별로 없었다. 주위에서 나에게 말하고 알려주는 대로 그냥 그 길을 따라가기만 했다. 비록 내가 원했던 길은 아니었지만 사람들에게 실망을 주지 않으려고 노력했다. 꾹 참으면서 계속해 왔던 것 같다. 결과가 좋지 않을 때는 그 이유를 내게서 찾기보다 그 일을 권했던 사람에게 책임을 돌렸다. 이런 내 행동이 오랫동안 반복되었다. 결과에 대한 책임을 지고 싶지 않은 마음이었다. 약간의 의무감처럼 일을 하면서 소극적인 자세를 취하기도 했다.
 이젠 누군가에게 의지하기보다 나 스스로 해나가야 한다. 내가 하는 일이 잘될 수도 있고 생각만큼 잘되지 않을 수도 있다. 결국 내가 선택한 일이기에 결과에 대한 책임도 내가 감당해야 한다. 스스로 나서려는 마음을 내고 잘하지 못하더라도 꾸준하고 묵묵하게 해나가면 된다.

 해야 할 일을 오랫동안 해온 사람이라면 내면의 소리를 잘 듣지 못한다. 누군가의 권유로 일을 시작하면서 주체적으로 생각할 필요조차 느끼지 못했다. 그렇게 아무런 탈 없이 순탄하게 인생을 살아왔다. 그러다 어느 순간 자신이 걸어가고 있는 그 길이 맞는 건지 의문이 들 때가 있다. 앞으로도 계속 이렇게 살아야 하는지도 생각하게 된다. 뒤늦게 내 안에서 말하는 소리가 들리기 시작한다. 자신이 진정으로 하고 싶고 관심을 기울이게 되는 일을 찾게 된다. 그 일을 지금 시작하기에는 현실적으로 힘들다고 생각한다. 나이도 들고 책임져야 할 사람도 있다는 이유로 스스로 단념하려고 한다. 그렇게 마음속에 묻어두고 내 안에서 말하는 소리를 외면해 버린다.

우리는 무슨 일을 할 때 그 일로 성공해야 한다고 생각하는 경우가 많은 것 같다. 또 잘해야만 한다고 생각한다. 그런 마음가짐이라면 새로운 일을 시작하기조차 힘들어질 뿐이다. 지금 내가 하고 있는 일과 병행해서 하고 싶은 그 일을 할 수도 있지 않은가. 진정으로 자신이 원하는 일이라면 내면의 소리가 들렸던 것처럼 반응하게 된다. 다른 누군가의 인생을 살기보다 내가 주체적으로 생각하고 행동했으면 좋겠다. 내 삶에 후회가 남지 않도록 말이다.

**발표불안 극복을 위한 스무 번째 황금열쇠**

1 — 내 안의 소리를 외면하지 말자
오랫동안 남의 길을 따라가다 보면 내면의 소리를 놓치기 쉽다. 지금이라도 원하는 일을 발견했다면 그 소리에 귀 기울이고 행동하자.

2 — 후회 없는 삶을 위해 스스로 선택하라
성공이나 완벽만 생각하지 말자. 하고 있는 일과 병행해서라도 내면의 소리에 따라 움직이면 진정으로 원하는 삶을 살 수 있다.

## 5

## 도전 속의 나, 스피치를 배워라

스피치 강사가 된 경험을 쌓다

"실수를 두려워하지 마라. 그것이 배우고 성장하는 가장 빠른 길이다."

_ 존 우든(교육자)

사람들 앞에서 자신감 있게 말하고 싶어 스피치 학원에 다녔다. 학원은 서울에 있었다. 한 달 동안 부산에서 서울을 오가며 교육을 들었다. 수업에 참석했던 사람들은 나와 비슷한 어려움을 겪었다. 그들이 옆에 있었기에 발표불안을 극복하는 데 동기 부여를 받을 수 있었다.

한 번은 강사가 우리에게 이런 소식을 전했다. "현재 제가 진행하는 스피치 수업을 듣고 싶어 하는 사람들이 많습니다. 저 한 명으로는 이 많은 인원을 감당하기에는 역부족입니다. 수업을 진행할 수 있는 역량을 갖춘 강사가 필요합니다. 다음 달 초쯤 강사 교육 과정을 계획 중이니 희망자가 있으면 지원 바랍니다. 교육 과정에 참석할 수 있는 자격은 기존 스피치 수업을 들었던 분으로 제한합니다." 스피치를 배우는 입장에서, 이제 누군가에게 도움을 줄 수 있는 자격을 갖추게 되는 셈이었다.

새로운 일을 시작하는 설렘과 굳은 각오를 다지며 강사 교육 과정에 참석했다. 이 기간 동안 스스로 변화하는 모습을 몸으로 느끼고 싶었다. 강사가 알려 주는 교육 내용을 집중해서 들었다. 그리고 그 내용을 내 것으로 만들기 위해 노트에 옮겨 적었다. 적은 내용을 소리 내어 읽었다. 이후 노트를 보지 않고 자연스럽게 말할 수 있을 때까지 반복 연습했다. 함께 과정을 들었던 동기들과 강의 시연을 했다. 서로의 모습을 영상으로 촬영해 준 뒤 각자 자신의 모습을 분석했다. 말의 속도와 목소리, 표정과 자세까지 확인했다. 서로에게 피드백을 주고받으며 부족한 부분을 고쳐 나갔다.

교육 과정을 듣고 연습을 해나가면서 자신감이 더해졌다. 나만의 스타일로 표현할 만큼 준비가 되었다. 마지막 강의 시연 최종 점검 날이었다. 그동안 갈고닦은 실력을 보여줄 차례였다. 동기들 앞에서 하는 강의라 편할 거라고 생각했다. 함께 연습하고 밥도 먹으면서 많이 가까워졌다. 막상 강의 시연을 할 때는 느낌이 달랐다. 생각보다 긴장되었고 편안하지 않았다. 나는 표정이 굳은 채로 목소리가 떨리는 듯했다. 너무 잘하려고 하다 보니 경직되었던 것 같다. 실력은 부족한데 그 이상을 보여주고 싶은 마음 때문이었다. 다른 동기들도 나와 비슷한 상황이었다. 우리는 서로를 격려하고 힘내라며 응원의 박수를 보냈다. 그 모습을 지켜보던 강사는 얼굴에 미소를 지었다. 그 미소는 그동안 고생했다는 따뜻한 위로의 신호처럼 느껴졌다.

한 달간의 강사 교육 과정을 마친 후, 강사는 협회에서 인증한 '스피치 강사 자격증'을 우리에게 전달했다. 우리는 자격증을 손에 들고 한 명씩 돌아가며 강사와 기념 촬영을 하기도 했다. 어깨에 무게감이 느껴졌다. 나와 같이 어려움을 겪었던 사람들에게 힘을 주고 용기를 심어 주어야 한다는 생각이 들었다. 각자의 위치에서 강사의 길을 걸어가야 했다. 직접 수강생을 모집하고 교육을 진행해야 했다. 홍보를 하기 위해 명함을 만들고 블로그도 시작하게 되었다.

명함 뒷면에는 작은 글씨로 교육 과정을 소개했다. '많은 사람이 발표나 스피치를 할 때 긴장되고 불안한 감정을 느낍니다. 그런 감정을 스스로가 통제하는 방법을 배울 수 있습니다. 이후에는 자신이 준비한 내용을 사람들 앞에서 편안하게 말할 수 있게 됩니다.' 이런 내용을 명함에 넣었다. 홍보를 위해 처음으로 블로그도 시작했다. 발표불안을 주제로 몇 개의 카테고리를 만들어 교육 과정을 확인할 수 있게끔 꾸몄다. 화려하지는 않았지만 진심을 담아서 내용을 적었다. 첫 문구에는 스피치 강사가 되고자 했던 계기를 적었다. 어떤 어려움을 겪었는지 내 경험을 적고 사람들에게 공유했다. 이제 막 시작한 강사로서의 길이었다. 애초에 나에 대한 인지도는 전혀 없었고 홍보가 잘될 거란 확신도 없었다. 단 몇 명이라도 연락이 온다면 성심성의껏 강의하겠다고 생각했다.

'스피치 교육 과정 1기'를 모집한다는 내용으로 블로그에 글을 올리고 연락이 오길 기다렸다. 매일 교육과 관련된 글을 오전에 하나, 오후에 하나씩 총 두 개를 올렸다. 이 과정을 간접적으로라도 눈으로 볼 수 있게 전하고 싶은 마음이었다. 홍보를 시작한 지 한 달이 되기 전 한 여성에게서 연락이 왔다. 블로그를 통해 알게 되었고 교육 과정에 참석하고 싶다고 말했다. 언제부터 수업을 들을 수 있는지 나에게 물었다. 강의를 하고 싶었지만 한 명으로는 과정을 진행할 수 없었다. 수업 진행을 위해서는 인원이 조금 더 필요하다고 말했다. 인원이 너무 적으면 교육 효과도 떨어진다고 덧붙였다. 감사하게도 그 여성이 지인을 초대해 함께 참석하겠다고 대답해 주었다. 인원 모집이 어려울 거라 예상했는데 운이 좋게 짧은 기간에 사람을 모을 수 있었다. 서로 일정을 맞춰 일주일 후 교육을 시작하기로 했다. 그때까지 강의 내용을 복습하며 마음을 가다듬었다.

드디어 처음 강의하는 날이 되었고 설레면서도 긴장되었다. 교육 장소는 부산에 있는 모 대학교 근처 스터디 모임 공간이었다. 두근거리는 마음으로 모임 장소로 걸어갔다. 정해진 시간보다 30분 먼저 강의실에 도착했다. 50대로 보이는 한 여성이 의자에 앉아 있었다. 이전에 전화로 교육을 신청한 사람이었다. 인사를 나누고 서로 간단하게 자기소개를 했다. 본인은 요가를 가르치는 원장이라고 소개했다. 함께 수업에 참석할 사람들은 자신의 학원에 다니는 학원생이라고 말했다. 원장과 잠시 이야기를 나누는 동안 다른 수강생들도 한 명씩 강의실로 들어왔다. 그렇게 모인 인원은 총 여섯 명이었고 강의실 안에는 활기가 넘치는 듯했다.

수업 시간이 다 되어 첫 강의를 시작했다. 먼저 이 과정을 진행하게 된 계기를 이야기했다. 내 경험담도 함께 그들에게 전했다. 이후 본격적으로 준비된 인사말을 전하며 강의를 이어갔다. 이렇게 말했다.

"여러분 앞에서 강의를 처음 진행하게 되었습니다. 전문적인 강사 느낌은 나지 않을 겁니다. 제가 변화된 점이 있고 좋아진 점이 있으니 그걸 여러분께 소개해 드리고 싶습니다. 이 수업을 통해 지금보다 더 성장할 수 있도록 옆에서 도와드리겠습니다."

그 마음이 잘 전해졌는지, 강의 시간 동안 수강생들은 나에게 집중했다. 그 모습을 보며 나는 더욱 열정적으로 강의했고 많은 것을 알려 주고자 했다. 강의 중간에는 조금 흥분된 상태로 수업을 진행했는데 오히려 그 모습이 보기 좋았다며 수강생들이 칭찬해 주었다.

두 시간의 첫 강의가 끝난 후 수강생들은 이렇게 말했다. "우리와 같이 어려움을 겪었던 분이 강의해서 수업 내용이 더 공감되었습니다." 그 말을 듣고 내심 뿌듯했고 고마운 마음이 들었다. 나에게 첫 강의를 할 수 있는 기회를 주었다. 새로운 도전이었고 작은 성취감도 느낄 수 있었다. 다음 교육도 잘 해내고 싶다는 의욕이 생겼다.

무슨 일이든 새로 시작할 때는 두려움이 앞선다. 평소에 내가 했던 일이 아니기에 불안하고 걱정도 된다. 그런 감정이 드는 것은 내 안에 잘하고 싶다는 마음이 바탕이 되어 있기 때문이다. 잘하고 싶다는 마음이 나쁜 것만은 아니다. 다만 남들에게 멋지고 잘하는 모습을 보여줘야 한다는 생각에 일을 그르칠 때가 있다.

처음부터 잘하는 사람은 별로 없다. 실수도 하면서 배우기도 한다. 그런 과정에서 익숙해지고 자연스러워진다. 그러니 내가 잘하는 것보다 나와 함께 하는 그들에게 도움을 주겠다는 마음이 먼저여야 한다. 그 사람들이 성장할 수 있도록 돕는 것이 결국 나를 성장시키는 일이기도 하다. 변화하는 그들의 모습을 보며 즐거워하고 응원해 줄 수 있어야 나도 그 마음을 받을 수 있다. 그렇게 하면서 지금보다 더 성장하게 된다. 성장하는 자신의 모습을 보며 스스로 용기를 얻고 힘을 얻게 된다.

용기란 두려워도 하는 것이다. 실체 없는 두려움을 피하거나 겁먹지 말자. 그 일을 그냥 하면 된다. 잘하지 못하더라도 해나가는 것에 중점을 두고 한 걸음씩 앞으로 나아가면 된다.

### 발표불안 극복을 위한 스물한 번째 황금열쇠

**1 — 성장은 실수에서 온다**
처음부터 잘하는 사람은 없다. 실수를 통해 배우고 익숙해지면서 점차 자연스러워진다. 잘하는 것보다 다른 사람을 돕는 과정에서 나 또한 함께 성장한다.

**2 — 용기는 행동이다**
용기란 두려워도 행동하는 것이다. 실체 없는 두려움에 겁먹거나 피하지 말자. 행동과 경험이 쌓일수록 나를 더 강하게 만든다.

# 함께 성장하라

서로 보고 배우며 발전하다

"타인의 경험 속에서 나의 부족함을 발견하고 배움을 얻는다."

_ 알버트 아인슈타인(물리학자)

 발표불안을 극복하면서 나에게 조금씩 변화가 생기기 시작했다. 사람들과 대화할 때 예전만큼 긴장되거나 두렵지 않았다. 편안한 마음으로 이야기를 할 수 있게 되었다. 나와 같은 어려움을 겪었던 사람들에게 내 경험을 공유해 주고 싶었다. 지금까지 나에게 있었던 일과, 그것을 해결해 나가면서 깨달은 점을 나누고 싶었다. 또한 나의 트라우마였던 발표불안을 극복하는 방법을 소개하고 싶었다. 스피치 강사 과정을 수강하며 강의를 진행할 수 있는 자격도 함께 갖추게 되었다. 강의를 진행하기 위해 수강생을 모집하여 스피치 과정을 시작하고자 했다. 매일 블로그에 글을 올리며 계속해서 교육 과정을 홍보했다. 전하고자 했던 핵심 메시지는 '대중 앞에서 말을 잘하기 이전에 마음이 편안해야 한다.'는 내용이었다. 마음이 편안해야 자신이 준비한 내용을 담담하게 말할 수 있다고 했다.

1주 차 과정을 시작할 때 수강생들에게 한 가지를 물었다. 이 과정에 참석하게 된 계기였다. 나름의 목적의식을 가지고 수업에 참석해야 분명 얻을 수 있는 것이 있었기 때문이다. 각자의 고민을 공개된 장소에서 말하게 된다. 초반에는 막연하게 발표불안을 극복하고 싶어 과정을 신청했다고 말한다. 그런 나는 다시 그들에게 자신의 사연을 좀 더 구체적으로 이야기해 달라고 부탁한다. 겉으로 드러난 이유가 아닌 자기 내면을 솔직하게 바라볼 수 있을 때 변화가 일어날 수 있다고 알려 준다. 이후에는 본인이 당시에 느꼈던 불편한 감정을 솔직하게 말하기 시작한다.

교육 중에는 수강생이 강단 앞으로 나와 이야기하는 시간이 있었다. 발표불안으로 힘들었던 자신의 경험을 사람들에게 공유한다. 다른 수강생들은 발표자를 보며 따뜻한 마음으로 이야기를 듣는다. 강단에 서 있는 사람이 긴장하지 않도록 배려하기 위해서다. 조금 불편하게 느낄 수 있는 자리를 편안하게 만들고 함께 공감할 수 있게 분위기를 조성한다. 감추고 싶고 마주하기 싫었던 자신의 기억을 이 공간에서는 솔직하게 이야기할 수 있다. 그 모습을 본 다른 수강생들도 마음을 열고 본인의 경험담을 말한다. 모두가 소통하고 공감하며 서로 위로를 주고받는다.

수업 중 필요하다 싶을 때는 내 사연을 말하기도 한다. 수강생에게 도움이 되었으면 하는 바람 때문이다. 서로의 입장은 다르지만 각자의 경험을 함께 들으며 힘을 얻기도 한다. 과정이 진행될수록 수강생들은 상처받은 마음에서 한 발짝 물러나 자신을 관찰한다. 과거 본인의 상황을 있는 그대로 바라보게 된다. 이후 자신의 사연을 자기만의 이야기로 만들어 다시 사람들 앞에서 발표한다. 제삼자의 입장이 되어 본인의 이야기를 담담하게 꺼내 놓는다. 마음속에 쌓여 있던 부정적인 감정을 해소하며 자신을 좀 더 이해하게 된다.

발표가 끝나면 나머지 수강생들이 피드백을 해준다. "말씀을 너무 잘하시는 데, 본인만 말을 못 한다고 생각하는 거 아닌가요?" 다른 사람들이 보기에는 문제가 없어 보인다. 당사자만 부족하다고 여기며 '나는 왜 이것밖에 못 하지.'라고 자신을 자책한다. 남들은 그렇게 생각하지 않는데 본인 스스로만 말을 잘하지 못한다고 느낀다.

지금껏 자신이 상황을 왜곡하거나 확대해서 받아들였다면 인식의 전환이 필요하다. 자신의 문제라고 생각했던 부분을 다른 사람들이 느끼지 못하거나 오히려 칭찬한다면 자연스럽게 받아들여야 한다. 남들은 자연스럽게 받아들이는데 본인만 이상하다고 느낀다. 그 사실을 당사자는 잘 모르기에 주위 사람들이 이야기해 주면 도움이 된다. 자기만의 생각에 빠져 자신을 객관적으로 바라보지 못한다는 사실을 알 수 있도록 말이다. 그렇게 상황에서 한 발 나와 감정과 자신을 분리해 인식할 수 있어야 한다.

내가 겪은 상처를 누군가에게 털어놓는 것은 쉬운 일이 아니다. 친한 친구에게 용기를 내어 이야기해 보지만 근본적인 해결이 되지는 않는다. 그 순간에는 위로가 되고 마음이 편안해지지만 언젠가 다시 그 감정이 떠오르며 힘들어진다. 한편으로는 시간이 지나면 자연스럽게 해결되겠지하고 생각하기도 한다. 그것은 내 안에서 정리가 되지 않은 채 깊이 묻혀 있을 뿐이다. 나와 같은 어려움을 겪었던 사람들과 함께 소통하고 공감하는 시간이 필요하다. 그들이 자신의 상황을 어떻게 극복해 나가는지 보고 배우는 것도 도움이 된다. 물론 본인의 의지가 강해 스스로 극복해 나갈 수 있다면 좋은 일이다. 많은 사람들이 혼자서 자신의 고민을 해결하는 데 어려움을 겪는다. 혼자가 아니라 함께 모여 있는 그 공간에서 서로를 보고 배우며 위로받을 수 있어야 한다.

그렇게 타인을 통해 나를 바라볼 수 있는 새로운 시선이 생긴다. 내 안에서 변화가 필요하다는 것을 스스로 인식하게 된다. 본인의 고민을 마주하고 직접 해결하겠다는 의지를 품게 된다. 평소 수동적인 자세에서 벗어나 이제는 자신의 변화를 기대하며 행동으로 옮긴다. 내 상황을 머리로만 이해하는 것이 아니라 수업에서 배운 내용을 실천하며 체득하게 된다. 이 모든 것은 서로의 이야기를 진심으로 들어주고 상대방이 잘되기를 바라는 마음이 있었기에 가능한 일이다.

스피치 과정에 참여했던 수강생 중 두 사람의 사연이 기억에 남는다. 두 명은 같은 기수로 함께 수업을 들었다. 50대 초반의 남성들이었다. 한 사람은 공무원이었는데 차분한 성격으로 자기 생각을 조리 있게 잘 전달했다. 하지만 목소리에 힘이 없어 자신감이 부족해 보였다. 이 수업을 듣게 된 이유에 대해 자신감 있게 말하고 싶어서 참여했다고 했다.

다른 한 사람은 개인 사업을 준비하고 있었다. 목소리에 힘이 있었고 당당함도 느껴졌다. 반면 두서없이 이야기하는 경향이 있었다. 그 모습을 보며 생각을 정리해 차분히 말하면 좋겠다는 느낌이 들었다. 만약 이 두 사람이 조화를 이룬다면 서로에게 상승효과가 나타날 거라는 생각이 들었다. 서로에게 배울 점이 있으니 그 부분을 잘 흡수하길 바랐다. 그런 내 의견을 그들에게 조심스럽게 전달했는데 다행히 두 사람 모두 흔쾌히 수용해 주었다.

수업이 진행되는 동안 조금씩 변화가 생기기 시작했다. 두 사람 다 내가 바라던 모습으로 행동하고 있었다. 공무원이었던 한 사람은 목소리에 힘이 느껴졌고 자신감도 더해졌다. 눈을 마주치며 이야기하는데 표정은 확신에 차 보였다. 사업을 준비하던 그 사람은 전보다 한결 여유로워지고 편안해 보였다. 사실 이 수강생에게는 수업 중 한 가지 부탁을 했었다. 발표할 때 여유를 두고 천천히 해보라고 말해주었다. 그 말을 기억했는지, 평소 잘 읽지 않던 책을 봤다며 교육 중 내게 이야기해 주었다. 아마도 책을 읽으며 느긋한 마음을 느끼려 했던 것 같다.

같은 공간 안에서 자신에게 부족한 부분을 상대에게서 보고 배운다. 상대가 노력하고 성장하는 모습을 옆에서 지켜보며 자신도 동기 부여를 받는다. 이렇게 우리는 서로를 통해 배우고 함께 성장하게 된다.

교육 과정에 참석하는 수강생들은 다양한 사연을 가지고 있다. 각자의 사연들이 다른 사람들에게 용기와 희망을 전해 준다. 서로의 이야기를 들으며 나만 힘들고 괴로웠던 건 아니라는 사실을 알게 된다. 평소에는 누구에게도 말하지 못했던 상처를 공개된 자리에서 용기 내어 이야기한다. 오랫동안 자기감정에 사로잡혀 있던 상태에서 한발 물러나 자신을 바라보게 된다. 좀 더 객관적으로 자기 자신을 인식할 수 있는 시선을 얻게 된다. 앞으로 어떻게 행동해야 할지 생각하며 한 걸음씩 내딛으려 한다. 지금의 나를 내가 원하는 모습으로 변화시키길 바란다. 자기 성장을 위해 시간과 노력을 투자하면서 말이다. 내가 할 수 있는 만큼 작은 것이라도 하나씩 실천해 나간다.

수업을 통해 나에게 도움이 되었으면 하는 부분을 찾고 자신의 것으로 만들고자 노력한다. 함께 하는 이들에게서 좋은 점이나 배울 점을 흡수하며 더욱더 성장하기를 바란다.

무엇보다 이런 과정들이 자신이 필요하다고 느끼고 받아들이는 게 중요하다. 그저 교육만 듣고 머리로 이해하는 정도로는 부족하다. 타인에 의해서가 아니라 내 의지로 실천해 보겠다는 자세를 취해야 한다. 적극적인 자세로 사람들과 만나면서 상대방의 장점을 자신의 것으로 만들기 위해 관찰해야 한다. 서로에게 보고 배우는 것처럼 나의 부족함을 인식하고 수정해 가면서 말이다.

발표불안 극복을 위한 스물두 번째 황금열쇠

1 — 서로의 경험은 배움이 된다
다른 사람의 이야기를 들으며 공감할 때 내 상처를 객관적으로 바라보고 성장의 길을 찾을 수 있다.

2 — 관찰하며 배워보자
관찰하는 마음을 열어보자. 상대방의 장점을 내 것으로 흡수하려는 태도가 나의 부족함을 채우는 가장 자연스러운 방법이다.

# 배움은 실천에서 완성된다

실천을 통해 성장하다

"행동을 통해 체득한 경험이야말로 가장 확실한 지식이다."

_ 레오나르도 다 빈치(예술가)

말을 잘하고 싶은 마음에 스피치에 관한 책을 구매해 읽었다. 논리적으로 말하는 방법, 자신감 있게 말하는 법, 상대와 편안하게 말하기 등 비슷한 내용이 담긴 책이었다. 거기서 알려주는 방법들은 다양했다. 일상생활에서 그것을 실천한다면 말을 잘하게 되는 것이 당연해 보였다.

하지만 책에 나온 방법을 꾸준히 실천하는 것은 쉽지 않았다. 오래도록 표현하지 못했던 내 모습이 단단하게 굳어져 있었다. 새로운 걸 배워서 지식은 늘어났지만 실천하는 것은 생각처럼 잘되지 않았다. 누군가에게 말을 건넸을 때 예상한 반응이 돌아오지 않으면 당황스러웠고 의욕도 사라지곤 했다. '그냥 평소 하던 대로 하지, 이런다고 내가 변하겠어!'라며 단념하기도 했다.

  몇 번의 시도만으로 단번에 좋아진다면 누구나 다 쉽게 실천했을 법하다. 한 가지 일을 꾸준하게 지속적으로 한다는 것은 그만큼 어려운 일이다. 내가 실천한 만큼 그 변화가 뚜렷하게 보이면 좋겠지만 현실은 그렇지 않은 경우가 많다. 변화가 눈에 잘 보이지 않아서 지속적으로 행동하지 못한다.

  사람들 앞에서 말할 때면 긴장되고 두려움이 생기기도 한다. 이런 감정은 내가 그 상황에서 오랫동안 무의식적으로 반복해 온 반응이다. 사람들은 이를 극복하기 위해 여러 가지 해결 방안을 찾고 하나씩 실천한다. 발표하기 전에 심호흡을 크게 한다거나, 자신감 있고 당당한 자세로 발표한다거나 목소리에 힘을 주고 천천히 말하기 등 다양한 방법을 실전에서 활용한다.

  연습을 해도 내가 바라는 대로 변화가 나타나지 않는 이유는 몸이 그것을 기억하고 있기 때문이다. 사람들 앞에서 떨리고 긴장하던 그 순간들이 알게 모르게 내 안에 저장되어 있다. 이걸 바꾸기 위해서는 청중 앞에서 편안하고 좋은 느낌으로 말하는 경험을 많이 쌓아야 한다. 이런 좋은 느낌들이 내 몸 안에 스며든다면 발표 상황에서 긍정적인 마음으로 말할 수 있게 된다.

  이전까지 나는 사람들이 모인 자리가 불편하게 느껴져 피하기만 했다. 그 자리에 있으면 마음이 편안하지 않으니 나를 자유롭게 표현하는 것도 힘들었다. 말하지 않고 가만히 있으면 남들에게 피해를 준다는 생각도 들었다. 그러다 보니 분위기에 맞춰 나를 표현해야 한다는 압박감도 생겼다. 실제로는 그렇게 표현하지 못하는 나 자신을 보며 괴리감을 느꼈다.

발표불안을 극복하는 과정에서 사람들 앞에서 말할 기회를 의도적으로 만들었다. 사람들이 모여 있는 자리에 나를 노출해 그 상황에 익숙해지고 싶었다. 물론 어떤 마음가짐으로 임해야 하는지도 알고 있었다. '남들이 나를 어떻게 생각할까?'에 집중하지 않아야 했다. '내가 나를 어떻게 생각하는지와 나는 사람들을 어떻게 생각하는지.'를 인식해야 했다. 그리고 머리로만 알고 있던 것을 행동으로 옮겨야 했다. 책과 강의를 통해 배운 것을 실제로 해보지 않으면 금방 잊어버리거나 내 것이 되지 않았다.

나는 대화에 참여했고 상대방의 얘기를 집중해서 들었다. 들으면서도 내가 하고 싶은 말을 생각하는 게 아니라 그 순간만큼은 공감하려고 했다. 상대방의 입장이 되어 그 사람의 생각과 감정에 집중했다. 상대의 이야기를 제대로 듣지 않으면 사람들도 내 얘기에 집중하지 않는다는 것을 알고 있었다. 그들과 소통하고 공감하기 위해서는 제대로 듣는 게 중요했다. 상대방의 이야기를 다 듣고 난 이후에 내 이야기를 해도 늦지 않았다. 그런 과정을 반복해서 연습했다. 시간이 지나면서 듣고 반응하는 과정이 조금씩 자연스럽게 느껴졌다.

이것에 만족하지 않았다. 다양한 방법을 배우고 싶은 욕심이 생겼다. 처음 시도했던 방법이 다 체득되기도 전에 다른 무언가를 해보려고 했다. 이것저것 욕심을 내다 보니 정작 하나에 집중하지 못했다. 결국 어느 하나도 내 것으로 만들지 못하게 되었다. 하나라도 좋으니 꾸준하게 반복해야 한다는 걸 뒤늦게 알았다. 다시 기존에 듣는 연습을 계속 실천하며 다른 방법도 병행했다. 내 것으로 만들고 몸이 저절로 반응할 때까지 충분히 반복하며 연습했다.

 자신이 배운 것을 실천하면서 난관에 부딪혀 중간에 포기하는 경우가 생길 수 있다. 모든 상황이 내 뜻대로 된다면 다행이지만 그렇지 않은 경우가 많다. 실천하는 과정에서 잘될 때도 있고 그렇지 않을 때도 있다. 잘될 때를 생각하며 긍정적인 마음으로 임하는 것이 자신에게 도움이 된다. 또 주위의 반응에 예민해 내가 중심을 못 잡고 흔들릴 때도 있다. 예전의 부정적인 생각이 떠올라 스스로에게 '내가 뭐 잘할 수 있을까?'라고 말을 건네곤 한다. 그런 생각에 빠지면서 자신을 자책하기도 한다. 심할 때는 처음의 열정적인 모습은 사라지고 '나는 왜 이렇게밖에 못할까!'라며 자신에게 신호를 보낸다.

 나는 상대를 지나치게 의식하거나 표정을 살피며 감정을 읽으려는 경향이 있었다. 그로 인해 내 생각이나 감정을 표현하는 것이 더 힘들었다. 발표 상황에서 준비한 내용에 집중하지 못하고 사람들의 반응에 신경을 썼다. 말하는 중간에도 사람들의 표정이 어두워 보이면 '내가 잘하고 있는 걸까?'라며 필요 없는 생각을 하곤 했다. 물론 그들의 반응을 보며 내가 고쳐야 할 점을 확인할 수 있다면 좋은 신호가 될 수 있다. 다만 나에게 긍정적으로 해석할 수 있는 자세가 필요하다.

내가 강의를 진행할 때였다. 발표불안과 관련된 내용으로 수업하고 있었다. 수업에 참여한 수강생들은 나에게 집중한다. 내가 어떻게 말하고 무엇을 전달하는지를 생각하며 듣는다. 강의를 들으면서 그들은 자신만의 기준으로 나를 평가할 수 있다. 강사가 말을 잘하는지 실력은 있는지를 생각하면서 말이다. 실제로 그들이 그런 생각을 하는지 나는 알 수 없다. 나는 내가 준비한 내용을 수강생들에게 잘 전하기 위해 집중하고 있을 뿐이다. 내가 전하고자 하는 내용에 집중하지 않고 그 이외의 생각을 한다면 제대로 강의할 수 없다. 또 수강생들이 나를 평가할 것 같다고 생각하면 계속 그들을 의식하게 되고 표정 변화에 민감하게 반응하게 된다.

'남들이 나를 어떻게 생각할까.'에 빠지기보다 '내가 사람들을 어떤 마음으로 대하는지.'를 인식해야 한다. 이 수업에 참석하는 수강생들에게 내가 도움을 주겠다는 그 마음이 필요하다.

나는 수업을 할 때 항상 그런 마음으로 임하려고 했다. 강의하면서도 계속 되뇌었다. 강의 초반에는 머릿속으로 부정적인 생각이 떠오르곤 했다. 이타적인 마음을 보여야 하는 데 실제로는 잘되지 않았다. 수업은 정해진 형식이 있어 그걸 반복해서 연습하면 되었다. 내용은 외우면 되었지만 청중을 위하는 마음은 한순간에 바뀌지 않았다. 말을 잘하는 방법도 좋지만 내가 그들을 대하는 마음이 중요하다는 사실을 알았다.

사람이 변화하는 것은 쉽지 않다. 각자의 사고방식과 행동 방식이 있기 때문이다. 새로운 것을 흡수하기 위해서는 시간이 필요하다. 그 시간은 단순한 것을 꾸준히 묵묵하게 실천하는 과정이다. 복잡한 이론이 아니라 마음에 와닿는 하나의 문장이라도 자신이 잘 소화하면 된다.

배운 것을 일상생활에서 실천하는 것이 변화의 시작이 된다. 머리로 이해하는 것에 그치지 않고 실제로 행동해야 한다. 하나를 배웠더라도 내 몸을 통과할 때까지 계속 연습하는 것이 중요하다. 반복적으로 연습한 순간들이 내 안에 저장된다. 깊이 생각하지 않아도 몸이 저절로 반응하는 자신을 발견할 수 있다.

그러니 발표할 수 있는 상황이 있다면 피하지 말고 경험해 보자. 처음에는 누구나 실수할 수 있고 말문이 막힐 수도 있다. 그럴수록 자신을 믿고 스스로를 격려해야 한다. 잘하든 못하든 연습하다 보면 결국에는 내가 성장하고 변화하게 된다.

**발표불안 극복을 위한 스물세 번째 황금열쇠**

1 — **꾸준한 실천이 변화를 만든다**
변화는 한순간에 이루어지지 않는다. 작은 시도라도 반복할수록 몸과 마음에 스며들어 점차 자연스러워진다.

2 — **좋은 경험을 몸에 기억시키자**
긴장과 두려움은 오래된 습관이다. 청중 앞에서 편안하게 말한 경험을 쌓아야 발표 자리가 더 이상 두렵지 않게 느껴진다.

## 8

## 발표불안? 까짓것 이겨주마!

의지로 두려움을 넘다

"용기란 두려움이 없는 것이 아니라 두려움에도 불구하고 행동하는 것이다."

_ 넬슨 만델라(인권운동가)

사람마다 자신이 하고 싶은 일이나 이루고 싶은 목표가 있다. 나름대로 계획을 세우고 하나씩 실천해 나간다. 그런데 그 과정에서 스스로를 의심하는 사람들이 있다. '내가 과연 잘할 수 있을까? 그 일을 한다고 내가 변하긴 할까?' 하며 스스로의 의지를 꺾는다. 이런 생각들이 떠오르는 것은 지금까지 내가 어떤 마음으로 일에 임해 왔는지를 보여주는 내면의 반영이다. 이러한 마음이 무슨 일을 이루기 위해 노력하는 자신의 발목을 잡는다. 그런 사고 패턴을 이해한다면 도전을 멈추지 않고 앞으로 계속해서 나아갈 힘을 기를 수 있다.

발표불안 극복을 중점적으로 다루는 학원에 다녔다. 일반적인 스피치 학원과는 달랐다. 말을 잘하기 위한 기술을 배우는 곳이 아니었다. 그곳에서는 사람들 앞에서 떨리고 긴장되는 마음을 다스리는 법을 배웠다. 이후에는 자신이 준비한 내용을 편안한 상태로 말할 수 있게 된다고 했다. 이러한 원리를 이해하고 직접 체득할 필요가 있었다.

 학원 강사는 수업 중에 일상생활에서 실천해야 하는 과제를 내주었다. '상대의 이야기에 공감하며 듣는다.', '긍정적인 마음을 느낄 수 있게 좋은 생각을 한다.' 등 흔히 알고 있는 내용이었다. 다만 잘 실천하지 못했던 행동이었다. 알고 있는 데서 그치지 않고 행동으로 옮겨야만 내 것이 된다는 걸 알고 있었다. 내가 직접 실행하고자 했던 행동이 있었다. 낯선 사람들과 대화하기였다. 모르는 사람들 앞에서 발표 연습을 하려고 했다. 상대를 찾기 위해 집 근처에 있는 어린이 대공원으로 가 보았다. 중앙 광장에는 산책하는 사람도 있었고 한쪽 의자에 앉아 대화를 나누는 사람들도 있었다. 나는 의자에 앉아 있는 사람들에게 말을 걸어 보자고 마음먹었다.
 먼저 크게 심호흡을 한 후 조심스럽게 다가갔다. 순간 멈칫했다. 말을 걸었다가 이상한 사람 취급받을 것 같다는 생각이 들었다. 그런 생각이 들자 남아있던 용기도 조금씩 사라졌다. 한참 동안 그 사람들 주위를 맴돌았다. 연습을 하지 않고 집으로 돌아갈지 고민했다. 그러면서도 다른 사람들에게 말을 걸어 볼까 하는 생각도 들었다. 누가 시켜서 하는 것도 아니었다. 나는 강사가 내준 과제는 모두 마친 상태였다. 그저 낯선 사람들에게 말을 걸어 보는 연습이 좋을 것 같다고 생각했다. 이렇게 일부러 공원까지 왔는데 그냥 돌아가기에는 마음이 허락하지 않았다. 발표불안을 극복하기 위해 부산에서 서울까지 올라가 스피치 학원에 다녔던 나였다. 다시 용기를 내어 의자에 앉아 있는 사람들 앞까지 걸어갔다. 50대로 보이는 여성들이었다. 나는 마음을 가다듬고 조심스럽게 말을 건넸다.

"실례합니다. 제가 사람들 앞에서 말을 잘 못해서 그런데… 괜찮으시면 앞에서 잠깐 발표연습을 해도 될까요?"라며 양해를 구했다. 얼굴을 제대로 마주 보지 못한 채 곁눈질로 그들을 봤다. 표정은 썩 내키지 않은 듯 보였지만, 그중 한 여성이 내게 손짓으로 신호를 보냈다. '그냥 해봐.'라며 말하는 듯했다. 그러곤 나를 쳐다보지 않은 채 서로 대화를 나누었다. 그러면 뭐 어떤가. 나는 발표 연습을 해야 했다. 준비한 내용으로 말하기 시작했다. 말은 발표였지만 결국 내 괴로움을 그들에게 하소연하고 있었다. 그렇게 내 이야기를 전한 후 "감사합니다."라고 말하며 그 자리를 벗어났다. 뒤늦게 부끄러운 마음이 밀려왔다. 그날 있었던 일을 아내에게 자랑했더니 어이없다는 표정을 지으며 나에게 미쳤냐고 소리쳤다.

사람들 앞에만 서면 작아지는 나를 다시 일으켜 세우고 싶은 마음이었다. 용기를 내어 평소 하지 않던 행동도 해보았다. 나도 할 수 있다는 믿음으로 하나씩 도전해 나갔다.

스피치 학원 수업이 끝날 때쯤 강사의 권유로 길거리 스피치에 도전하기로 했다. 참석한 인원은 열 명 정도였다. 각자에게 주어진 시간은 5분이었고 주제는 '세상에 하고 싶은 이야기'를 말하면 되었다. 장소는 학원 근처에 서울교대에서 하기로 했다. '제1회 길거리 스피치 대회'라고 현수막을 만들었다. 평소 길거리 스피치라고 들어는 봤지만 직접 경험할 줄은 몰랐다. 나에게는 도전이었고 그 일을 잘 해내고 싶었다. 어떤 이야기를 할지 곰곰이 생각해 보았다. 내가 발표불안을 극복해 나간 과정을 이야기로 구성하면 좋겠다는 생각이 들었다. 5분이란 시간이 짧지 않았기에 스피치할 내용을 A4 용지에 정리했다. 서론에는 스피치 학원에 다니게 된 계기를 적었다. 본론에는 4주 교육 기간 중 기억에 남았던 에피소드를 담았다. 마지막 결론에는 앞으로 어떤 마음가짐으로 행동하겠다는 내용으로 마무리했다. 적은 내용을 보면서 소리 내어 읽었고 그다음에는 보지 않고 말하기도 했다.

  정해진 시간이 가까워지자 다 함께 서울교대로 걸어갔다. 방학이라 학교에 학생들이 거의 없었다. 대신 운동장에는 산책하는 주민들이 여러 명 보였다. 우리는 운동장 중앙에 있는 계단에 모여 손에 들고 있던 현수막을 양쪽 난간에 묶어 고정했다. 스피치를 시작하기 전 서로에게 응원의 박수를 보냈다. 순서는 하고 싶은 사람이 먼저 하기로 했다. 우리 중 한 사람이 난간 앞으로 걸어 나갔다. 다 같이 큰 함성과 함께 응원의 박수를 한 번 더 보냈다. 그 소리에 주위에 산책하는 사람들이 쳐다보았지만 우리는 다시 발표자에게 집중했다.
  첫 번째 발표하는 사람이라 긴장이 될 텐데도 목소리에 힘이 있었다. 나는 마음속으로 발표자가 떨지 않고 잘하길 바랐다. 그런 내 마음이 전해졌는지 실수 없이 스피치를 마쳤다. 그 모습을 지켜보며 왠지 모르게 뿌듯한 마음이 들었다. 우리는 그 발표자에게 격려의 박수를 보냈다. 다음 차례에 발표할 사람이 필요했는데 서로 먼저 하겠다며 손을 번쩍 들었다. 그중 가장 빨리 손을 든 내가 앞으로 걸어갔다. 계단을 오르는 발걸음은 가벼웠고 기분은 설레고 긴장되었다.

그런 나에게 힘내라며 함께해 준 사람들이 응원의 박수를 보내주었다. 나는 그들을 쳐다보면서 마음속으로 '내 얘기 좀 잘 들어주세요.'라며 부탁했다. 간절한 마음을 담아 눈빛으로 신호를 보내기도 했다. 그들의 표정을 봤는데 나를 다 받아줄 것 같은 따뜻한 미소를 짓고 있었다. 나는 그 부드러운 시선을 온몸으로 느끼며 편안한 마음이 들었다. 그들이 나를 평가하지 않을 거라는 믿음이 생겼다. 호흡을 가다듬고 평소보다 큰 목소리로 스피치를 시작했다. 다행히 생각했던 것보다 긴장되지 않았고 크게 실수하지도 않았다. 약 5분간의 스피치를 마친 뒤 원래 자리로 돌아왔다. 그들 곁으로 다가가 조금 전의 발표했던 내 모습을 떠올렸다. 내가 대단한 일을 한 건 아니었지만 해냈다는 뿌듯함과 함께 내 안에서 무언가가 치유되는 느낌을 받았다.

발표불안으로 어려움을 겪은 기간이 길었다. 이걸 해결하고자 스피치와 관련된 책을 읽고 학원에 다녔다. 오랫동안 불편했던 마음이 있었기에 짧은 시간 안에 완전히 해결되지는 않았다. 중간에 포기하고 싶은 생각도 들었다. 속으로는 '늘 해오던 대로 살아야지, 뭐 하러 길거리 스피치를 하냐!'라며 스스로 내 희망을 꺾기도 했다. 그래도 계속해서 나아갈 수 있었던 건 내 고민을 해결하고 싶은 강한 의지였다. 내 인생이 좀 더 나아지길 원했고 변화되길 바랐다. 발표불안을 극복한다고 인생이 크게 바뀌지는 않겠지만 도전하고 싶었다. 그리곤 조금씩 변화하는 내 모습을 보며 희망을 품기 시작했다. 예전과는 다른 행동을 꾸준히 하고 있었다. 어색하지만 사람들에게 내 생각과 감정을 표현했다. 나라는 사람을 그들에게 알릴 수 있었고 함께 소통하며 공감할 수 있었다.

무언가에 도전할 때면 자신을 괴롭히는 생각들이 있다. 주위 사람들이 부정적으로 말을 할 수도 있겠지만 내 안에서 말하는 목소리가 더 크게 다가온다. '네가 정말 할 수 있겠어? 넌 그런 사람이 될 수 없을 것 같은데? 뭐 하러 쓸데없는 행동을 하니!'라는 소리다. 스스로가 자신을 '어떤 사람'이라고 규정짓지 않는다면 누구도 나에게 한계를 정할 수 없다. 예전의 나약한 자신의 모습을 잊어야 한다. 미래에 내가 되고 싶은 모습을 바라보며 앞으로 나아가야 한다. 나의 성장이 뚜렷이 눈에 보이지 않더라도 나 자신을 믿고 천천히 걸어가면 된다. 어느새 조금씩 성장하고 있는 나를 확인할 수 있다.

**발표불안 극복을 위한 스물네 번째 황금열쇠**

1 — 의지가 변화를 만든다
발표불안을 극복하겠다는 강한 의지는 내 안의 두려움과 불안을 넘어 계속 앞으로 나아가게 한다.

2 — 도전 속에서 희망을 발견하자
어색하고 힘든 상황에서도 한 걸음씩 행동하며 경험을 쌓아보자. 그 과정을 통해 예전과 다른 나를 발견하며 희망을 품게 된다.

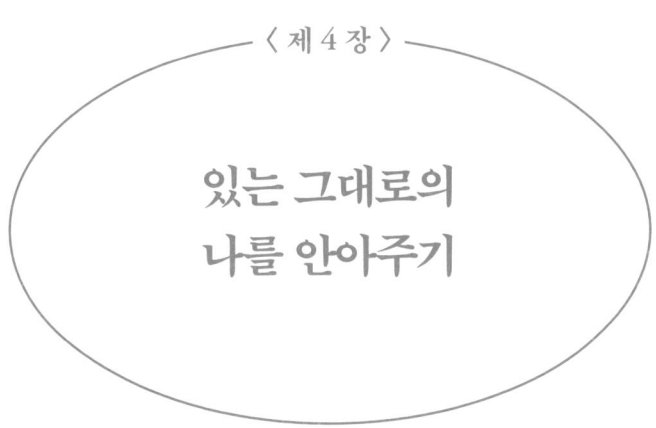

## 〈제4장〉

# 있는 그대로의 나를 안아주기

나를 사랑하는 첫걸음

## 1

## 불편함을 말할 용기를 품어라

스스로에게 솔직해지다

"내면의 진실을 직면할 용기만이 삶을 변화시킨다."

_ 톨스토이(소설가)

발표불안을 극복하는 과정에서 나를 사랑하는 일이 얼마나 중요한지 깨닫게 되었다. 그리고 나 자신을 사랑하기 위해서는 나를 제대로 알아야 한다는 사실도 알게 되었다. 취미는 무엇이고 좋아하는 것은 무엇인지 구체적으로 알아야 사람들에게 그걸 표현할 수 있었다. 남들이 좋아하는 것을 따라 하는 건 내가 좋아하는 것이 아닐 수 있다. 좋아 보이거나 좋아하려고 노력하는 것일 가능성이 높다.

스피치 학원에 다닐 때 5분 동안 자유롭게 발표하는 시간이 있었다. 주제는 자기가 하고 싶은 이야기를 선택하면 되었다. 나는 발표불안을 극복하는 과정에서 경험했던 내 이야기를 전하고 싶었다. 그래서 먼저 나에게 아픈 기억으로 남아 있던 그 상황을 떠올렸다. 그때의 내 증상과 원인, 그리고 해결책을 차례대로 A4 용지에 정리하기로 했다. 증상에는 발표불안을 느낄 때 나타났던 몸과 마음의 반응을 적었다. 이어서 그런 반응이 생긴 이유를 살펴봤다. '왜 그때 나는 말 한마디도 못 하고 가만히 있었을까?'라는 질문을 던져 보았다. 마지막에는 앞으로 비슷한 상황에서 지녀야 할 마음가짐을 정리해 두었다. 이렇게 전체적인 틀을 잡은 뒤 글을 써 내려갔다. 적어 놓은 글을 소리 내어 읽었다. 이후 어느 정도 자연스럽게 말할 수 있게 되면 보지 않고 외우려고 했다. 드디어 발표 시간이 되었고 강단 앞으로 걸어갔다. 약간 긴장은 되었지만 무사히 5분 스피치를 마치고 연단에서 내려올 수 있었다.

 5분 동안 발표했던 내용은 나만의 이야기였다. 트라우마로 여겨졌던 나의 문제를 사람들 앞에서 솔직하게 얘기했다. 누구에게도 쉽게 말할 수 없었고 숨기고 싶었던 고민이었다. 나와 비슷한 아픔을 느끼고 있는 사람들 앞이라 두렵지 않았다. 그들은 내 이야기를 진심으로 들어줄 것이라는 믿음이 있었다. 나아가 나와 같은 어려움을 느끼는 사람들에게 도움이 되고 싶었다. '이런 방법으로 내가 좋아졌으니 여러분도 함께했으면 좋겠다.'라는 마음이었다.
 그렇게 해서 시작하게 된 것이 강사 교육 과정에 참여했던 일이었다. 발표불안 극복을 중점적으로 다루는 과정이었다. 수업을 들으면서 교육 내용을 스스로 분석하고 이해하려 했다. 함께 과정을 들었던 동기들과 호흡을 맞춰 연습했다. 본격적인 과정을 진행하기 위해 수강생들을 모집했다. 홍보를 한 후 얼마 되지 않아 교육에 참석하고 싶다며 연락이 왔다. 그렇게 1기 인원이 모집되었고 교육을 시작했다.

　과정을 진행하는 동안에도 발표불안과 관련된 경험과 극복 과정을 블로그에 꾸준히 올렸다. 운이 좋게도 교육을 받고 싶다는 연락이 계속 왔고 수업을 이어서 진행할 수 있었다. 강의를 반복해서 진행하다 보니 어느새 자연스러움이 묻어났다. 수업을 듣던 수강생들도 내 강의에서 진정성이 느껴진다고 말하며 칭찬해 주었다. 좋은 호응을 얻으면서 자신감이 붙었다. 과정을 진행하는 그 공간에서만큼은 나 자신이 자랑스럽게 느껴졌다.

　나는 발표불안 극복을 전문적으로 강의하고 있었지만 그 두려움이 완전히 사라진 것은 아니었다. 예전보다 좋아졌다고는 하지만 특정 상황에서 느꼈던 아픈 기억은 남아 있었다. 명절날 장모님 댁에서 식구들 다 모인 자리였다. 모두가 화기애애하게 대화를 나누고 있었다. 그 자리에서 나는 말 한마디 제대로 해보지도 못하고 가만히 앉아 있었다.

　지금은 식구들과 대화하다가 하고 싶은 얘기가 있으면 중간에 한마디씩 꺼낸다. 가끔은 주위의 반응을 살펴보기도 한다. 형님들이나 처형들이 나를 어떻게 생각할지 궁금하기 때문이다. 예전에는 말없이 조용하기만 했던 내가 식구들에게 먼저 말을 건네며, 스스로 달라진 모습을 느낀다.

　문득 괴리감을 느낄 때가 있다. 스피치 강의를 진행할 때 나는 수강생들에게 이런 식으로 말하곤 한다. "저도 발표불안을 느꼈고 그걸 극복하는 과정에서 조금씩 나아졌습니다. 여러분도 용기를 내어 도전했으면 좋겠습니다." 강의하는 공간 안에서 나는 자신감 있고 당당하게 말한다. 하지만 장모님 댁에서는 조금 움츠러든다. 사람들은 자신이 트라우마로 느꼈던 상황이나 장소에서는 소극적으로 행동하기 마련이다. 어릴 때 물 안에 들어가는 것이 무서웠던 경험이 성인이 되어서도 수영장을 가지 않게 되는 것과 같다.

  강의를 진행할 때와 일상에서의 내 모습 사이에 차이를 느낄 때가 있다. 그 차이가 클수록 내가 강사로서 자격이 있는지 스스로 묻곤 한다. 강사라면 여러 사람 앞에서 편안하게 말을 잘해야 한다는 강박이 있었다. 내가 불편하게 느끼는 상황은 되도록 없어야 한다고 생각했다. 정해진 교육 내용만으로는 뭔가 부족하다는 생각이 들었다. 나의 부족한 부분을 채우고자 책을 읽고 관련된 영상을 찾아봤다. 결국 마지막에는 나 자신을 알아가고 사랑하는 일이 가장 중요하다는 사실을 다시 한번 깨달았다.
  나에 대해 아는 만큼 상대에게 표현할 수 있다. 나 자신을 많이 열어 보일수록 상대방도 마음을 연다. 내가 누구인지 보여주지 않으면 상대방은 경계하게 된다. 내가 표현하지 않으니 상대는 무슨 생각을 하는지조차 알 수 없다. 상대방은 가까이 다가오고 싶지만 내가 마음을 열지 않아 쉽게 다가오지 못한다. 자신을 사랑하는 일과 발표불안을 극복하는 일 사이에는 깊은 관련이 있었다. 자기표현을 잘하기 위해서는 나에게 관심을 두어야 하고 사랑하는 마음이 필요했다.

아내와 결혼한 지 17년이 되었다. 일을 마치고 집으로 돌아오면 아내는 저녁밥을 준비해 놓고 기다리고 있다. 나는 씻고 편안한 옷으로 갈아입는다. 식탁에 앉아 함께 밥을 먹기 시작한다. 종일 집에만 있어 지루했는지 아내는 내게 이야기를 건넨다. 나는 아내를 바라보고 고개를 끄덕이며 이야기를 듣는다. 그렇게 잠시 대화를 나누다 보면 어느 순간 얘깃거리가 떨어진다. 그럼 각자의 휴대전화를 쳐다본다.

  대화가 길게 이어지려면 듣는 사람도 말을 해야 한다. 계속 듣고만 있을 수는 없다. 재미있는 이야기가 아니어도 좋다. 회사에서 있었던 일과 그 안에서 느낀 감정을 함께 나누는 것만으로도 충분하다. 있는 그대로의 사실에 내 생각과 느낌까지 전하면 대화가 더 깊어진다.

  이렇게 내가 경험한 일들로 생각과 감정을 표현해 본다. 상대를 의식하지 않고 나에게 집중하면서 말이다. 상대가 의식되어 말하기 어렵다면 내 생각과 감정은 누구에게도 평가받을 필요가 없다는 것을 기억하자. 나라는 존재가 소중하다는 사실을 알아야 한다.

  자신이 바라는 모습과 현재의 모습에서 괴리감을 느낄 때가 있다. 그 차이를 줄이기 위해 스스로 무언가를 배우고 노력하게 된다. 내가 가고자 하는 그 지점까지 시간이 꽤 오래 걸릴 때도 있다. 처음 품었던 마음은 약해지고, 이렇게 계속하면 되는 걸까 하는 걱정도 든다. 또 이걸 한다고 해서 내가 바뀌겠냐며 부정적인 생각이 들기도 한다. 사람이 변화한다는 것은 쉬운 일이 아니다. 그게 쉬웠다면 많은 사람이 짧은 시간 안에 자신이 바라는 모습으로 바뀌어야 한다.

자기표현을 잘하지 못해 고민하는 사람이 있다면, 어떻게 해야 할 것인지 스스로에게 물어보면 된다. 나는 왜 표현을 잘하지 못하는지, 모든 상황에서 나를 드러내는 게 불편한 건지 등. 자기 자신에 대해 파악해야 한다. 이런 질문을 자신에게 던질 수 있을 때 비로소 문제를 해결하는 힘이 생긴다. 내가 바라는 지점까지 좀 더 빨리 갈 수 있게 된다. 중간에 자신이 정체되어 있다는 느낌이 든다면 핵심이 될 만한 질문을 다시 스스로에게 던져 보자.

본인에게 질문을 던질 수 있다는 것은 나에 대한 관심과 사랑이 있기 때문에 가능한 일이다. 자기가 좋아하고 원하는 것을 찾아가며 도전하게 된다. 이제는 남들이 하는 일이 좋아 보여도 쉽게 따라 하지 않는다. 그들에게 향해 있던 시선을 나에게 돌리고 나와 함께 하는 시간을 즐긴다. 그리고 그 경험을 통해 느낀 생각과 감정을 사람들에게 전한다.

**발표불안 극복을 위한 스물다섯 번째 황금열쇠**

1 — 솔직한 고백이 성장의 시작이다
불편하고 부정적인 마음도 숨기지 않고 인정할 때 온전히 자신을 이해하고 변화할 힘이 생긴다.

2 — 자기 자신에게 질문해 보자
왜 표현이 어려운지, 어떤 상황에서 불편한지 스스로 묻고 답해보자. 그 과정에서 문제 해결의 실마리를 찾을 수 있다.

## 2

## 관계 속 나를 마주하라

관계 속 비친 나를 바라보다

"자신을 아는 가장 좋은 방법은 다른 사람과의 관계 속에서 발견하는 것이다."

_ 칼 융(심리학자)

강의를 진행하며 보람을 느꼈다. 내가 알고 있는 정보나 지식을 사람들에게 알려주었다. 그들이 변해가는 모습을 보며 성취감을 얻기도 했다. 새로운 일을 시작하면서 내 안에 다양한 모습이 존재한다는 것을 알게 되었다.

강의를 하는 일은 즐거웠지만 수입이 일정하지 않았다. 마냥 하고 싶은 일만 계속할 수는 없었다. 다른 일자리를 알아봐야 했다. 구인 광고를 찾아봤지만 내가 들어갈 수 있는 곳은 별로 없었다. 열 군데 이상 지원했는데 딱 한 군데서 연락이 왔다. 양산에 있는 회사였고 자동차 부품을 생산하는 곳이었다. 이력서를 들고 면접을 보러 갔다. 면접을 본 뒤, 그날 저녁에 연락을 주겠다고 했지만 전화는 오지 않았다. 아마도 내가 관련 경험이 부족해 그 회사와는 맞지 않을 거라 생각했던 것 같다. 지금까지 해온 일이라고는 미용 일이나 짧게 강의를 진행한 게 전부였다. 하루가 지났을까, 전화 한 통이 걸려 왔다. 전날 면접을 봤던 회사였다. 아르바이트 자리가 있는데 해볼 생각이 있느냐고 물었다. 우선 어떻게든 돈을 벌어야 했기에 해야만 했다. 생산직에서 일하는 건 처음이었다. 회사에 적응을 잘할 수 있을지 걱정되었다. 단순한 일이라 힘들지 않을 거라 생각했다.

생산직에 경험이 없다 보니 처음에는 포장 업무를 맡았다. 제품을 비닐 포장지에 넣어서 박스에 담으면 되었다. 간단한 작업이었지만 나에게는 쉽지 않았다. 제품을 비닐에 넣고 포장지 끝부분을 고무줄로 감는데 잘되지 않았다. 몇 번을 해도 감았던 고무줄이 다시 풀어졌다. 옆에서 그 모습을 보고 있던 50대 남성이 답답하다는 듯 내게 말했다. "간단한 작업인데 이걸 못하면 어떡합니까!"

그렇게 계속 헤매다 보니 내 앞에 포장할 제품이 쌓여만 갔다. 다시 그 남성이 큰 소리로 한마디를 했다. "포장을 이렇게 느리게 하면 안 됩니다!" 그 소리에 주위 사람들이 나를 쳐다보았다. 일을 잘하지 못한다는 생각에 얼굴이 화끈 달아올랐다.

다음 날은 다른 업무를 맡았다. 전날 포장을 제대로 못해 주눅이 든 상태였다. 다행히 이번 작업은 앞선 것보다 손에 맞았다. 나중에 알았지만 자기에게 맞는 보직을 찾을 때까지 여러 라인에서 일을 하게 했다. 일주일 정도 아르바이트를 하면서 그중 3일은 같은 자리에서 근무했다.

나와 함께 작업했던 사람은 50대 여성이었다. 열심히 일하는 내 모습을 본 여성은 사무실에 가서 내 얘기를 했다고 한다. 어떻게 말했는지는 모르겠지만 나를 좋게 봐주었는지 다음 날 정식으로 출근하게 되었다. 그렇게 나는 계약직으로 일할 수 있었다.

시간이 흘러 어느덧 입사 3개월이 되어갈 무렵이었다. 회사에 어느 정도 적응하니 주위를 둘러볼 여유가 생겼다. 계속 일에만 몰두하느라 동료들과 제대로 어울리지 못했다. 점심시간에는 삼삼오오 짝을 이뤄 밥을 먹으러 간다. 그런 나는 함께 밥을 먹을 동료가 없었다. 나 말고도 혼자 밥 먹는 사람들이 있기는 했다. 아무렇지 않게 밥을 먹는 그들과 달리 나는 혼자 먹는 게 싫고 외로웠다. 성격이 내성적이고 말수가 적다 보니 사람을 사귀는 데 시간이 걸렸다. 서로 이야기 나눌 수 있는 동료가 필요했다. 내가 먼저 다가가지 않으면 아무도 다가오지 않을 것만 같았다. 그때부터 일만이 아니라 사람들과의 관계에도 신경을 쓰게 됐다.

내가 일하는 라인에는 두 사람이 함께 일을 했다. 내 파트너는 경력이 10년이 넘은 여성이었다. 반면 우리 뒤편에는 열 명이 팀을 이루어 작업하는 공정도 있었다. 그 사람들이 부러웠다. 여러 명이 어울려 다니며 밥도 늘 같이 먹으러 갔다. 나도 그 라인에 들어가고 싶었지만 내 마음대로 보직을 바꿀 수는 없었다. 조장이 정해준 자리였기에 좋든 싫든 받아들일 수밖에 없었다.

생산직의 특성상 라인이 새로 생기거나 없어지기도 하고 보직이 바뀌는 일도 있었다. 마침 한 라인에서 생산 물량이 늘어나 내 보직이 바뀌게 되었다. 이번에는 다섯 명이 함께 일하는 자리로 가게 되었다. 나와 연령대가 비슷한 사람들이 몇 명 있었다. 또래 사람들과 일하니 편안하게 대화할 수 있어서 좋았다. 일할 때도 지루하지 않고 시간도 금방 지나갔다. 점심시간에는 동료들과 다 같이 식당으로 걸어갔다. 혼자 먹지 않고 함께 식사하게 되었다. 옆에 마음 나눌 수 있는 동료가 있다는 생각에 안정감을 느꼈다. 우리 라인 사람들과 가깝게 지내다 보니 어느새 옆 라인 사람들과도 연결이 되었다. 서로 가볍게 인사를 나누며 얼굴을 익혔다.

사람들과 대화하고 어울리면서 나를 알아갔다. 인간관계 속에서 내가 보이는 반응을 인식할 수 있었다. 나는 어떤 성향의 사람인지 그들을 통해 나 자신을 돌아보게 되었다. 누군가에게는 편안한 마음으로 말을 건넨다. 다른 누군가에게는 수동적인 자세로 있게 된다. 내가 왜 그런지 살펴보니, 상대가 날 받아줄 것 같다는 느낌이 들 때 마음을 열게 된다. 반대로 자기의 의견이나 생각을 당당하게 말하는 사람 앞에서는 쉽게 표현하지 못한다. 내가 발표불안을 극복한 강사라는 생각이 들면, 뭔가라도 해야 한다는 압박감이 생긴다. 또한 나와 성향이 다른 사람들과도 소통을 잘해야 한다는 강박관념이 있었다.

회사에 다니는 동안에도 주말에는 강의를 진행했다. 중간중간 교육을 받고 싶다고 한두 명씩 연락해 주었다. 어느 정도 인원이 모집되면 강의실을 빌려 수업을 했다. 회사 사람들에게는 내가 주말마다 스피치 교육을 한다고 말하지 않았다. 나는 스피치 강사라면 말을 완벽하게 해야 한다는 틀에 사로잡혀 있었다. 하지만 나는 이제 시작한 단계였고, 남들이 보기에 말을 잘하지 않는 사람처럼 보였을 것 같았다. 한편으로는 말을 잘하지 못하니까 잘하고 싶어 강의한다고 생각하기도 했다.

회사 사람들과 대화할 때 가끔 어려움을 느끼는 순간이 있었다. 그럴 때면 이유를 분석하고 해결 방안을 찾으려 했다. 나는 알고 지내는 사람들 모두와 소통을 잘하고 싶었다. 스피치 강사로서 사람들과 잘 어울려야 한다고 생각했기 때문이다.

대화하면서도 막히는 느낌이 들면 머릿속으로 생각했다. '뭐가 문제였지?', '어떻게 하면 좋아질까?' 하는 고민이었다. 괜찮은 방법이 떠오르면 곧바로 실행에 옮겼다. 이렇게도 해보고 저렇게도 해보면서 다양한 방법을 시험해 봤다. 어느 순간 나에게 문제가 생기기 시작했다. 남들에게 자꾸 맞추다 보니 나 자신이 없어지는 느낌이 들었다. 대화는 서로 말을 주고받아야 하는데 상대의 반응에만 신경을 쓰고 있었다. 정작 내 생각과 느낌은 억압하고 있었다.

상대방이란 거울을 통해 내 모습을 관찰하며 나의 잘못된 점을 찾으려고 했다. 사람들을 의식하지 않고 내 생각과 느낌을 말해야겠다고 생각했다. 언제까지나 상대에게 맞춰 줄 수는 없는 노릇이었다. 그렇게 해야지 인간관계가 좋아질 수 있을 것 같았다. 길게 보면 나도 좋고 상대도 좋겠다는 확신이 들었다.

그러면서 대화할 때 순간순간 변화하는 내 감정을 인식하려 했다. 하고 싶은 말이 있으면 머뭇거리지 않고 바로 표현했다. 또 서로의 대화에 집중하니 상대도 그런 나를 편안하게 느끼는 듯했다.

내가 어떤 사람인지는 나와 관계 맺는 사람들을 보면 드러난다. 사람들과 대화를 나누면서 스스로 반응하는 방식을 확인할 수 있다. 자극과 반응 사이에는 공간이 있다. 그 공간은 지금껏 살아오며 쌓인 경험과 기억들로 채워져 있다. 이야기를 나누며 표현하는 방식이나 자기 자신을 대하는 행동으로 나타난다. 표현하는 걸 서툴러 했던 기억이 강하다면 사람들에게 내 이야기를 하는 게 어색하다. 그런 본인을 이해한 뒤 다시 자신을 표현하면 된다. 이유를 알고 표현하는 것과 모르고 표현하는 것에는 분명한 차이가 있다. 원인을 이해하면 변화로 이어질 수 있지만 그렇지 않으면 일시적인 해결책을 찾거나 잠깐의 해소에 그치기 쉽다. 여러 사람과 소통하며 자신을 돌아 볼 수 있는 기회를 만들어 가자.

### 발표불안 극복을 위한 스물여섯 번째 황금열쇠

**1 — 관계를 통해 나를 관찰하자**
사람들과의 대화 속에서 드러나는 내 반응과 감정을 살피며, 나 자신을 더 깊이 이해해 보자.

**2 — 자신을 이해하고 표현하자**
자신의 표현이 어색한 이유를 이해하면 변화의 기회를 만들 수 있다. 원인을 알면 해결의 실마리가 보여 더 적극적으로 행동하게 된다.

## 3

# 경험 속 나를 발견하라

경험을 통해 나를 안다

"직접 경험하며 자신을 관찰하는 사람이 진정으로 성장한다."

_ 헬렌 켈러(교육자)

내 주변에는 미용과 관련된 일을 하는 사람들이 있었다. 우선 사촌 형은 미용실을 운영했고 부모님은 이용원을 하셨다. 나는 2003년도에 대학을 졸업했는데 당시에는 이용과 미용 분야의 전망이 좋았다. 그중 미용은 고객 단가가 높은 편이라 기술이 좋으면 손님들이 찾아와 적지 않은 돈을 벌 수 있었다. 가끔 사촌 형 가게에 구경을 가곤 했다. 손님이 많은 시간을 피해 마칠 때쯤 찾아갔다. 미용실 안 바닥에는 머리카락이 수북이 쌓여 있는 것을 볼 수 있었다. 형의 얼굴을 쳐다보면 피곤해 보이는 모습과 함께 즐거운 모습도 보였다. 그런 형에게 오늘 매출이 얼마냐고 물어보면 거리낌 없이 알려 주기도 했다. 그날 매출을 듣고 깜짝 놀랐던 기억이 있다.

내가 미용을 시작한 계기도 가족들의 영향이 컸다. 대학 전공과는 달랐지만 미래를 보고 선택한 직업이었다. 자격증을 취득하기 위해 어머니와 함께 미용 전문 학원에 상담을 갔다. 학원에 들어가니 가발 마네킹에 파마를 말고 있는 20대 학원생들이 있었다. 수강생 대부분이 여자였고 그중 남자 두 명이 보였다. 숫기가 없던 나는 학원에 여자만 있으면 어쩌나 걱정했다. 상담실로 들어가 원장과 인사를 나누었다. 원장은 수업 진행 방식을 설명해 주었고 이어 요즘 남자들도 미용을 많이 배우는 추세라고 이야기해 주었다. 속성반인 3개월 안에 자격증을 취득할 수 있는 그룹에 등록했다. 물론 그 안에서도 자격증을 따지 못하는 사람도 있었다.

다음 날 바로 수업을 시작했다. 학원에서 알려주는 방법대로 그대로 따라 하려고 했다. 나는 마네킹에 파마를 말 때 다른 수강생들보다 5분 이상 느렸다. 그래서 커트보다는 파마를 중점적으로 연습했다. 3개월이 조금 안 됐을 무렵 시험 날짜가 잡혔다. 시험 당일에는 커트와 파마, 화장 등이 종목으로 나왔다. 다행히 큰 실수 없이 작업을 마쳤고 운 좋게 한 번에 합격했다. 그 소식을 들은 부모님은 나에게 잘했다고 말하지는 않았지만 기뻐하는 기색을 보이셨다.

자격증을 취득하자마자 곧바로 미용실 취업 자리를 알아봤다. 아버지 가게에 단골로 오는 손님이 있었는데 그의 아내가 미용실을 운영한다고 했다. 게다가 미용협회에서 한자리를 맡고 있다고 했다. 고맙게도 나에게 지인의 미용실을 소개해 주었다. 소개받은 미용실에 정장을 차려입고 면접을 보러 갔다. 가게 안에는 위아래로 검은 옷을 맞춰 입은 한 여성이 일하고 있었다. 나는 인사를 한 뒤 면접을 보러 왔다고 말했다. 원장은 소파에 잠시만 앉아 기다리라고 했다. 소파에 앉은 채 원장이 일하는 모습을 바라보며 기다렸다. 이내 작업을 마친 원장은 내게 차 한 잔을 건네며 맞은편 자리에 앉았다. 나는 자격증을 딴 지 얼마 되지 않은 신입 미용사라고 소개했다. 원장은 나를 좋게 봐줬는지 다음 날부터 출근하라고 말했다.

일을 시작하고 며칠 지나지 않아 처음으로 내 머리를 염색하게 되었다. 원장은 가게 분위기에 어울리게 밝은색 머리를 추천해 주었다. 나는 밝은 갈색으로 머리를 염색한 후 왁스를 바르고 다녔다. 작업복은 평소에 잘 입지 않던 스타일로 위아래 모두 검은색으로 갖춰 입었다. 그렇게 한껏 멋을 부리니 자연스레 어깨에 힘이 들어갔다. 직원은 나 혼자였기 때문에 원장은 내게 기술을 빠르게 가르쳐 주었다. 한 가지를 배우고 나면 바로 다음 기술을 가르쳐 주는 식으로 속도를 빼기도 했다. 나는 나와 같은 연령대의 미용인들보다 기술적인 면에서 앞서 있다는 느낌을 받았다. 기술 외적으로는 손님을 대하는 자세를 함께 배워야 했다. 다양한 손님이 가게로 오기 때문에 그에 맞는 응대 요령을 익혀야 했다. 20대 초반, 사회생활을 처음 시작하는 나로서는 그런 부분이 다소 힘들게 느껴졌다.

원장과 일한 지 2년이 되어갈 때쯤, 나 스스로 정체되었다는 느낌이 들었다. 기술적으로 계속 성장하고 싶었지만 내가 기대한 만큼 결과가 나오지 않았다. 손님이 없을 때는 마네킹을 이용해 계속 연습했지만 좀처럼 실력이 늘지 않았다. 그런 내 모습을 본 원장도 안타까워하는 눈치였다. 나는 마음이 움츠러들며 자신감도 점점 떨어지기 시작했다. 다른 미용실에서는 어떻게 일을 하는지 궁금했고, 대형 미용실은 어떤 시스템으로 돌아가는지도 알고 싶었다. 한 달 동안 혼자서 끝없이 생각을 되풀이했다. 결국 원장에게 내 고민을 털어놓았다. 고민을 말하면서 그만두고 싶은 마음마저 함께 전하게 되었다. 원장은 아쉽다고 말했다. 그동안 나에게 잘해줬던 일들이 떠오르면서 마음이 무거워지는 듯했다. 원장은 떠나는 나에게 이렇게 말했다. "현석아, 2년 동안 고생 많았고, 다른 가게에서도 성실하고 열심히 일해라." 그 말을 듣는데 고마우면서도 죄송한 마음이 들었다.

미용 일을 하면서 여러 고비가 있었다. 진로를 바꿀까 하는 생각도 했다. 일에 대한 열정도 부족했던 것 같다. 시간이 지날수록 성장하는 모습이 보여야 하는데, 그러지 못했다. 나 스스로가 선택한 일이 아니라는 생각에 회피하고 싶은 마음도 있었다. 이 길을 계속 가야 할지도 확신이 없었다.

미용은 20대 초반부터 30대 후반까지 내게 주어진 임무라고 느껴졌다. 직업에 대해 고민하던 시기였다. 그 고민은 나를 알아가는 시간이 되기도 했다. 조금씩 내면의 소리에 귀를 기울이기 시작했다. '내가 스스로 선택해서 하고 싶은 일은 뭘까?', '내가 정말 원하는 일이 있는 걸까?' 이런 생각이 멈추지 않았다. '이 나이에 다른 일을 할 수 있을까?', '그냥 하던 일을 계속하는 게 나은 걸까?' 하는 고민이 꼬리에 꼬리를 물었다. 30대 후반의 나이에 이런 고민을 하는 내가 스스로도 답답하게 느껴졌다.

책 한 권을 집어 들었다. 미용실을 운영할 때 책장에 꽂혀 있던 책이었다. 책을 통해 내 고민을 해결했으면 좋겠다는 마음이었다. 손에 잡히는 대로 다른 책도 꺼내 읽었다. 지금 당장의 걱정을 덜어내고 돌파구를 찾고 싶었다. 책 속에는 나와 같은 고민을 하는 사람들이 있었다. 그 사람들이 어떤 선택을 하며 살아갔는지 간접적으로 체험할 수 있었다. 그렇게 내가 가고자 하는 방향이 차츰 보이기 시작했다. 하고 싶은 일이 떠올랐다. 내 기억 속에서 스스로 선택하고 도전해 보겠다는 마음이 생긴 건 그때가 처음이었다.

스피치 강사가 되어 강의를 시작했다. '발표불안 극복'과 관련된 주제로 강의하면서 나 자신을 돌아 볼 수 있었다. 내가 조금 더 노력해야 할 부분은 무엇인지 생각해 보았다.

내 이야기를 누군가에게 전하는 것은 아직 어색하게 느껴졌다. 사람들 앞에서 강의할 때와는 느낌이 달랐다. 대화를 나눌 때면 내 안에 할 얘기가 별로 없었다. 내 이야기를 하고 싶어도 나 자신을 잘 모르니 할 말이 없었다. 그저 형식적인 이야기나 주변에서 일어나는 일들로 대화를 이어갔다.

사람들은 자신의 경험을 떠올리며 생각과 느낌을 상대에게 전한다. 떠오르는 장면들을 되돌아보며 그것이 내 삶의 어떤 의미였는지 되새긴다. 그 이야기는 생동감이 있어 상대가 들을 때 더 집중하고 귀 기울이게 만든다.

자기표현을 잘하기 위해서는 먼저 자신에 대해 알아야 했다. 그 사실을 알고 있었기에 나는 나와의 시간을 보내려 했다. 그러면서 내게 부족한 부분을 발견할 수 있었다. 그 부분들을 채우기 위해 내가 할 수 있는 만큼 하나씩 천천히 해나갔다. 하지만 아직도 나에 대해서 잘 알지 못하는 것 같다. 그렇기에 앞으로도 계속 스스로에게 묻고 대답하며 나를 찾아가려 한다.

  주위를 보면 자기표현을 잘하는 사람들을 종종 볼 수 있다. 그들은 자신이 겪었던 경험 속에서 느낀 감정과 생각을 함께 전한다. 그때의 경험을 떠올리며 생생한 감정을 상대와 공유하고자 한다. 대화를 나누면서 그 시간을 즐기고 행복감을 느낀다.

  자신의 이야기를 사람들에게 전할 수 있다는 것은 본인의 삶을 소중하게 생각하기 때문이다. 어떤 대상을 통해 감각적으로 받아들이며 나만의 이야기를 만들어 낸다. 그들은 자신의 인생에 충실하며 그 순간들을 만끽하는 듯하다. 만약 주위의 영향을 많이 받아 내 감정을 표현하는 것이 어렵게 느껴진다면, 지금이라도 나 자신을 알아가자. 나와의 시간을 보내며 나를 기분 좋게 하는 일과 힘을 얻을 수 있는 대상을 찾으면 된다. 그렇게 하나씩 직접 경험하며 내 마음이 어떻게 반응하는지를 천천히 알아가자. 여유가 생기면 내가 경험했던 그 이야기를 사람들에게 전해보자.

**발표불안 극복을 위한 스물일곱 번째 황금열쇠**

1 — 자신을 관찰하며 표현하자

자기표현을 잘하려면 먼저 내 마음과 생각, 감정을 관찰해야 한다. 내면을 이해할수록 부족한 부분을 발견하고 조금씩 채워갈 힘이 생긴다.

2 — 경험을 통해 나를 발견하자

직접 경험하며 내 마음과 반응을 살피면 나만의 생각과 감정을 깨닫게 된다. 그 경험을 바탕으로 자신의 이야기를 만들어 나가자.

# 나를 사랑하는 연습을 하라

나는 나를 사랑하는가

"자신을 사랑하는 사람만이 진정으로 행복을 느낄 수 있다."

_ 루이자 메이 올콧(작가)

사람들과 대화하다 보면 자기표현을 잘하는 사람들을 볼 수 있다. 자신이 무엇을 원하는지, 무엇을 하고 싶은지 상대에게 뚜렷하게 말한다. 남의 시선을 크게 신경 쓰지 않고 자기 욕구를 억누르지도 않는다. 반면, 자기 생각과 느낌을 억압하며 상대의 기분에 맞추는 사람이 있다. 본인의 생각이나 감정보다는 상대를 배려하는 마음이 앞선다. 그런 모습이 주위 사람들에게는 배려심이 깊고 좋은 사람으로 느껴지게 한다. 하지만 남들의 시선에 초점을 맞추고 있기에 '그들이 나를 어떻게 생각할까?'에 관심을 둔다. 자기 생각을 말하거나 행동하는 것이 자유롭지 못하다.

아내를 사촌 형 미용실에서 처음 만났다. 당시 아내는 사촌 형 가게에서 직원으로 근무하고 있었다. 그때 나는 다른 미용실에서 일하고 있었다. 일로 모르는 게 있으면 형 가게로 찾아가 물어보곤 했다. 아내와는 그저 인사만 나눴을 뿐 제대로 이야기를 나누지 않았다. 그러다 형이 가게를 옮긴다고 말했다. 사람들이 많이 다니는 큰 도로 근처에 좋은 자리가 있다고 했다. 기존 단골손님이 있는 데다 가게 위치까지 좋아 손님이 몰리게 되었다. 형은 직원이 더 필요하다며 나에게 얘기했고 좋은 기회라 생각해 함께 일하기로 했다. 그러면서 형 가게에서 일하고 있던 아내와 조금씩 대화를 나눴다. 점점 더 가까워지면서 우리는 연인으로 발전했다. 아내는 성실하게 일하는 내 모습이 마음에 들었다고 말했다.

 일을 마치고 나서는 아내를 버스 정류장까지 데려다주곤 했다. 우린 좀 더 같이 있고 싶은 마음에 걸어서 세 개의 정류장을 지나치기도 했다. 쉬는 날에는 둘이 시내에서 데이트를 했다. 밥을 먹으러 갈 때는 보통 메뉴를 아내가 고르는 편이었다. 스테이크와 스파게티를 좋아해 패밀리 레스토랑을 자주 갔다. 보고 싶은 영화가 개봉할 때면 아내는 나에게 영화관에 가자고 말했다. 아내는 자신을 배려하고 잘 호응해 주는 내 모습을 좋아했다.

 사귄 지 1년이 넘으면서 문제가 생기기 시작했다. 처음에는 배려해 줘서 고맙다고 느꼈던 것이 이제는 답답하다고 말했다. 아내가 오늘 쉬는 날인데 나와 어디 가고 싶은지 물어보면, 나는 시원하게 대답하지 못했다. 이런 일이 여러 번 반복되면서 아내는 짜증을 내곤 했다. 오빠는 뭐 딱히 하고 싶은 것도 없고 좋아하는 것도 없냐며 하소연했다. 아내에게 배려했던 행동들이 이제는 다른 의미로 다가왔다. 성격이 우유부단하고 어수룩한 사람처럼 보였다. 말하는 것과 행동하는 모든 것들이 아내에게 일방적으로 끌려가는 듯했다. 자기중심이 있고 남을 배려하는 것과 중심이 없는 상태에서 상대를 배려하는 것은 달랐다. 주관이 뚜렷하지 않은 내 모습을 보며 아내는 속이 타는 듯했다.

 내 생각과 감정에 제대로 집중해 본 적은 별로 없었던 것 같다. 내 안의 소리를 듣기보다 주위의 소리에 더 귀를 기울였다. 내가 알고 있는 사람들의 말에 자연스럽게 반응했고 그들이 나에게 바라는 모습대로 행동하기도 했다. 그들이 무슨 생각을 하고 있는지에 마음이 쏠리곤 했다. 그런 행동들이 내게 불편하게 다가오지는 않았다.
 아내와 데이트하면서 그제야 나에게도 자기중심이 필요하다는 걸 알게 되었다. 내가 중심을 잡지 못하면 내 의지대로 살아가지 못하고 다른 누군가에게 이끌려가게 된다. 내 마음을 단단하게 세우기 위해서는 나 자신을 먼저 알고 사랑하는 일이 필요했다. 내가 나에 대해 잘 알지 못하면 자신을 제대로 표현할 수 없다. 내가 무엇을 좋아하고 싫어하는지 표현하지 않으면 상대는 알지 못한다. 그런 나는 아내에게 내 마음을 제대로 표현하는 것조차 서툴러 했다.

 나를 사랑하고 싶었다. 나에게 집중하려 했다. 혼자 있을 땐 내 안에서 들려오는 소리에 귀를 기울이려 했다. '무엇을 해야 한다.'라는 의무감보다는 '하고 싶은 게 무엇인가.'에 주목했다. 나를 즐겁게 할 수 있는 일이 무엇일지 생각하며, 그렇게 나에게 관심을 두고 알아갔다. 평소에 하지 않던 일들을 하나씩 시도해 보기도 했다. 사소한 일부터 시작했다. 쉬는 날 혼자 여행을 가고 싶어 목적지를 정하지 않은 채 버스에 올라탔다. 의자에 앉아 내가 무슨 생각을 많이 하는지 스스로를 관찰했다. 아내와 둘이서가 아니라 혼자 커피숍에도 가 보았다. 이전까지는 적은 돈이라도 나에게 투자하는 것을 아까워했다. 사고 싶은 책이 있어도 꾹 참고 도서관에서 빌려 읽었다. 이제는 내가 읽고 싶고 소장하고 싶은 책이 있으면 서점에 가서 바로 구매한다. 이런 행동들이 나를 기분 좋게 한다는 걸 알게 되었다.

　취미 활동이 딱히 없던 나는 그것을 하나씩 찾아 나갔다. 아내는 걱정했다. 평소 하지 않던 행동들을 하고 있었기 때문이다. 시간이 지나면서 아내는 이런 내 모습을 자연스럽게 받아들였다. 내가 좋아하고 하고 싶은 일을 찾아나갈 때 아내는 묵묵히 지켜봐 주는 듯했다. 나 스스로에게 관심을 두고 알아가다 보니 주관적인 시선에서 벗어나 객관적으로 나를 바라보게 되었다. 내가 잘하는 것과 잘하지 못하는 것을 스스로 구분할 수 있었다. 무슨 일을 했으면 좋겠다는 그 마음이 실은 그렇게 하고 싶은 것이 아니었다는 것도 알게 되었다. 내가 경험하고 느꼈던 일을 조금씩 아내에게 이야기하기 시작했다. 아내에게 수동적으로 대하던 내가 천천히 변해가고 있었다.

　쉬는 날에는 아내에게 시내로 나가자고 말한다. 아침 겸 점심을 먹고 그다음으로는 커피숍에 간다. 그렇게 나가서 바람도 쐬고 시내를 돌다 보면 일하면서 쌓였던 스트레스도 자연스레 풀린다.

아내는 집에 있는 걸 좋아한다. 취미가 많아 옆에서 보면 늘 무언가를 하고 있다. 뜨개질로 작은 가방을 만들거나, 좋아하는 영상을 보거나, 사진을 보며 그림을 그리기도 한다. 아내가 자신의 얼굴 사진을 보고 그린 그림이 집 벽면에 걸려 있다. 취미가 많다 보니 심심해할 틈이 없고 자신을 기분 좋게 하는 것을 스스로 찾아서 한다. 함께 할 수 있는 취미는 거의 없었던 것 같다. 사실 나는 무엇을 좋아하는지도 잘 몰랐다. 그저 밖에 나가 사람들 구경하거나 바람을 쐬었다. 그렇게 해야 다음 날 출근할 때 마음이 안정되었다.

최근에는 독서가 내 취미가 되었다. 책을 읽는 이유는 나의 부족한 점을 채워 가고 싶어서였다. 책에서 궁금했던 내용을 찾으면 메모한다. 그에 더해 내가 겪었던 비슷한 상황을 떠올려 간단히 글로 적기도 한다. 그 글이 쌓일 때마다 나도 뭔가 해냈다는 뿌듯함을 느낀다. 그런 내 모습을 보며 아내가 이렇게 말하곤 했다. "오빠는 책도 많이 읽으면서 왜 나와는 소통이 잘 안될까?"

내가 주로 읽는 책은 스피치나 인간관계, 소통에 관련된 내용이었다. 그렇게 독서를 하는데도 정작 아내와는 소통이 원활하지 않았다. 아내가 했던 말 중 상처로 남았던 건, 오빠는 말귀를 잘 알아듣지 못한다는 말이었다. 그 말을 부정하고 싶었지만 실제로 사람들의 이야기를 한 번에 이해하지 못했다. 몇 번을 들어야 알아듣는 경우가 많았다. 스스로 이해력이 부족하다고 느껴 책을 읽어야겠다고 마음먹기도 했다. 아내의 직설적인 표현이 때론 언짢게 느껴지기도 하지만, 좋은 의도로 한 말이라는 걸 알기에 결국엔 받아들이게 된다.

　평소에는 잘 몰랐던 자신의 모습을 인식하게 된다. 이제는 자기 스스로에게 관심을 두려 한다. 남들의 시선보다는 내가 중심이 되어 주체적으로 생각하고 행동하면서 말이다. 이렇게 의지를 지니고 행동할 수 있는 이유는 자신에 대한 사랑이 있기 때문이다. 반대로 나를 사랑하는 마음이 부족하다면 시선은 자연스레 다른 곳으로 향하게 된다. 그게 사람이든 관계이든 대상이든 말이다. 순간적인 쾌락을 좇으며 내면에 집중하지 못하게 된다. 남들이 나에게 말하는 이야기에 흔들릴 필요는 없다. 내가 중심을 잘 잡고 내 안에서 들려오는 이야기에 귀 기울일 수 있어야 한다. 만약 자신에 대한 관심과 애정이 부족하다고 느껴진다면 지금부터라도 나를 알아 가면 된다. 자신을 알아가는 과정에서 괜찮은 모습만이 아니라 좋지 않은 모습이 먼저 눈에 들어올 수도 있다. 그런 나를 외면하지 말고 인정해 주자. 부족한 나를 있는 그대로 받아들이고 따뜻한 마음으로 감싸안아 주자. 자기를 사랑하는 마음이 클수록 다른 사람에게도 관심과 애정을 나눠 줄 수 있는 마음의 여유가 생긴다.

발표불안 극복을 위한 스물여덟 번째 황금열쇠

1 — 나를 기쁘게 하는 시간을 만들자

작고 사소한 것이라도 나에게 즐거움을 주는 일을 해보자. 좋아하는 책을 읽거나 새로운 취미를 시작하며 나를 소중히 여기는 습관을 만들어 보자.

2 — 부족한 모습도 포용하자

완벽하지 않은 나의 모습도 받아들이고 따뜻하게 감싸안자. 자신을 사랑할수록 다른 사람에게도 마음의 여유와 애정을 나눌 수 있다.

## 5

## 선택이 나를 만든다

내가 선택한 일이 나를 결정한다

"자신이 선택한 길을 사랑하라. 그것이 성장과 행복을 가져온다."

_ 엘리자베스 길버트(작가)

 사람들과 대화할 때 내 생각과 느낌을 자유롭게 말하고 싶었다. 다른 사람들을 의식하느라 편안하게 말하지 못했다. 그런 나 자신이 안타까웠다. 자기표현을 제대로 하지 못한 채 조용히 지내기만 했다. 모임에서 누가 재미있는 이야기를 하면 웃고 반응만 할 뿐이었다. 무슨 말이라도 하며 분위기를 맞추고 싶었지만 익숙하지 않았다. 대화가 이어지다 조용해지면 '나 때문에 분위기가 이런가?' 하는 걱정도 들었다. 속에 있는 얘기를 잘하지 못하니 나도 답답했다. 속마음을 털어놓았다가 다른 사람들이 나를 어떻게 볼까 신경이 쓰였다. 겨우 한마디 하려고 해도 머릿속이 정리되지 않았다. 말을 하면서도 이게 무슨 말인지 스스로 이상하게 느껴졌다. 말의 앞뒤가 맞지 않아 나조차 이해가 되지 않았는데 아마 남들도 난

감했을 것 같다.

　나를 알고 있는 주변 사람들은 종종 '네 속은 도무지 알 수가 없다.'고 말하곤 했다. 사실 나도 속마음을 털어놓고 싶었지만 말하는 일이 어색하게 느껴졌고 용기가 나지 않았다. 그런 상태가 오랜 시간 지속되면서 불편한 점들이 보이기 시작했다. 특히 아내와 대화할 때 그런 점이 두드러졌다. 대화는 서로 말을 주고받아야 하는데 나는 그러지 못했다. 아내만 계속 이야기를 이어가니 대화가 길게 이어지지 않았다. 상대의 이야기를 잘 들어주면 다행인데 들으면서도 속으로 '나도 뭔가 얘기를 해야 하는데….'라며 딴생각을 하곤 했다. 그러다 '나는 왜 이렇게 표현을 잘하지 못할까?'라는 자괴감에 빠지기도 했다.

　말을 잘하고 싶어 스피치를 공부하기 시작했다. 관련된 책을 읽으며 하나씩 알아가는 과정이 재미있었다. 그렇게 많은 책을 읽으며 이론적으로는 이해할 수 있는 듯했다. 하지만 책에서 배운 내용을 일상생활에서 실천하기까지는 시간이 걸렸다. 사람들 앞에서 긴장하고 불안했던 감정이 몸속 깊이 남아 있었다. 머리로는 어떻게 해야 하는지 알고 있었지만 몸이 반응하지 않았다. 실제로 연습을 많이 해야 했다. 스스로 부족하다고 느껴 스피치 학원에 다녔다. 3개월 수업 동안 한 번도 빠지지 않고 참여했다. 교육 중 1분 스피치를 하는 시간이 있었는데 그날 들었던 내용을 바탕으로 소감을 발표하면 되었다. 발표하는 자리가 두려우면서도 기다려졌다. 1분은 짧다고 생각했지만 막상 연단에 서면 길게만 느껴졌다. 소감을 머릿속으로 외웠는데도 앞에 나가면 기억이 잘 나지 않았다. 교육 기간 내 수십 번 연단에 올랐지만 긴장은 쉽게 사라지지 않았다.

　발표불안을 극복하기 위해 서울에 있는 전문 학원에 다녔다. 수업을 듣고 나서 효과가 있다는 것을 느꼈다. 예전보다 사람들 앞에서 말하는 게 더 편안해졌다. 마음이 편안해지니 머릿속에 생각했던 내용을 차분하게 말할 수 있었다. 운이 좋게도 강사 교육 과정을 연계해서 들을 수 있었다. 나와 같이 어려움을 겪은 사람들에게 내 경험과 노하우를 알려주는 기회가 되었다. 그렇게 '발표불안 극복'을 중점적으로 교육하는 강사가 되었다. 블로그에 글을 올리며 교육 과정을 홍보했다. 그 글을 본 사람들이 한두 명씩 연락해 주었고 어느 정도 인원이 모집되어 강의를 시작할 수 있었다. 강의를 진행하면서 수강생들에게 도움을 줬지만 나에게도 도움이 되었다. 누군가를 가르치면서 교육 내용을 좀 더 깊이 있게 이해할 수 있었다. 수업 중에 수강생들에게 일상에서 실천할 과제를 내주었다. 그것을 나도 같이했다. 내가 실천하는 모습을 보고 그들이 힘을 얻길 원했다. 수강생들이 과제를 해오는 것과 안 해오는 것 사이에는 결과적으로 차이가 있었다. 실제로 과제를 100퍼센트 실천한 사람들은 성장 속도가 빨랐다. 수업마다 발표하는 시간이 있었는데 그들은 자신감 있게 발표했다. 자신의 문제를 반드시 해결하겠다는 강한 의지가 그대로 나타났다. 자신에 대한 믿음이 생기면서 다음 수업에도 집중하며 들었다. 이런 열정적인 그들의 모습이 다른 수강생들에게도 영향을 미쳤다. 동기들이 성장하는 모습을 옆에서 보며 본인들도 자극을 받게 되었다. 특히 과제를 하지 않았던 사람들도 다음에는 꼭 해오겠다고 다짐했다.

　강의를 진행하는 시간이 나에게는 참으로 행복한 순간이었다. 발표불안으로 어려움을 겪었던 나였기에 수업한다는 것 자체가 큰 기쁨이었다. 수업하면서 나 자신의 부족한 부분을 발견하게 될 때면 스스로 연구하고 보완해 나갔다. 책을 읽거나 영상 자료를 통해 도움을 받았다. 그렇게 배운 내용을 일상에서 실천해 가며 스스로의 변화를 체감할 수 있었다. 나에게 변화된 점을 수강생들에게 알려주었고 그들 또한 내가 알려준 방법대로 하나씩 실천해 나갔다. 그렇게 수강생들이 성장해 나가는 모습을 옆에서 지켜보며 나 역시 큰 힘을 얻기도 했다. 교육이 끝나고 그들은 나에게 이런 말을 해주곤 했다. "강사님 수업을 듣길 정말 잘한 것 같아요." 그 말을 들을 때면 나 자신이 자랑스럽고 뿌듯했다. 몇 년 동안 나와 같이 어려움을 겪었던 사람들과 공부하면서 나에게 좋아진 점이 있다. 나 자신을 알아가고 사랑하게 되었다. 내가 무엇을 할 때 즐겁고 행복한지를 조금은 알 수 있었다. 강의를 진행할 때의 나는 행복하고 즐거웠다. 내가 경험하고 느꼈던 것들을 누군가에게 알려주고 공감받는 것에 의미를 느꼈다.

　강사라는 일은 내가 주도적으로 선택하고 실천한 일이었다. 스피치 교육을 듣는 입장에서 이제는 직접 강의를 진행하게 되었다. 그런 내 모습을 보며 친구들도 응원해 주었다. '새로운 일을 시작하는 게 쉽지 않은데, 네가 대단하다.'라며 힘을 실어 주었다. 강의를 진행하면서 그 과정이 순조롭기만 했던 것은 아니었다. 수강생 모집이 잘되지 않아 중간에 강의하지 못할 때도 있었다. 그러면서 부정적인 생각이 들었다. 내가 하는 게 다 이렇다며, 뭐가 잘 되겠냐고 스스로 낙담했다. 내가 하고 싶은 일과 잘하는 일 사이에는 차이가 있다는 걸 알게 되었다. 내가 하고 싶은 일을 계속하려면 경쟁력이 있어야 했다. 반면 나는 내세울 만한 경력도 없는 데다 뚜렷한 성과도 없었다. 단지 연단에서 강의하는 게 좋았고 그 일을 계속하고 싶었다. 강의를 진행하는 강사이지만 전문 강사는 아니었다. 아직 배우는 입장인데 사람들 앞에서 강의할 수 있는 자격이 있는지도 스스로 의심스러웠다. 부족한 걸 알기에 나 자신에게 솔직해야 한다고 되뇌었다. 강사라고 해서 멋지게 보이거나 겉으로 꾸미려 하지 않았다. 있는 모습 그대로를 보여주자고 생각했다. 수강생들에게도 진심으로 대하고 그들이 변화되기를 바랐다.

이전까지는 주위 사람들의 권유로 일을 시작했다. 전망이 좋다는 이유로 내 의지와는 상관없이 그 일을 하곤 했다. 수동적인 인생을 살았기에 무슨 일에 임하는 자세도 늘 조심스러웠다. 잘하지 못하면 어쩌나 걱정하며 스스로에 대한 확신도 부족했다. 약간의 의무감으로 일을 했고 사람들의 요구를 맞추기 위해 노력했다. 그렇다고 다른 사람들을 원망하고 싶지는 않다. 나를 위해 잘되길 바라는 마음에서 한 권유라는 걸 알기 때문이다. 그런 과정을 겪으면서 배울 점이 몇 가지 있었다. 하나는 선택의 기로에 섰을 때 내가 중심이 되어야 한다는 점이었다. 그래야만 주체적으로 생각하고 행동하고자 하는 마음을 낼 수 있었다. 또 다른 하나는 나에 대해 알아가는 시간이 필요하다는 점이었다. 나에 대해 생각하는 시간을 보내며 앞으로의 인생을 어떻게 살아야 하는지 고민할 수 있었다. 이제는 무슨 일을 하더라도 내가 중심이 되어 생각하고 결정하고 싶다. 그 결정이 좋은 결과로 이어지지 않더라도 그 일에 대한 책임은 내가 지면서 말이다.

주변 사람들이 나를 위해 해주는 말이나 행동에 감사함을 느낄 때 있다. "네가 잘됐으면 좋겠고 평탄한 길을 걸어갔으면 좋겠어.", "이 일은 내가 대신해 줄게. 너는 가만히 있어." 그렇게 나를 챙겨주고 도와준다. 우리는 직접 경험해 보지 않은 일에 대해서는 온전히 알기 어렵다. 누군가의 일을 옆에서 지켜봤다고 해서 그 일을 제대로 알게 되는 것은 아니다. 그건 본 것이지 내가 경험한 것은 아니기 때문이다. 경험을 통해서 알게 되고 배우는 게 있다. 그게 더 오래 기억에 남고 진정한 내 것이 된다. 또 내 인생에 의미를 부여하며 자신을 성장시킬 수 있다. 설사 내가 선택한 일이 좋은 결과로 이어지지 않더라도 쉽게 포기해서는 안 된다. 성과만을 바라지 않고 지금 충실하게 해나가면 언젠가 좋은 결실을 볼 수 있다. 오늘 할 수 있는 일을 하나씩 꾸준하게 하면서 만족하며 살면 된다. 그런 스스로에게 응원의 말을 건네고 앞으로 나아갈 수 있게 힘을 주면서 말이다.

**발표불안 극복을 위한 스물아홉 번째 황금열쇠**

1 — 선택의 중심은 나 자신이다
결정의 기로에 섰을 때 다른 사람의 말보다 내 마음을 먼저 들어보자. 주체적으로 생각하고 행동하면, 책임감과 성장은 함께 따라온다.

2 — 경험이 진정한 스승이다
누군가의 이야기를 듣는 것만으로는 알 수 없다. 직접 해보고 배운 경험은 오래 남아 결국 내 것이 된다.

## 6

# 당당함은 나의 선택이다

있는 그대로, 당당하게 살다

"다른 사람의 시선에 흔들리지 않고 자신을 믿는 사람이 가장 자유롭다."

_ 오프라 윈프리(방송인)

　사람들과 관계를 맺으며 나는 늘 타인의 시선을 의식했다. 그들에게 내가 어떻게 보일지 신경을 많이 썼던 것 같다. 주변 사람들과 잘 어울리고 싶은 마음에 나 자신을 숨긴 적도 많았다. 내 생각과 감정을 솔직히 표현하기보다는 분위기에 잘 녹아들기 위해 나를 맞춰 갔다. 그런 모습이 오랫동안 지속되다 보니 점차 내가 사라지는 듯한 기분이 들었다. 이제 나 자신을 지키며 당당하게 표현하고 싶다는 바람이 생겼다. 당당하게 살아가기 위해서 어떻게 행동해야 하는지 알 수가 없었다. 그것에 대해 깊이 고민해 본 적도 없었기에 내 안에서 답을 찾는 일은 더욱 어려웠다.

　나의 문제를 해결하고 싶어 심리학과 관련된 책을 읽었다. '사람들 눈치 보지 않고 나답게 살아가기', '나 자신을 당당하게 표현하기'와 같은 주제의 책들이었다. 그중에서 인상 깊었던 구절이 있었는데, 당당한 사람이 되기 위해 '실제로 당당한 사람처럼 행동하라.'는 말이었다. 그걸 생각하며 걸을 때도 어깨를 펴고 씩씩하게 걸어갔다. 몇 주 동안 당당한 사람처럼 자세를 바로 하고 동작에도 신경을 썼다. 일상에서 그렇게 행동하고 지내다 보면 마음도 같이 변할 줄 알았다. 그런데 내 마음은 다른 이야기를 하고 있었다. '나는 사람들 앞에서 당당하지 못한데 과연 행동만으로 변할 수 있을까?'라는 목소리였다. 내 안에서 그 소리가 더 커지기 전에 다시 마음을 잡아야 했다. 자기 확신을 키우고자 나를 위한 문구 하나를 만들었다. '나는 자신감 있고 당당한 사람이다.' 이 문장을 내 것으로 만들기 위해 매일 일기에 적었다. 또 길을 걸어갈 때도 사람들이 보이지 않으면 그 문장을 소리 내어 말했다. 내 안의 생각을 바꾸고 싶어 1년 동안 일기를 쓰고 스스로에게 반복해서 말하곤 했다. 중간중간 정말 효과가 있을까 하는 의심도 들었다. 아무것도 하지 않는 것보다는 하는 게 나을 거라는 기대를 품고 계속해 나갔다. 그렇게 나는 사람들 앞에서 당당한 사람이 되고자 일상에서 실천해 갔다.

사람들과 같이 있을 때 주로 내가 무슨 생각을 하는지 나 자신을 관찰한 적이 있었다. 가만히 지켜보니 나는 내 앞에 있는 사람이 어떤 마음일지를 읽어 보려 애썼다. 대화를 나누면서 '내가 이런 말을 하면 상대는 어떻게 받아들일까?'를 떠올렸다. 또 일을 할 때는 나와 함께 일하는 사람의 표정을 살폈다. 평소보다 얼굴빛이 어두워 보일 때면 괜히 나 때문에 그런 건가 하는 생각이 들었다. 상대방의 표정 변화에 따라 내 표정도 수시로 변하고 있었다. 실제로 상대에게 물어보지 않는 이상 그 사람의 마음을 알 수 없다. 겉으로 웃고는 있지만 속으로는 전혀 다른 마음일지도 모른다. 단지 내가 짐작하건대 '상대가 지금 이런 생각을 하고 있을 것 같다.'라고 추측할 뿐이다. 그 추측이 맞을지 아닐지는 알 수 없는데 나는 그걸 판단하려 했다. 상대의 마음을 판단하려는 내 습관을 고칠 필요가 있었다. 그래야 다른 사람을 지나치게 의식하지 않고 내 의견을 자유롭게 말할 용기가 생긴다는 걸 알았다.

당당하게 행동하지 못하는 이유를 어렴풋이 알고는 있었다. 내가 있는 모습 그대로를 상대에게 보여주는 게 부끄럽고 용기가 없었다. 내 부족한 모습을 사람들이 알면 나를 싫어하지 않을까 걱정했다. 겉으로는 아는 척하며 무게를 잡고 말도 꼭 필요할 때만 하려 했다. 나와 가깝게 지내거나 내 얘기를 잘 받아줄 것 같은 사람에게는 있는 그대로를 보여줬다. 나의 어수룩하거나 장난스러운 모습까지도 상대에게는 숨기지 않았다. 상대방은 그런 내 모습을 보고 편안하게 느껴서인지 마음을 열고 나를 받아주었다. 반면에 나와 잘 통하지 않을 것 같은 느낌이 드는 사람에게는 경계했다. 그 사람 앞에서는 나를 잘 드러내지 않고 상황에서 필요한 말만 하게 되었다. 내가 마음을 열고 다가가지 않으니 제대로 소통은 되지 않고 서로에 대한 믿음조차 생기기 어려웠다.

회사 생활하면서 한 동료와 일상적인 이야기를 나눌 때가 있었다. 그 동료는 평소 내게 말 걸어주고 농담도 건네는 동생이었다. 나이 차이는 서로 열 살이 넘는데 동생이 붙임성이 좋아 그 모습에 호감을 느끼게 되었다. 외향적인 성격이라 나 말고도 다른 동료들과도 편안하게 이야기를 나누며 사이좋게 지내는 듯 보였다. 동생은 사람들에게 자기표현도 잘하고 나에게 부족한 당당한 모습까지 갖추고 있었다. 한 번은 나에게 이런 말을 했다. "형님은 눈치를 많이 보는 것 같아요. 조금 당당하게 행동하세요." 이전까지 회사에서 이런 말을 해주는 사람이 없었다. 그 얘기를 동생에게 들었을 때 처음에는 아니라고 부정하고 싶었다. 나를 잘 몰라서 네가 그렇게 느끼는 거라고 생각하고자 했다. 계속 인정하기 싫었지만 실제로 나 스스로가 당당하지 않은 모습을 하고 있었기에 그 말을 외면할 수 없었다.

당당함에 대해 다시 생각하게 되었다. 사람마다 잘하는 게 있고 잘하지 못하는 게 있기 마련이다. 잘하는 부분만 생각하면 자신감이 생긴다. 내가 남들보다 뛰어나다고 느끼고 어깨에 힘이 들어간다. 반면 부족한 부분에 초점을 맞추면 부정적인 생각이 든다. 나는 왜 다른 사람들처럼 저렇게 하지 못할까 하며 낙담한다. 자신의 시선을 어디에 맞추느냐에 따라 스스로를 바라보는 자아상도 달라진다. 무슨 일을 처음 할 때 그 일을 대하는 자신만의 방식이 있다. 시작도 하기 전에 '내가 과연 잘할 수 있을지.'를 걱정하면 앞으로 나아가지 못한다. 반대로 '내가 할 수 있는 만큼 하자.'고 마음먹으면 어떻게든 일이 진행된다. 내가 바라보는 나를 긍정적으로 생각할 수 있을 때 사람들과의 관계에서도 일에 대해서도 당당한 자세로 마주하게 된다.

    내가 좋아하는 강사가 있다. TV에도 나오는 '김창옥' 강사이다. 강사라고 불러야 할지 교수라고 불러야 할지 모를 만큼 수식어가 다양했다. 이 사람을 유튜브 영상으로 알게 됐는데 '그래, 여기까지 잘 왔다.'라는 주제로 한 강연이 기억에 남았다. 그 영상을 여러 번 보면서 많이 웃기도 했고 많이 울기도 했다. 이야기를 재밌게 하면서 감동까지 주었다. 자신이 경험하고 느꼈던 이야기를 하는데 그게 공감이 되고 위로도 받을 수 있었다. 그러면서 내 삶의 비슷한 경험이 떠올라 나 자신을 되돌아보게 되었다.
    사람들과의 관계에서 내가 행동하는 방식을 생각해 보았다. 내 고민의 대부분은 인간관계에서 일어나는 일들이었다. 그중에 대화할 때 사람들의 언어와 비언어적인 부분에 내가 예민하게 반응했다. 주위의 환경에 영향을 잘 받아서인지 마음의 안정이 잘되지 않았다. 사람들을 대하는 내 마음도 편안할 수 없었다. 그래서 남들에게 내 이야기를 하는 게 자연스럽지 못하고 어색하게 느껴졌다.

    나에게 집중하지 못하며 다른 사람들의 시선에 신경 쓰다 보니 알게 된 점이 있다. 사람들은 내가 생각하는 것보다 나에게 관심이 없다는 사실이다. 그들은 자기 생각하기에도 바쁜데 친하지 않은 사람에게까지 에너지를 쓰고 싶어 하지 않았다. 내가 당당하지 못했던 건 남들에게 비치는 내 모습을 신경 쓰고 있었기 때문이다. 사람들에게 내가 있는 그대로의 모습을 보여 주지 못했다.

누군가가 매력적으로 보이는 것은 그 사람이 솔직하고 꾸밈없는 모습을 보여주기 때문인 듯하다. 그와 함께 대화를 나눌 때면 자신도 마음이 열려 평소 하지 않던 이야기를 편안하게 말할 수 있게 된다.

  나는 있는 그대로의 나를 사람들에게 보여주는 게 부끄럽고 떳떳하지 않았다. 조금은 포장하거나 꾸미면서 그들을 대했다. 한편으로는 속을 알 수 없는 사람처럼 비치기도 했다. 그러면서 서로의 관계를 깊게 이어갈 수 있는 시기를 놓친 적도 많다. 본인의 인생은 자신이 사는 것인데 남들에게 비치는 내 모습을 신경 쓰며 시간을 낭비하고 말았다. 예전에는 그걸 몰랐다. 이제는 좀 당당하게 살아가고 싶다. 누군가가 나에게 '너는 이것 때문에 문제야!'라고 말해도 '그럼 뭐 어때!'라고 말하리라. 이런 나를 받아 줄 수 없는 사람은 애초에 내 모습을 인정하지 않거나 자기 자신조차도 받아들이지 못한다. 자신이 생각하고 바라는 이상적인 모습을 내게 투영했을 뿐이다. 사람들에게 상처받지 않고 또 상처가 되는 말을 듣게 되더라도 '반사'라고 외치며 내 길을 걸어가면 된다.

  자신이 무언가를 잘해야지만 다른 사람들이 나를 인정하고 받아줄 거라 믿는다. 대단한 것을 이루지 못해도 좋은 성과를 내지 못한다고 해도 괜찮다. 나의 괜찮은 모습만을 사람들에게 보여주려 한다는 건 나 자신을 괴롭히는 행동이다. 당당함이란 자신의 있는 모습 그대로를 보여 줄 수 있는 용기라고 생각한다. 스스로 당당해지려면 내 안에 부정하고 싶은 부분도 나라는 걸 인정해야 한다. 그것이 자기표현을 잘하지 못하는 자신이든 다른 무엇이든 말이다. 숨기고 드러내고 싶지 않은 자기 모습을 가끔 사람들에게 보여 주는 것은 어떨까? 어쩌면 그들도 그런 내 모습을 보며 인간적이라고 느끼고 따뜻하게 안아 줄지도 모른다. 사람들을 경계하지 말고 내가 먼저 용기를 내어 마음을 열고 다가가자. 나를 꾸미거나 포장하지 않고 당당한 자세로 지금의 내 모습을 사람들에게 보여줘도 된다.

**발표불안 극복을 위한 서른 번째 황금열쇠**

1 — 남의 시선에 흔들리지 말자
내가 당당한 마음으로 행동할 때 사람들도 나를 그렇게 대한다. 내 모습 그대로 살아가며, 상처가 되는 말조차 '반사'라고 외치며 내 길을 걸어가자.

2 — 자신을 숨길 필요는 없다
대단한 성과가 없어도 괜찮다. 부족한 모습까지 인정하고 가끔은 숨기고 싶었던 나를 사람들에게 보여주자. 그 용기가 진짜 당당함으로 이어진다.

## 1

## 나만의 기준으로 살아라

나만의 속도로 성장하다

"자신을 다른 사람과 비교하지 말고 나만의 기준으로 평가하라."

_ 윌리엄 셰익스피어(극작가)

나를 위해서라도 더 이상 누군가와 비교하며 살고 싶지 않았다. 지금껏 남을 의식하며 나 자신과 비교하는 삶을 살아왔다. 어떤 일을 하더라도 스스로 인정할 수 있을 만큼 최선을 다한 적이 거의 없었다. 그저 주위 사람들과 비교하며 누군가를 앞서야만 나 자신이 더 나아 보이고 자신감이 생겼다. 반대로 그들보다 잘하지 못할 때는 스스로 초라하게 느껴졌다.

예전에 남성 커트 전문점에서 1년 반 정도 원장과 둘이서 일을 한 적이 있었다. 7년간 운영하던 미용실을 정리하고 직원으로 들어가게 되었다. 가게 원장은 나보다 나이가 한 살 많았다. 이용 경력이 10년이 넘었는데 나는 미용만 10년 이상 해왔다. 남성 커트를 많이 해 본 원장의 실력이 어느 정도인지 알고 싶었다. 처음 출근한 날, 커트하는 모습을 옆에서 바라보았다. 어떤 식으로 작업하는지 보고 있었지만 기대했던 것만큼 잘한다고 느껴지지 않았다. 곧 다른 손님이 들어왔고, 나는 이곳에서 처음 하는 작업이라 긴장되었지만 무난하게 커트를 마쳤다.

3개월이 지나자, 보이지 않던 커트 선이 눈에 들어오기 시작했다. 미세하게 튀어나온 머리카락들이 양쪽으로 보여 그 부분은 다듬을 필요가 있었다. 그곳을 잘 다듬어야 머리를 감고 나서 거울을 봤을 때 깔끔해 보였다. 손님들도 커트한 후 거울을 보며 마지막에 확인하는 부분이기도 했다. 그러면서 작업할 때 거울로 균형이 맞는지 확인하는 습관을 들이게 되었다. 당연히 커트하는 시간도 길어질 수밖에 없었다.

어느 순간 원장과 나를 비교하고 있었다. 누가 더 머리를 잘 자르고 커트 선이 깔끔한지 자꾸 시선이 갔다. 서로 실력 차이가 없을 거라 생각했지만 실제로 원장은 나보다 커트를 잘했다. 작업하는 시간도 빨랐고 머리 모양도 예뻤다. 그걸 인식하고 나서는 서로를 더 비교하게 되었다. 소파에 앉아 기다리는 손님들도 알고 있는 듯했다. 우리 중에서 누가 커트를 잘하는지 말이다. 손님들이 가게로 들어오면 원장과 나는 한 명씩 순서대로 작업했다. 그러다 내가 손님을 받아야 할 차례인데도 원장에게 커트하고 싶다고 말하는 사람들도 종종 있었다. 순서는 분명 내 차례인데 나에게 커트하지 않으려 했다. 그런 일이 몇 번 있으면서 괜히 자존심이 상하기도 했다. 지금보다 더 머리를 잘 자르고 싶은 마음이 생겼다. 예전 미용실을 운영하면서 남성 커트는 잘 한다고 생각했는데 막상 남성 미용실에서 일을 해보니 내 실력은 중간도 되지 않았다.

나는 6개월쯤 지나자 다양한 스타일의 머리도 소화할 수 있는 실력을 갖추게 되었다. 그전까지는 적당히 흉내만 낸 정도였다. 커트를 정확하게 하려다 보니 시간이 좀 걸리기는 했다. 손님들 입장에서는 자신의 머리를 꼼꼼히 잘라주는 내 모습이 싫지만은 않은 듯했다. 커트할 때마다 머릿속으로는 어떻게 하면 빨리 자를 수 있을지 고민했다. 평소와는 다른 방식으로 작업하며 시간을 단축하길 바랐다. 그런 부분을 신경 쓰며 일하니 남성 커트에 자신감이 붙기 시작했다. 옆에 있던 원장도 내 모습을 보며 자극을 받았는지 새로운 방법으로 커트하고 있었다. 나는 원장을 보고 연구했고 원장은 나를 보며 자신의 기술을 키우고 있었다. 결국 둘 다 성장하고 있었기에 그 실력 차가 줄어들지 않았다. 내가 원장을 뒤따라가면 다시 저 앞으로 걸어가고 있는 듯했다. 여전히 나는 원장과 비교하며 나 자신을 다그쳤다. 그렇게 비교하면 할수록 '나는 왜 이것밖에 못 할까?'라며 자괴감에 빠지기도 했다. 부정적인 생각들이 머릿속에서 떠나지 않았다.

직원이 나 혼자였지만 원장과 둘이서 회식을 하곤 했다. 가게 근처에 있는 삼겹살집에 들러 고기를 굽고 시원한 맥주를 마셨다. 둘 다 술을 어느 정도 마신 뒤 원장은 나에게 물었다. "요즘 일하는 건 어때?" 나는 "예전보다는 커트하는 데 자신감이 붙었어요. 작업 시간을 단축하고 싶은데 그게 조금 고민이에요."라고 대답했다. 내 얘기를 듣고 원장은 커트를 빨리하는 게 중요한 게 아니라 손님들이 머리가 마음에 들어야 한다고 말해주었다. 순간 그 말을 들었을 때 '내가 이기적이었나?'라는 생각이 스쳐 지나갔다. 원장과 나를 비교하며 내 안에는 그저 잘하고 싶은 마음뿐이었다. 다른 중요한 점이 있다는 걸 인식하지 못했다. 내가 가게 원장이든 직원으로 있든 중요한 건 손님들이 자기 머리에 만족해야 한다는 사실이었다. 자기 머리가 마음에 들면 손님들은 특별한 이유가 없는 한 계속 가게를 찾는다. 커트의 속도나 정확도는 연구하고 노력하면 지금보다 더 좋아지기 마련이다. 나만의 욕심으로 원장을 따라잡겠다고 생각하고 있었다. 분명 실력 차이가 있다는 걸 알면서도 인정하지 않았다. 다른 한편으로는 자신의 변화에 초점을 맞췄으면 더 좋았을 거라는 아쉬움이 남았다. 처음 이 가게에 들어왔을 때의 나와 지금의 내 실력은 분명 달랐다. 느리지만 꾸준히 성장하고 있었는데 그걸 생각하지 못하고 시선을 다른 곳에 두었다. 나에게 도움이 될 수 있게 초점을 맞추지 못해 나를 더 위축되게 했다.

사람들과 일하다 보면 때로는 자신보다 실력이 좋은 사람을 만나게 된다. 그 사람과 나를 비교하지 말자고 되뇌어도 조금은 의식하게 된다. 상대가 나보다 잘하는 것 같다는 생각이 들면 부럽고 질투심도 생긴다. 내가 초점의 방향을 어떻게 맞추느냐에 따라 스스로 성장하거나 반대로 정체되는 상황이 나타날 수도 있다. 이왕이면 나에게 도움이 되는 쪽으로 시선을 돌리는 건 어떨까. 상대의 장점을 본받아 내가 성장할 기회를 가질 수 있도록 만들어 본다.

남들과 잘 비교하지 않는 사람으로 내 주변의 가까운 사람 중에 아내가 있다. 자신을 다른 사람과 비교하지 않고 오히려 스스로에게 집중하려 한다. 상대방의 잘하는 모습을 보며 그 사람을 인정해 주고 칭찬해 주는 마음을 보인다. 자신이 잘하지 못하는 것에 대해 크게 스트레스를 받지 않는다. 그런 마음을 두고 있으니 살면서 어려움을 겪어도 쉽게 흔들리지 않고 잘 이겨낼 수 있는 듯하다. 반면 나는 어려운 상황에 부딪히면 고민을 많이 하고 저녁에는 잠을 이루지 못한다. 내가 해결할 수 있는 문제가 아닌데도 그것을 계속 생각하며 걱정한다.

예전에 7년간 운영하던 미용실을 정리할 때가 기억난다. 가게 권리금 문제로 마음고생을 한 적이 있다. 미용실을 인수할 때 들었던 권리금을 하나도 받지 못하는 상황이 될 수 있었다. 가게를 정리하고 나면 건물 주인이 그 자리에서 장사를 한다는 얘기를 전해 들었다. 그때부터 나는 마음이 불안해지며 앞으로 어떻게 대비해야 할지 걱정되었다. 다행히 주인은 기존에 하고 있던 가게에서 장사를 계속한다고 했다. 이후 우리 가게에 어떤 업종이 들어오는지에 따라 받을 수 있는 권리금이 달라졌다. 나는 같은 업종을 하는 사람이 들어오길 바랐다. 하지만 가게 근처에는 미용실이 너무 많아 누군가가 선뜻 우리 자리에 들어오려 하지 않았다. 가게 문제로 신경이 쓰여 며칠 동안 새벽까지 잠을 못 자는 날이 여러 번 있었다. 반면 아내는 나와 다르게 잠을 잘 자는 것 같았다. 가게를 부동산에 내놓은 지 두 달이 채 안 되었을 무렵이었다. 부동산 사장과 함께 온 사람이 가게를 둘러보기 위해 찾아왔다. 사장 말로는 그 사람이 이곳에서 패스트푸드점을 낼 계획이라고 했다. 위치가 마음에 들었는지 며칠 후에 계약하겠다고 했다. 우리는 처음 가게 인수할 때 들었던 금액보다 조금 못 미치는 돈으로 자리를 정리할 수 있었다. 결국에는 잘 마무리가 되었고,

그 경험으로 나름 교훈을 얻었다.

　가게 문제로 신경 쓰며 제대로 잠을 못 잤던 나, 속상한 마음은 다르지 않았을 텐데도 의젓했던 아내. 우리가 투자한 돈을 다시 되돌려 받고 싶은 마음이 왜 없을까. 하지만 7년 동안 그 자리에서 적지 않은 돈을 벌었고 편안하게 생활할 수 있었다. 그것 또한 감사한 일이다. 그렇게 긍정적으로 생각했다면 긴 밤을 걱정으로 지새우는 일은 덜 했을지도 모른다. 바로 옆에 침대에 누워 곤히 잠들고 있는 아내를 보며, 못마땅하게 여겼던 나 자신이 작게만 느껴졌다.

　주변 사람들과 자신을 비교하며 스스로를 평가하곤 한다. 상대방이 나보다 뛰어나거나 잘하는 일이 있으면 그 모습을 보고 괜히 주눅이 든다. 비교를 통해 내가 얻는 것이 부정적인 감정이라면 시선을 달리해야 한다. 어느 곳에 가든 무슨 일을 하든, 나보다 실력이 뛰어난 사람은 있기 마련이다. 그들과 함께 일하면서 내가 배우고 성장할 수 있다면 얼마나 좋은 일인가. 그런 시선으로 초점을 맞춘다면 남들과 비교하면서 자신을 초라하게 여기지는 않게 된다. 상대에게서 좋은 점을 배우고 과거의 나와 지금의 나를 바라보며 조금씩 나아지는 자신을 응원해 주자. 내가 할 수 있는 만큼 자신만의 리듬으로 앞으로 걸어가길 바란다.

발표불안 극복을 위한 서른한 번째 황금열쇠

1 — 비교보다 성장에 집중하자
남과 나를 비교하며 초라함을 느낄 필요는 없다. 중요한 것은 과거의 나와 지금의 나를 바라보며 조금씩 나아가는 일이다.

2 — 질투 대신 배우고 성장하자
자신의 시선을 돌려 상대의 장점을 나에게 도움이 되도록 받아들이자. 그 시선이 내 내면을 단단하게 만들고 결국 성장으로 이어지게 한다.

## 나를 돌보는 시간을 즐겨라

나에게 따뜻한 말을 건네다

"자신을 사랑하는 법을 배우는 것이 평생의 과제다."

_ 오스카 와일드(작가)

대학을 졸업한 후 13년 동안 묵묵히 미용 일을 했다. 사촌 형이 운영하는 미용실에서 함께 직원으로 일하던 중 아내를 만났다. 우리는 2년 정도 교제한 뒤 결혼에 이르렀다. 한때 아내와 함께 대학가 근처에서 7년간 미용실을 운영한 적이 있었다. 친구들은 가게를 운영하던 나를 보며 성공했다고 말했다. 내 가게를 차려 돈을 벌고 있는 모습이 친구들이 보기에는 잘 사는 것처럼 보였던 것 같다. 미용실을 운영할 때만큼은 나도 어깨에 힘이 들어갔다. 쉬는 날에는 놀러 가고 싶은 곳에 가고, 먹고 싶은 것이 있으면 마음껏 사 먹었다.

처음 미용실을 인수하려 할 때 부모님께서 돈을 빌려주셨다. 그 돈은 부모님이 살고 계신 집을 담보로 은행에서 대출받은 돈이었다. 그렇게 대출을 받아 우리에게 빌려주신 만큼 빨리 갚아드려야 했다. 아내와 함께 열심히 일한 끝에 우리는 2년 만에 다 갚을 수 있었다. 조금씩 마음의 여유가 생기기 시작했다. 빌린 돈도 모두 갚았고 가게에는 어느 정도 단골손님도 있었다. 점포 위치가 대학가 근처여서 따로 홍보하지 않아도 신규 손님의 발길이 끊이지 않았다.

  미용실을 운영한 지 6년쯤 지나면서 우리의 시선은 다른 곳으로 향했다. 일을 하다 손님이 끊기면 몸이 근질거렸다. 날씨가 좋을 때는 바람이나 쐬러 나가고 싶다는 생각이 들었다. 직장에 다니고 있었다면 상상만 했을 행동을 우리는 곧바로 해버렸다. 매주 수요일이 휴무일이었지만 하루만 쉬는 것이 아쉽게 느껴졌다. 가끔 화요일에는 일찍 가게 문을 닫고 아내와 시내로 놀러 가기도 했다. 미용에 대한 열정이 조금씩 식어가던 때였다. 가게 안에만 있으니 답답해서 그냥 밖을 돌아다니고 싶은 심정이었다. 마음대로 가게 문을 닫으면 안 되는 줄 알면서도 기분 내키는 대로 움직였다. 그런 행동이 반복되면서 단골손님들의 발길이 끊기기 시작했다.

  그런 마음으로 가게를 계속 운영하기에는 우리에게 문제가 있다는 것을 알았다. 사실 우리 둘 다 미용 일을 하고 싶어서 시작한 건 아니었다. 할 줄 아는 것이 미용 기술밖에 없어서 이걸로 먹고 살아야 했다. 마음을 다시 잡고 열심히 일해야겠다는 생각도 들었다. 우리 기술이 그리 뛰어난 편은 아니었는데도 일부러 가게를 찾아와 주는 손님들이 참 고마웠다. 그 마음도 오래가지는 않았다. 나는 뭔가 새로운 환경을 찾고 있었다. 그게 미용 일이 되었든 또 다른 일이 되었든 상관없었다.

  아내는 평소에도 조금 쉬고 싶다며 내게 말했다. 성격이 외향적이고 손님들과도 대화를 잘하는 편이었다. 자기와 잘 맞는 사람과는 편하게 이야기했지만 그 외에는 거의 말을 하지 않았다고 했다. 가게를 운영하면서 손님들 상대하는 것이 힘들었던 모양이다. 가끔 툭 던지면서 얘기하는 줄만 알았는데, 나와는 또 다른 고민을 하고 있었다. 한편으로 아내에게 미안한 마음이 들었다. 집에서 쉬게 한 뒤 내가 직원 한 명만 구해 가게를 운영하면 될 일이었다. 그런데 나는 용기가 나지 않았다. 그동안 아내에게 많이 의지하며 함께 일하는 것이 편안하게 느껴졌기 때문이다.

  아내가 몸이 좋지 않아 3개월 정도 집에서 쉴 때가 있었다. 나는 그동안 구인 광고를 통해 직원 한 명을 구했다. 나보다 네 살 많은 형이었다. 앞으로 우리 가게에서 함께 일할 사람이니 되도록 편하게 해주고 싶었다. 손님 없을 때는 다리 아프니까 굳이 서 있지 말고 의자에 앉아 쉬라고 말했다. 가게로 손님들이 들어오면 우리는 교대로 한 명씩 맡아 작업을 이어갔다.

  당시에 메르스(중동호흡기증후군)가 퍼지면서 거리가 조용해졌다. 사람들은 외출해야 하는 상황이 아니면 되도록 밖에 나오지 않았다. 우리 가게로 들어오는 손님도 적었고 매출도 눈에 띄게 줄어들었다. 아내와 둘이서 일할 땐 임금비가 나가지 않았다. 직원 한 명 월급을 주고 나니 막상 손안에 들어오는 돈이 적었다. 예전에 내가 미용실 직원으로 일할 때 받았던 월급과 별 차이 없는 수준이었다. 그 돈에서 생활비를 제하고 이것저것 계산하면 정말 남는 게 거의 없었다. 그런 상황을 집에 있는 아내에게 말하면 걱정할 것 같았다. 미용 일을 하면서 제대로 쉬지도 못했을 텐데 그냥 편히 두고 싶었다. 뒤늦게 아내가 가게 상황을 알게 되었다. 자신도 결국 보다 못해 다시 나와 일하겠다고 나섰다. 함께 일하던 직원에게는 가게 상황을 설명하며 미안한 마음을 전했다. 직원도 손님이 없는 상태에서 계속 일하는 게 부담스러웠다고 말했다.

1년 정도 지나고 나서 가게를 정리하게 되었다. 앞으로 어떻게 살아야 할지 걱정되었다. 내가 배운 것은 미용 기술뿐이라 다른 건 할 줄 아는 것이 없었다. 아내에게는 집에서 쉬라고 말해주었다. 내가 다른 미용실에 직원으로 들어가든 남성 커트 전문점에 들어가든 생활비를 벌 수 있다며 아내를 안심시켰다.

일자리를 구하기 위해 인터넷으로 구인 광고를 검색했다. 몇 개의 사이트를 찾아 개인 정보를 입력한 후 가입했다. 미용실에 들어가기에는 부담스러워 남성 미용실을 알아봤다. 아내에겐 일자리를 금방 구할 수 있을 거라며 걱정하지 말라고 말했다. 내 예상과는 달리 시간이 걸렸다. 구인 광고에 직원을 구한다는 가게는 있었지만 대부분 아르바이트 모집이었다. 남성 미용실은 거의 혼자서 일을 하는 경우가 많았다. 주말에는 직장인들이 머리하러 많이 오기 때문에, 그때만 임시직을 구하면 충분했다. 나는 임시직보다는 정식 직원으로 들어가려고 했다. 경기가 좋지 않은 시기에 내가 일할 수 있는 가게를 찾기가 쉽지 않았다. 그렇다고 일반 회사에 들어가기에는 나이도 많고 경력도 없었다. 그 상태로 몇 달이 지나갔다. 고정 수입은 없고 계속해서 돈이 나가기만 했다. 아내에게 눈치가 보이기 시작했다.

　오래 해온 미용 일을 손에서 놓으니 별의별 생각이 다 들었다. 하고 싶어서 시작한 일도 아닌데 이걸 계속해야 하는 현실이 싫었다. 내 머릿속에는 '미용 말고 내가 잘할 수 있는 일은 뭘까? 앞으로 무엇을 하며 살아야 할까?'라는 생각들이 맴돌았다. 가능하다면 20대 시절로 시간을 되돌리고 싶었다. 지난날에 대한 후회와 다가올 미래에 대한 불안감이 함께 뒤섞였다. 무엇 하나 제대로 이뤄낸 게 없다는 생각으로 침대에 누울 때면 눈물이 흘렀다. 나는 부족하기만 하고 내세울 만한 게 하나도 없다고 생각했다. 주체적으로 살아가자는 그런 생각도 없이 그냥 흘러가는 대로 살았다. 한편으로는 이런 나를 만나 결혼한 아내에게 미안한 마음이 들었다. 잘해주지 못해 더 마음이 아팠다. 당시에 사촌 형 가게에서 우리가 만나지 않았다면 서로 어떤 삶을 살고 있었을까 하는 생각이 들었다.

　아내는 내 부족한 점까지도 사랑하고 아껴 준다. 누군가가 곁에 있다는 것만으로도 큰 의지가 된다. 나에게 많은 것을 바라지 않는 아내가 항상 내 옆에 있다. 지금의 삶에 불평하지 않고 만족하며 살아가는 그 모습이 참 고맙다. 또 내가 대단한 무언가를 이루지 않아도 지금의 나를 좋아해 준다. '있는 그대로의 자신을 사랑하자.'라는 의미를 아내는 나에게 보여 준다.

　자의든 타의든 자신이 해오던 일을 그만두는 때가 생긴다. 꽤 오랫동안

했는데 막상 손을 놓고 보니 어떻게 살아야 할지 막막하기도 하다. 인생의 계획이라도 있으면 마음이라도 편할 것 같다. 그런데 그게 아니다. 잠시 쉬었다 다시 하면 된다고 생각하면서도 불편한 마음은 떨쳐지지 않는다. 그게 본인의 책임감일 수도 있고 지금껏 열심히 살아온 내 삶의 무거운 짐일 수도 있다. 인생이 오르막이 있으면 내리막도 있는 법이다. 힘들게 살아온 자신을 위해서라도 너무 몰아붙이지 않았으면 좋겠다. 그래야만 이 순간 다시 힘을 내어 중심을 잡고 걸어갈 수 있다.

옆에서 나를 위로해 주고 용기를 주는 사람이 있다는 것은 감사한 일이다. 좋은 성과를 내지 못하더라도 많은 돈을 벌지 못하더라도 지금의 나를 그대로 받아준다. 누군가가 나에게 해주는 따뜻한 말을 이젠 나 스스로에게도 해줬으면 좋겠다. 남들에게 인정받고 사랑받고 싶은 마음을 내려놓고 내가 나를 인정해 주고 사랑해 줬으면 한다.

---

**발표불안 극복을 위한 서른두 번째 황금열쇠**

**1 — 내 안의 사랑을 키우자**
내 안에 사랑이 가득해야, 그 사랑을 다른 사람에게도 나눌 수 있다. 무엇보다 자신을 먼저 아끼고 사랑하는 연습을 해보자.

**2 — 스스로에게도 따뜻하게 대하자**
오래 해온 일을 잠시 멈추거나 실패했을 때 자신을 탓하지 말자. 다른 사람에게 해주듯 자신에게도 따뜻하게 대하며 격려해 주는 것이 필요하다.

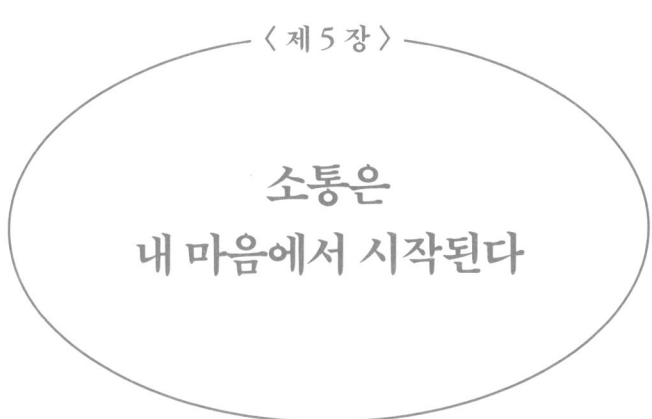

〈제5장〉

소통은
내 마음에서 시작된다

나를 먼저 이해하기

## 1

# 내 마음과 대화하라

나와 먼저 소통하다

"자신의 감정을 명확히 알면 세상과도 명확하게 소통할 수 있다."

_ 아우렐리우스(철학자)

사람들과 소통을 잘하기 위해 어떻게 해야 할지 떠올려봤다. 대화할 때 상대방의 이야기를 잘 들어야 한다고 생각했다. 그 사람이 말하는 의도와 감정까지 파악하며 듣는 자세가 필요하다고 느꼈다. 그리고 내 생각과 느낌을 상대에게 잘 전할 수 있게 자신을 표현하는 능력도 요구되었다. 그중에서도 나는 표현하는 능력을 키우고자 몇 가지 방법으로 연습해 보았다. 상대가 이해하기 쉽게 전달하는 방식이나 생각을 정리해 논리적으로 말하는 연습을 해나갔다. 시간이 지나면서 그것보다 더 중요한 것이 있다는 사실을 알게 되었다. 사람들과 소통하고 공감하기 이전에 나 자신과 마음이 잘 통해야 했다. 스스로와 사이가 좋아야 다른 사람들을 잘 수용할 수 있었다. 그렇지 않으면 누군가와의 관계에서 크고 작은 문제들이 생기기 마련이었다.

   나와 사이가 좋아지려면 먼저 나에 대해 알아갈 필요가 있었다. 평소 내가 나를 어떻게 생각하고 느끼는지 제대로 관찰하지 못했다. 그저 사람들에게 비칠 내 모습에만 신경을 썼다. 그 모습은 있는 그대로의 내가 아니었다. 나 자신을 숨긴 채로 사람들을 대하고 있었다. 어느 순간 그렇게 행동하는 나 자신이 답답하게만 느껴졌다. 나 스스로와 잘 통하는 것이 아니라 그들에게 대화가 잘 통하는 사람으로 보이기 위해 애썼다. 그렇게 집으로 돌아오면 몸과 마음이 지쳐 있었다.

   나 스스로가 겉과 속이 일치하지 않는다는 느낌이 들었다. 남들에게 보이는 모습 외에도 내 안에는 또 다른 모습들이 있었다. 조금은 천진난만하고 철없는 아이 같은 모습이었다. 친한 친구에게는 마음이 편안해서 꾸밈없이 나를 드러내기도 했다. 때로는 말도 거침이 없었다. 하지만 그 외의 사람들에게는 이런 내 모습을 보여주는 게 어려웠다. 그래서인지 점점 속마음을 알 수 없는 사람처럼 비칠 때도 많았다.

   나 자신과 소통하는 시간을 보내지 않으면 안 되었다. 매일 일기를 쓰기로 시작했다. 개인 블로그에 카테고리를 하나 만들어 그날 느꼈던 감정을 솔직하게 기록해 나갔다. 회사 생활하면서 힘들었던 일을 많이 적었다. 이전에 계속 미용 일만 하다가 처음으로 들어간 회사였다. 내가 과연 생산직에 잘 적응할 수 있을지 걱정되었다. 또 회사 사람들과 잘 어울려야 한다는 생각도 들었다. 남들 다하는 일이라고 하지만 그 일이 익숙지 않아 미리 겁을 먹었다.

입사하고 맡은 첫 업무는 제품을 포장하는 일이었다. 제품을 비닐포장지에 넣어 포장지 끝부분을 고무줄로 묶으면 되었다. 직원 한 명이 설명해 주며 시범을 보여주었다. 간단하고 쉬워 보였다. 옆에서 보면서 눈으로 익힌 후 직접 해보기로 했다. 생각처럼 잘되지 않았다. 한 손으로 제품을 들고 포장지에 담아야 하는데 제품이 제법 무거웠다. 손이 흔들릴 정도였다. 제품을 포장지에 넣는 것도 단번에 들어가지 않았다. 넣으면서 중간에 걸리기도 하고 안으로 깊숙이 넣지 못할 때도 많았다. 고무줄을 세 번 정도 돌려 묶어야 하는데 마지막에 손을 놓는 순간 고무줄이 풀려 버렸다. 허둥대고 있는 사이에 다음 제품들이 쌓여만 갔다. 포장하는 걸 가르쳐 주었던 그 남자는 답답하게 느꼈는지 내게 언성을 높이며 말했다. "이렇게 간단한 작업을 못 하면 어떻게 합니까!" 그 얘기를 듣는데 고개를 들 수가 없었다. 옆에 함께 일하던 사람들이 나를 향해 쳐다보았다. 그날 저녁, 회사에서 있었던 일을 일기에 기록했다. 일을 잘하고 싶었는데 잘하지 못해 속상했던 마음을 정리해 나갔다. 회사에 빨리 적응해야 한다는 각오도 글로 남겼다. 마지막 부분에는 '처음 하는 일인데 잘하는 게 이상하지, 하다 보면 잘할 수 있어.'라며 나 자신을 위로하는 내용으로 마무리했다.

힘들었던 내 마음을 누군가에게 말로 털어놓고 싶을 때도 있었다. 그 상대가 마땅치 않을 때는 일기에 적었다. 내 안에서 부정적인 감정이 오래 머물지 않게 그렇게라도 밖으로 쏟아냈다. 일기를 쓰는 게 효과가 있었는지 마음이 차분하게 가라앉으며 정리되는 느낌이 들었다. 하루를 잘 마무리하고 내일도 새로운 마음으로 시작할 수 있을 것 같았다.

 일기에 적었던 내용을 떠올리고 사람들과 대화할 때 조금씩 내 마음을 표현하기 시작했다. 내가 기록한 글이니 그걸 대본이라 생각하고 편안하게 말하면 되었다. 대화란 서로의 이야기를 나누는 것이기에 일기가 분명히 도움이 될 거라고 생각했다. 내 얘기를 잘하지 못했던 내가 어색하지만 말을 건네 보았다. 나 스스로가 어색하다고 느끼니 상대방도 그런 내 모습을 보고 불편해하는 것 같았다. 거기서 나는 멈추지 않았다. 용기를 내며 계속 말을 건넸다. 재미있게 말하거나 화려하게 표현하려고 하지 않았다. 내가 경험했던 그 일에서 느꼈던 감정을 담담하게 표현했다. 그렇게 한두 번 계속해서 나를 드러내면서 이제는 상대방도 내 모습을 자연스럽게 받아들이는 듯했다.

 나 자신과 잘 소통하기 위해 관련된 책을 읽고 영상을 찾아봤다. 소통을 잘하는 강사의 영상을 보며 나를 돌아볼 수 있었다. '나는 왜 나 자신과 소통을 잘하지 못하는가?'를 되짚어 보았다. 한편으로는 누군가 내 마음을 있는 그대로 받아주었다면 얼마나 좋았을까 하는 아쉬움이 남았다. 그런 사람이 내 곁에 있었다면 좀 더 편안하게 이야기했을 것 같다는 생각도 들었다. 그렇게 예전 기억을 떠올리며 지금의 나를 이해할 수 있는 기회가 되었다. 이전까지 나 자신을 부정하고 자책하는 경우가 많았다. 앞으로는 나에게 도움이 될 수 있는 방법을 찾으려 한다.

내 주변에서 사람들과 소통을 잘하는 이들을 보며 배울 수 있을 거라고 생각했다. 대체로 그 사람들은 하나같이 자기표현을 잘하고 상대방을 존중하며 배려했다. 서로의 다름을 인정하면서 상대를 이해하려는 태도를 보였다. 또한 사람들과 함께 협력하며 좋은 결과를 만들어내고자 힘썼다. 대화할 때도 자기 이야기만 하지 않고 다 같이 소통하고 공감하길 바랐다. 그 모습을 옆에서 보며 부럽기도 하고 나와 비교도 되었다. '상대에게 있는 그 장점들이 왜 나에게 없는 걸까?' 하는 생각이 들었다. 사람마다 각자의 장점이 있고 나 역시 나만의 좋은 점이 분명 있다. 그걸 기억하고 내가 좀 더 성장할 수 있게 스스로에게 힘을 주어야 한다. 그들에게서 배울 점이 있다면 그것을 좋은 기회로 삼고 내 것으로 만들 필요가 있다.

지금껏 남들에게 잘 보이고 싶어 나를 꾸미고 포장해서 말했다. 내 안에 또 다른 모습을 보여주면 사람들이 나를 어떻게 볼지 두려운 마음이 들었다. 혹시나 나를 피하고 외면하지 않을까 걱정되기도 했다. 다행히 그들은 나의 모습을 있는 그대로 받아주었다. 그 덕분에 조금씩 마음이 열리고 믿음도 자라났다. 나에게 더 집중하며 내 안에서 들리는 목소리를 들으려 했다. 순간순간 떠오르는 생각이나 감정을 그냥 흘려보내지 않았다. 그러면서 '남들이 나를 어떻게 생각할까.'에서 조금은 자유로워질 수 있었다. 나에 관한 생각과 감정이 서서히 긍정적으로 변해갔다. 주변 사람들과의 관계도 더 좋아지는 것을 느낄 수 있었다. 그들에게 맞추기 위해 나를 바꾸기보다는 있는 그대로의 나를 보여주려 했다. 부족한 내 모습조차 나의 일부라는 것을 알게 되었고 숨기려 하지 않았다.

   사람들과 잘 소통하고 싶어 남들에게 최대한 맞추려는 사람이 있다. 그런 사람은 상대의 감정에 공감하고 그것에 맞게 반응해 준다. 본인의 행동 덕분에 즐거워하는 상대의 모습을 보며 뿌듯한 마음이 든다. 그러면서도 내 안에서 답답한 마음이 들 때도 있다. 상대의 감정은 잘 수용했지만 정작 자신의 감정은 밖으로 드러내지 못했기 때문이다. 자기를 표현하는 게 익숙하지 않아 주로 듣기만 하고 있었다. 이제는 본인의 마음을 상대방에게 알려줄 필요가 있다. 나 스스로와 좋은 관계를 맺으려면 내 감정이 안에서 밖으로 잘 흘러야 한다. 그래야만 나 자신과의 관계도 사람들과의 관계도 함께 좋아지게 된다. 다른 사람들의 시선을 너무 의식하지 않고 자신을 돌아봤으면 하는 바람이다. 그렇게 나와의 시간을 통해 내 마음이 평온할 수 있게 해주었으면 좋겠다.

**발표불안 극복을 위한 서른세 번째 황금열쇠**

**1 — 내 마음을 먼저 돌보자**
남들에게 맞추기만 하면 내 마음은 점점 지친다. 내 감정을 느끼고 솔직히 표현할 때 나 자신과의 관계가 건강해진다.

**2 — 감정도 함께 나누자**
상대의 마음만 읽으려 하지 말자. 내 안의 목소리를 전할 때 비로소 사람들과의 관계도 깊어지고 편안해진다.

## 2

## 내 안의 목소리에 귀 기울여라

내 마음의 소리를 듣는다

> "내면의 목소리를 무시하지 마라. 그것이 삶의 나침반이다."
>
> _ 아들러(심리학자)

주변의 소리에 귀 기울이며 살아왔다. 그 소리는 사람들이 나에게 무언가를 알려주는 목소리였다. 앞으로 어떻게 살아야 할지에 대한 삶의 방향을 제시해 주었다. 나로서는 그들의 말을 그대로 받아들이는 게 편안했다. 그게 지금까지의 내 삶의 방식이었고 깊이 생각할 필요조차 없었다. 결과에 대한 책임을 회피하고 상대에게 떠넘기곤 했다. 그렇게 내 안에서 들리는 목소리는 듣지 못하고 진짜 내 마음이 원하는 게 무엇인지도 몰랐다. 그러던 중에 작은 소리가 들리기 시작했다. 나도 하고 싶은 일이 있고 원하는 것이 있을 거라는 느낌을 받았다. 남들에게 맞춰 살아왔던 기간이 길었기에 이 소리를 듣기까지는 시간이 오래 걸렸다.

그때가 바로 미용실을 운영할 때였다. 아내와 둘이 함께 하면서 어느 정도 안정적인 생활을 하고 있었다. 새로운 무언가를 시도하고 싶은 마음이 있었다. 당시 나이가 30대 후반이었는데 늦은 감이 있다는 생각도 없지는 않았다. 더 늦기 전에 한 번쯤은 도전해 보고 싶었다. 도전하려면 하고 있던 미용 일은 그만두고 처음부터 시작해야 했다. 이런 내 마음을 아내에게 털어놓았다. 아내는 안정적으로 잘 살아왔고 지금도 괜찮은데 왜 그러냐며 걱정했다. 그 얘기를 들으며 수긍했지만 마음은 다른 일로 두근거리고 있었다. 내가 진정으로 하고 싶은 일을 찾고 싶었다. 그런 과정에서 서로 잦은 갈등도 있었고 나를 믿어왔던 아내에게 마음의 상처를 주었다. 그런데도 나는 내 안에서 들리는 목소리를 계속해서 외면할 수는 없었다.

사람들 앞에서 말하는 데 어려움을 겪었기에 이것을 먼저 극복하고 싶었다. 미용실을 정리하기 전에 스피치 학원에 다녔고 화술과 관련된 책도 읽었다. 나의 콤플렉스였던 스피치를 이제는 자유롭게 표현하고 싶은 마음이었다.

그해 여름, 7년 동안 해오던 미용실을 정리하게 되었다. 내가 하고 싶은 일 때문에 가게를 정리한 건 아니었다. 우리 둘 다 이미 가게 일에서 마음이 떠 있었기에 더 이상 미용실을 운영할 수 없었다. 가게를 정리한 후 잠시나마 쉬었다. 쉬면서도 앞으로 어떻게 살아야 할지 걱정했다. 동시에 내 안에서 들리는 그 '소리'를 외면할 수 없었다. 하고 싶은 일이 있다면 지금이 그 기회라는 생각이 들었다.

사람들 앞에서 말을 잘하고 싶어 스피치 학원에 다녔지만 생각했던 것만큼 변화가 없었다. 이후 발표불안을 중점적으로 다루는 학원에 다녔다. 그곳에서는 말을 잘하는 방법을 알려 주지 않았다. 여러 사람 앞에서 긴장되고 불안한 마음을 스스로 다스리는 훈련을 했다. 나는 많은 사람이 대중 앞에서 스피치를 할 때 두렵거나 긴장하는 모습을 옆에서 볼 수 있었다. 불편한 감정으로 인해 그들은 자신이 준비한 내용을 편안하게 말하기가 어려웠다. 발표가 끝나자마자 황급히 연단에서 내려오는 모습도 보게 되었다. 그런 걸 보면서 스피치 기술보다 자신의 마음을 잘 다스려야 한다는 걸 알게 되었다. 내 마음이 불안하지 않고 안정되어야 편안하게 말할 수 있었다.

교육을 들으면서 나에게 조금씩 변화를 느낄 수 있었다. 사람들 앞에서 말하는 게 예전처럼 긴장되거나 두렵지 않았다. 물론 이 교육만으로 효과를 본 건 아니었다. 꾸준히 스피치에 관심을 두고 공부해 온 시간 또한 도움이 되었다. 좋은 기회로 강사 교육 과정을 연계해서 들었다. 나처럼 어려움을 겪고 있는 사람들도 분명 변화할 수 있다는 걸 내 경험을 통해 알려주고 싶었다. 수업 중에 강사가 알려주는 내용을 그대로 복사한다는 마음으로 집중해서 들었다. 수업을 함께 들은 동기들과 서로 연습하며 피드백을 주고받았다. 다들 전문 강사가 아니었기에 어설프고 부족해 보이기도 했다. 그런 모습마저도 우리는 괜찮다고 말하며 서로를 위로하고 응원해 주었다.

강사 교육 과정을 이수한 후 각자 자신의 지역에서 활동을 시작했다.

부산에 살고 있는 나는 '발표불안 극복 과정'을 홍보하기 위해 명함을 만들었다. 명함에다 이 수업을 들으면 얻을 수 있는 장점을 간략하게 적었다. 또 내 블로그 주소를 넣어 어떤 활동을 하는지 눈으로 확인할 수 있게 했다. 마지막으로 이름을 적고 옆에는 '강사'라는 두 글자를 써넣었다. 며칠 후 인쇄소에서 내 명함을 전달받았다. 그걸 보는데 어색하면서도 왠지 어깨에 힘이 들어가는 듯했다.

매일 아침과 저녁, 하루 두 번 블로그에 교육 과정을 홍보하고 있었다. 홍보를 시작한 지 아직 한 달이 되기 전이었다. 누군가 블로그 글을 읽고 공감이 되었는지 연락을 해주었다. 본인이 발표불안이 있다며 이 수업을 듣고 싶다고 말했다. 수강생이 한 명뿐이라 부족했는데 고맙게도 지인들과 함께 수업에 참여하겠다고 했다. 그렇게 1기를 시작으로 8기까지 강의를 이어갔다.

한 번은 강의 장소로 가기 위해 시내를 걷고 있었다. 20대로 보이는 남녀가 설문 조사를 하는 모습이 보였다. 그중 한 남자가 나에게 다가와 시간이 괜찮다면 잠시 설문 조사에 응해줄 수 있냐고 물었다. 수업 시간까지 여유가 있어서 흔쾌히 그러겠다고 대답했다. 이런 내용의 질문이었던 걸로 기억한다. 당신은 지금 행복한가요? 만약 그렇다면 100점을 기준으로 몇 점쯤 될까요? 설문지에 점수가 차례대로 나와 있었는데 나는 95점에 표시했다. 그때 나는 하고 싶은 일을 하러 가는 길이었고 정말 행복한 순간이었다. 내가 높은 점수에 표시하자 그들은 놀란 표정으로 궁금해하는 듯했다. 이후 그 남자가 혹시 실례가 안 된다면 무슨 일을 하는지 얘기해 줄 수 있냐고 물었다. 그런 나는 대답하지 않고 가볍게 인사를 한 뒤 다시 길을 걸어갔다.

  미용실을 정리하고 강사라는 직업으로 새로운 일을 시작하게 되었다. 지금까지와는 전혀 다른 일을 하는 거라 불안한 마음도 있었다. 내가 하고 싶어서 하는 일이었지만 잘 안되면 어쩌나 걱정되었다. 아내도 옆에서 불안한 마음으로 나를 보고 있었던 것 같다. 가장으로서 생계를 책임져야 하는데 그런 나 자신이 이기적이라는 생각도 들었다. 옆에 있는 아내에게 따뜻한 말 한마디조차 건네지 못했다. 부족한 나와 함께해줘서 항상 고맙고 미안했다. 마음은 돈을 많이 벌어 아내를 행복하게 해주고 싶지만 그게 언제가 될지는 잘 모르겠다.

  강의를 한다는 것은 나에게는 큰 도전이었다. 살면서 내가 주도적으로 선택하고 행동했던 일이기도 했다. 그렇게 행동할 수 있었던 것은 내 안에서 말하는 소리를 들으며 반응했기 때문이다. 말을 잘하고 싶어 스피치 학원에 다녔고, 그걸로 부족해 서울에 있는 학원까지 갔다. 이어서 강사 교육 과정을 듣고 강사로서 첫발을 내디뎠다. 처음으로 개인 명함도 만들었다. 교육 과정을 홍보하기 위해 블로그를 시작했다. 이런 과정들은 미용실 책장에 꽂혀 있던 책 한 권에서 시작되었다. 책을 통해 누군가의 삶을 보고 내 인생을 되돌아보게 되었다. 내 안에서 작지만 희미하게 들리는 소리를 들을 수 있었다. 그 소리가 점점 커지면서 나를 움직이게 했다. 나 자신에게 귀를 기울이며 새로운 경험을 할 수 있게 되었다.

평소 자신의 욕구에 반응해 오던 사람은 내 안에서 말하는 소리가 잘 들린다. 내가 원하는 것을 얻기 위해 직접 찾아보고 모를 땐 주저하지 않고 물어본다. 반면 딱히 무언가를 하고 싶거나 바라는 게 없는 사람은 상대방에게 맞추려고 한다. 그런 본인의 행동이 오래 지속되면 내면의 목소리가 잘 들리지 않게 된다.

더 이상 내 안의 소리가 점점 더 작아지기 전에 한 번쯤 반응했으면 좋겠다. 만약 새로 시작해야 하는 그 일을 내가 잘하지 못하더라도 외면하지 말자. 그렇게 그냥 모른 척하고 지나가면 언젠가 다시 나를 부를 때가 있다. 내 인생을 후회 없이 살아가기 위해 지금이라도 마주했으면 한다. 그게 자기표현을 하는 것일 수도 있고 자신이 되고 싶은 모습일 수도 있다. 내 안에서 무언가가 진동한다면 일상에서 작게나마 실행해 보자.

**발표불안 극복을 위한 서른네 번째 황금열쇠**

1 — 내 안의 소리를 듣자
평소 자신의 욕구에 귀 기울이면 내 안에서 말하는 소리가 더 잘 들린다. 작은 목소리라도 놓치지 말자.

2 — 후회 없는 삶을 위해 마주하자
모른 척 지나가면 언젠가 다시 나를 부른다. 지금이라도 마주하며 자신이 되고 싶은 모습을 향해 한 걸음 내딛자.

## 3

## 공감으로 말하라

공감으로 대화를 이어가다

"상대의 느낌을 이해하려는 마음이 없으면 어떤 말도 전달되지 않는다."

_ 칼 로저스(심리학자)

강의를 진행할 때 내가 알고 있는 지식이나 정보를 수강생들에게 전달한다. 그들에게 작게나마 도움이 되었으면 하는 바람이다. 그런 마음으로 수업에 임하니 어느새 사람들의 시선에서 자유로운 느낌이 들었다. 그 순간만큼은 대중 앞에서 느끼는 두려움이 크게 다가오지 않았다.

수강생들에게 교육 내용을 잘 전달하고 싶었다. 발표불안으로 힘들었던 나였기에 누구보다 그들의 마음을 잘 이해할 수 있었다. 수업 중에 내 경험이 수강생들에게 도움이 될 것 같다는 생각이 들면 말하기도 했다. 장모님 댁에서 식구들 다 모인 자리에서 말 한마디 못 했던 나의 이야기였다. 숨기고 싶었던 얘기였지만 그 자리에서만은 수강생들과 함께 공감하려 했다. 내 얘기를 듣고 마음이 움직였는지 그들은 각자의 사연을 말하기 시작했다. 발표불안으로 어려움을 겪었던 수강생들은 서로의 마음을 잘 이해하는 듯했다. 또한 상대를 평가하지 않고 서로를 격려하고 위로해 주었다.

강의를 진행하는 것과 회사 사람들과의 대화는 분명한 차이가 있었다. 수업 시간에는 교육 내용을 잘 전달하면 되었다. 수강생들이 과정을 이해하고 실천할 수 있게 동기 부여를 하면서 말이다. 무엇보다 그들은 수업에 적극적으로 참여했다. 시작 전부터 발표에 대한 걱정으로 하나의 공감대가 형성되어 있었다. 강의하면서 말을 잘해야 한다는 부담감은 없었던 것 같다.

반면 회사 사람들과 대화할 때는 느낌이 달랐다. 그들은 나를 잘 몰랐기에 호의적이지 않았다. 약간 경계하거나 마음을 닫고 있는 사람도 있었다. 서로가 공감할 수 있는 화제가 필요했고 그러기 위해서는 우선 대화를 나누어야 했다. 상대가 먼저 말을 걸어주기를 기다리기만 해서는 안 되었다. 그런 소극적인 태도로는 인간관계의 폭이 좁아질 수밖에 없었다. 내가 먼저 마음을 열고 이야기를 해야 상대도 경계를 풀게 되었다.

하지만 나 혼자만 일방적으로 말을 해서는 대화가 제대로 이루어지기 힘들었다. 상대방도 이야기할 수 있게 배려해 주어야 했다. 대화는 서로가 즐거워야 한다는 걸 알고 있었다. 반대로 상대방은 계속 얘기하는데 나는 가만히 듣고만 있어서도 안 되었다. 그렇게 듣기만 하면 내 안에서 불편한 감정이 올라온다는 걸 느꼈다. 소외된 것 같은 기분이나 존재감이 사라지는 것처럼 마음이 허전해졌다. 내가 그런 감정을 직접 느꼈기에 다른 사람들을 배려해야 한다고 생각할 수 있었다.

 친하게 지내는 고등학교 친구가 한 명이 있다. 그 친구와 통화하면 20분 이상 대화를 하는 편이다. 예전에는 서로 할 얘기가 없어 통화하면 금방 끊어버렸다. 사실 할 얘기가 없었던 것이 아니라, 본인이 하고 싶은 이야기를 상대가 듣고 싶어 하느냐의 문제였다. 서로가 정작 하고 싶은 이야기는 꺼내지 못하고 겉도는 대화만 계속되었다. 자주 통화는 했지만 대화가 길게 이어지진 않았다.

 내가 편안하게 이야기하려면 그 얘기를 들어주는 사람이 마음을 열고 있어야 한다. 자기표현을 할 줄 아는 것도 필요하지만 상대의 말을 잘 듣는 것 역시 중요하다. 우선 상대방이 말할 때 그 사람이 무슨 이야기를 하고 싶은지 잘 들어야 한다. 사람들은 누군가가 자신의 이야기를 귀담아들으면 마음속 이야기를 자연스럽게 털어놓게 된다. 어느 정도 자기표현을 하고 나서는 감정이 해소되고 이제 상대방의 이야기를 들을 여유가 생긴다. 그때부터 반대로 자신의 이야기를 풀어 놓으면 된다. 이미 내가 상대의 이야기를 잘 들어주었고, 그 사람 역시 마음을 열고 귀 기울일 준비가 되어 있다. 사람들은 자기표현의 욕구가 있어서 자신의 이야기를 들어줄 누군가가 필요하다. 결국 내가 진심으로 그 사람의 이야기를 잘 들으면 상대방도 자연스럽게 마음을 열고 내 이야기를 듣게 된다. 그렇게 서로가 만족하며 이야기할 수 있게 분위기를 만들어가는 것이 필요하다.

나는 고등학교 친구와 이렇게 대화를 나누었다. 전화를 건 사람이 상대에게 안부를 묻는다. 그러면 상대는 오늘 있었던 일 중 기억에 남는 상황을 말한다. 그 이야기를 잘 듣고 무슨 말을 하고 싶은지 핵심을 파악한다. 관련된 내용에 궁금한 점이 있으면 질문한다. 상대방이 그 질문에 대답하면 계속해서 이야기할 수 있도록 육하원칙에 따라 다음 질문을 준비해 둔다. 중요한 것은 내가 상대에게 관심을 두고 이야기를 들으려는 마음이다. 상대방의 이야기에 공감하며 들으면, 나 역시 말을 할 때 마음이 한결 편안해진다. 그래서 자기표현을 잘하기 위해서 듣는 연습도 함께 해야 한다. 대화는 서로 말을 주고받는 것이기에 나도 즐겁고 상대도 함께 기뻐야 한다.

내 생각과 감정을 사람들에게 잘 전달하려면 상대가 공감할 수 있도록 말해야 한다. 내가 하고 싶은 말만 하는 것이 아니라 그들이 듣고 싶어 하는 방식으로 말해야 한다. 말하고 싶은 내용이 상대에게도 공감이 되어야 비로소 듣고 싶은 얘기가 된다.

가끔 내가 경험했던 이야기를 상대에게 들려주기도 한다. 어떤 상황에서 느꼈던 감정을 그대로 얘기하는 편이었다. 감정을 솔직하게 표현하면 상대방과 친밀한 관계가 될 수 있다고 생각했다. 그러나 감정 위주로 말하다 보니 대화가 자연스럽게 이어지지 않는다는 것을 느꼈다. 한 주제를 두고 대화를 해도 서로의 생각이 달랐다. 생각이 다르면 느끼는 감정도 달라질 수밖에 없었다. 그런 나는 그들도 나와 비슷한 감정을 느꼈을 거라고 기대했다. 실제로 많은 사람이 그렇지 않았다. 같은 상황을 보더라도 사람마다 시선이 다를 수밖에 없다. 나무를 볼 때 뿌리 쪽을 보려는 사람이 있고, 나무의 두께를 보는 사람이 있으며, 꽃잎을 보는 사람도 있다. 서로 다른 곳을 보는데 자신이 보았던 그 부분을 계속 얘기하면 상대방은 다른 생각을 하게 된다. 거기서 그치지 않고 상황에서 느꼈던 자신의 감정까지 상대에게 그대로 전달하면 오히려 공감을 얻기 어려워진다. 사람마다 보는 관점이 다르다는 걸 인식하며 대화할 필요가 있었다. 나는 그것을 잘 알지 못한 채 대화를 하다 보니 서로 소통이 되지 않을 때가 많았다. 나와 다른 관점을 지닌 사람을 부정적인 시선으로 바라보는 나쁜 습관도 있었다. 내가 소통이 잘되지 않았던 이유를 뒤늦게 알게 되었다.

대화를 나누는 동안에도 다양한 시각으로 상황을 보려고 노력한다. 주관적인 입장보다는 좀 더 객관적으로 상황을 바라볼 수 있도록 신경 쓴다. 또 '그래, 그럴 수도 있지.'라는 여유 있는 시선으로 상대의 입장도 고려하게 된다. 말할 때 공간을 열어 두니, 듣는 사람도 편안하게 받아들이는 것을 느꼈다. 나아가 상대방이 공감할 수 있도록 대화 내용을 생각하며 말한다. 일방적인 말하기가 아니라 공감을 전제로 한 대화다.

표현하는 데서 그치지 않고 사람들의 피드백도 확인했다. 내가 어떻게 얘기를 하느냐에 따라 상대의 반응은 달라졌다. 자신 있게 말하면 상대는 내 말에 집중해서 들으려고 했다. 그런 모습을 보고 있으면 나도 긍정적인 에너지를 받아 더 자유롭게 말할 수 있었다. 반면 자신감 없는 목소리로 말할 때는 상대의 표정이 썩 좋지 않았다. 내가 하는 말에 스스로가 확신이 없으니 듣는 입장에서도 불편하게 느낄 수밖에 없었다.

자신 안에 하고 싶은 이야기가 있다면 자연스럽게 말하고 싶어진다. 하루 동안 있었던 일이나 관심사에 관한 이야기일 수도 있다. 내 이야기를 하려면 듣는 사람이 있어야 한다. 듣는 사람이 있다고 해서 마음 놓고 내 얘기만 할 수는 없다. 나만 즐거워서도 곤란하다. 대화는 서로 말을 주고받는 것이기에 상대방을 배려할 필요가 있다. 나 혼자만이 아니라 함께 공감하고 소통할 수 있어야 한다. 말할 때 두렵고 긴장되는 이유는 상대의 반응을 예측할 수 없기 때문이다. 일방적인 말하기는 어떤 반응이 돌아올지 모르기에 더욱 불안하다. 그러나 상대와 소통하려는 마음을 보일 때 두려움은 훨씬 줄어든다. 한 공간 안에서 서로 즐겁게 지내려는 이타적인 마음이 필요하다. 그런 마음이 있다면 내 이야기도 편안하게 할 수 있다.

**발표불안 극복을 위한 서른다섯 번째 황금열쇠**

1 — 상대를 배려해 말하자
말은 혼자가 아니라 서로 주고받는 것임을 기억하자. 상대가 편안히 들을 수 있는 공간을 만들어야 내 이야기도 자연스럽게 전달된다.

2 — 공감하며 말하자
자신의 감정만 전달하지 말고 상대의 관점을 고려해 이야기하자. 상대가 받아들일 수 있는 방식으로 표현해야 공감과 소통이 이어진다.

# 새로운 나와 마주하라

용기를 내어 도전하다

"도전하지 않는 삶은 자신을 발견할 기회를 잃는 것이다."

_ 헨리 데이비드 소로(사상가)

　발표불안을 극복하면서 나에게 자신감이 생겼다. 사람들 앞에서 말하는 것이 두렵지 않았다. 여러 사람이 모여 있는 자리도 피하지 않고 다가갔다. 대화에 참여하며 표현하고 싶은 욕구도 해소했다. 말을 잘하기보다는 하고 싶은 얘기를 담담하게 전했다.

　회사 생활할 때 단체로 금연 교육을 받은 적이 있었다. 장소는 회사 식당이었다. 3층 식당에 올라가니 직원들이 빼곡히 앉아 있었다. 그날 참석했던 인원이 대략 200명 이상 되었던 것 같다. 외부 강사가 단상으로 올라가 자기소개를 했다. 교육은 1시간 동안 진행되었다. 중간에 강사는 금연 교육과 관련된 퀴즈를 내기도 했다. 정답을 맞힌 사람에게는 상품을 준다고 했다.

첫 번째 문제를 냈다. 쉬운 문제였고 아무나 손을 들어 정답을 말하면 되었다. 그런데 누구 하나 손을 들지 않았다. 앉아서 혼잣말로 정답만 말할 뿐이었다. 아마도 다른 사람들의 시선이 자신에게 집중되는 게 불편하고 부끄러웠던 것 같다. 나도 정답은 알고 있었지만 용기가 나지 않았다. 그러던 중 한 여성이 손을 들어 정답을 말했다. 사람들의 시선이 일제히 여성에게로 쏠렸다. 강사는 바로 선물을 주겠다고 말했고 뒤쪽에 서 있던 진행 보조자는 준비한 선물을 전달했다. 그녀의 용감한 행동이 부럽고 대단하게 느껴졌다.

이어서 강사는 두 번째 문제를 냈다. 마찬가지로 쉬운 문제였지만 아무도 나서지 않고 작은 목소리로만 정답을 중얼거리고 있었다. 이후 사람들은 서로 눈치만 살피며, 식당 안에는 잠시 정적이 흘렀다. 나는 그 순간 두 가지 생각이 들었다. 지금 내가 한 번 정답을 말해 볼까, 아니면 조금만 더 기다려볼까? 그때 내 안에서 용기를 내고 도전하라는 목소리가 들리는 듯했다. 나는 손을 번쩍 들었고 강사는 나를 향해 쳐다보았다. 뒤쪽 편에 앉아 있던 나는 단상까지 잘 들릴 만큼 큰 목소리로 정답을 외쳤다. 강사는 "네, 정답입니다. 선물 드릴게요."라며 말했다. 왠지 모를 뿌듯함과 해냈다는 자신감이 느껴졌다. 그 후 몇 문제를 더 냈는데 나는 총 4문제를 맞히고 일회용 칫솔 세트 4개를 선물로 받았다. 중간에 모르는 문제도 있었지만 옆에 있는 동료들이 서로 알려주었다. 고마운 마음에 선물 하나만 남기고 나머지는 동료들에게 나눠주었다.

교육 후반에는 직원들의 폐활량을 직접 측정해 보는 시간이 있었다. 흡연자와 비흡연자의 폐활량 차이를 보여 주며 금연을 권장하려는 취지였던 것 같다. 강사는 폐활량을 측정해 보고 싶은 사람이 있는지 확인하며 우리에게 손을 들어 보라고 말했다. 그 말이 끝나자 잠시 조용해졌고 아무도 손을 들지 않았다. 다시 강사는 다섯 명 정도는 측정을 해봤으면 좋겠다고 말했다. 이번에도 선물을 준다며 참여를 유도했다. 쉽사리 손을 드는 사람이 없자 강사는 한 명을 지목해야겠다며 주위를 천천히 둘러보았다. 그러곤 한 남성을 손으로 가리키며 앞으로 나와 달라고 부탁했다. 그 남성은 자신이 지목된 줄 모르고 고개를 양옆으로 돌리며 주변 사람들을 바라보았다. 그 모습을 보고 있던 강사는 방금 고개를 돌리던 그분이라며 나와 달라고 말했다. 자신이 지목된 걸 알고 나서는 주춤주춤하며 연단으로 걸어 나갔다. 이후 폐활량 측정기가 놓여 있는 책상 의자에 앉았다. 강사는 흡연자인지 비흡연자인지 그에게 물었다. 남자는 흡연을 한다고 대답했고 몸을 측정 기계 쪽으로 밀착시켰다. 시작 전에 우리에게 알려준 방법대로, 그는 고무호스를 입에 물고 숨을 들이마신 뒤 세게 내쉬었다. 측정 결과가 나왔는데 흡연자였지만 폐활량이 좋게 나와 강사는 놀란 표정을 지었다. 마찬가지로 약속했던 선물을 전해 주었다.

강사는 다음 측정자는 자발적으로 나와 주었으면 좋겠다고 말했다. 순간 내가 한 번 측정해 볼까 하는 생각이 들었다. 이전 퀴즈를 맞히고 제법 자신감이 붙은 상태였다. 나는 손을 번쩍 들었다. 강사는 기다렸다는 듯 "네, 앞으로 나오세요."라며 말했다. 연단으로 걸어가는 발걸음이 무겁지 않았다. 측정 기구가 놓인 의자에 앉았는데 가슴이 두근거렸다. 사람들이 나를 향해 쳐다보고 있었다. 내 안에서 여러 가지 감정이 한데 뒤엉켜 밀려왔다. '뭐 어때!'라는 당당한 태도와 표정이 약간 굳어진 느낌, 그리고 '해보자!'라는 마음이 공존했다. 왼쪽에서 오른쪽으로 고개를 재빨리 돌리며 사람들을 둘러보았다. 측정 장비에 달린 일회용 호스를 입에 물고 깊게 숨을 들이마셨다. 이후 빠르고 강하게 내쉬었다. 먼저 측정했던 남성보다 더 잘 나오고 싶었다. 그런데 생각만큼 몸이 따라주지 않았다. 있는 힘을 다해 쥐어짜듯이 불었지만 폐활량 수치가 적게 나왔다. 결과가 아쉽게 나와 마음 같아서는 한 번 더 하고 싶기도 했다. 나 스스로가 손을 들고 측정했다는 것에 만족했다. 그렇게 일회용 칫솔 세트를 하나 더 받았다.

교육이 끝나고 작업장으로 돌아가는데 동료들이 웃는 얼굴로 나에게 대단하다며 말해 주었다. 왠지 회사에서 스타가 된 기분이 들었다. 사실 어려운 문제는 아니었기에 누구든 맞출 수 있었다. 다른 사람들은 주변 시선을 의식해 쉽게 나서지 못했다. 그 순간 나는 그저 손을 들고 정답을 말했을 뿐이다. 막상 한 번 해보니 생각보다 별거 아니라는 느낌이 들었다. 처음에는 두려운 마음도 있었지만 결국 그 감정은 내가 만들어낸 실체 없는 허상임을 알게 되었다.

예전 같았으면 이런 행동을 하지 못했다. 많은 사람이 있는 공간에서 손을 번쩍 들고, 폐활량 측정을 하려고 연단에 올라서는 행동들 말이다. 이젠 어떤 일이든 용기를 내어 실천하는 내 모습을 보게 된다. 조금은 두렵지만 피하지 않고 도전하는 나 자신이 멋있기도 하다.

사람들은 종종 자신의 행동에 스스로 제약을 거는 습관이 있다. 이전의 나약했던 자신의 모습을 떠올린다. 도전하고 싶었지만 용기가 없던 나, 여러 사람 앞에서 매번 긴장하며 움츠렸던 나, 불편한 마음 때문에 상황을 피하기만 했던 나. 그런 기억들이 내 안에 깊숙이 남아 있다. 변화하고자 하는 나를 앞으로 나아가지 못하게 스스로 붙잡는다. 지금의 내 모습이 너무나 익숙하기에 새로운 도전을 하지 않게 된다. 살아온 환경이나 기질도 영향을 미쳤다. 오래도록 표현하지 않았거나 행동하지 않았던 모습이 몸과 마음 깊숙이 내재해 있다.

　그런 자기 생각과 행동이 자꾸만 신경 쓰인다면 이제는 수정할 차례이다. 주위에 자신감 있고 당당하게 행동하는 사람을 보며 배울 기회로 만들자. 그들이 표현하는 방식이나 행동 패턴을 보며 따라 해봐도 된다. 나를 알고 있는 사람들에게 또 다른 내 모습을 보여주기가 부끄러울 수도 있다. 그들은 내가 어떤 사람이었는지, 예전 모습을 기억한다. 그 모습과 다르게 행동했을 때 사람들이 나를 어떻게 생각할지 미리 겁을 먹는다. 괜히 그 사람들 앞에만 서면 망설여진다.

　그럴 때는 오히려 나와 친분이 없는 사람들에게 먼저 시도해 보는 것이 좋다. 그렇게 시도하는 과정에서 자신의 모습에 스스로 익숙해지고 있음을 느낄 수 있다. 점점 자신감이 더해지고 마음의 여유가 생긴다. 그 마음을 바탕으로 이제는 가까운 사람들에게 자연스럽게 다가가면 된다.

　사람들은 자신이 바라는 이상적인 모습을 떠올릴 때가 있다. 그런 모습이 되기 위해 일상에서 작은 행동을 시도해 보려 한다. 여러 가지 경로를 통해 알게 된 정보나 지식도 내 안에 있다. 막상 실천해 보려고 하지만 생각만큼 쉽지 않다. 어색하기도 하고 두렵기도 하다. 왠지 그 모습은 내가 아닌 것 같아 거부 반응도 일어난다. 그 어색함의 시간을 넘어서야 내 안에 있는 새로운 모습을 드러낼 수가 있다. 지금까지와는 다른 생각과 행동을 해야 한다. 변화된 본인의 모습을 상상해 보는 것도 도움이 된다. 내 안에 충만한 감정이 느껴진다면 더할 나위 없이 좋다. 내가 할 수 있다는 그 '자신감'으로 하나씩 해나가길 바란다. 너무 잘하려고 하지 말고 본인이 할 수 있는 만큼만 해도 충분하다. 잘하지 않아도 괜찮고 실수해도 괜찮다는 마음을 낼 수 있었으면 좋겠다. 작은 것이라도 실행하고 있는 자신을 격려하고 응원해 주자.

**발표불안 극복을 위한 서른여섯 번째 황금열쇠**

**1 ― 익숙하지 않은 행동도 시도하자**
이전과 다르게 행동할 때 주저하는 마음이 든다면, 작은 시도로 자신을 익숙하게 만들자. 낯선 행동도 반복하면 자신감과 여유가 생긴다.

**2 ― 두려움을 넘어 변화를 만들어보자**
어색하고 두려운 순간을 경험해야 내 안의 새로운 모습을 드러낼 수 있다. 도전을 통해 스스로 변화에 익숙해지고 용기와 자유로움을 느껴 보자.

## 5

# 타인의 시선에서 자유로워져라

남들은 나를 어떻게 생각할까

"타인의 시선에 신경 쓰지 않고 사는 법을 배우면 삶은 훨씬 가벼워진다."

_톨스토이(소설가)

 발표불안을 극복하면서 한 가지를 알게 되었다. 사람들은 내가 생각하는 것만큼 나에게 관심이 많지 않다는 사실이었다. 그때는 미처 그걸 깨닫지 못했다. 남들을 의식해서 내 생각과 감정을 자유롭게 표현할 수 없었다. 그들이 나를 어떻게 생각할지 신경 쓰느라 나 자신을 움츠러들게 했다.

 처음으로 생산직에서 일하게 되었다. 여러 라인을 이동하며 낯선 환경에 조금씩 적응해 나갔다. 그중에는 둘이서 작업하는 라인도 있었고, 여러 명이 함께 일하는 팀도 있었다. 다른 사람들과 호흡을 맞춰 일을 할 때는 서로 도우며 함께해야 했다. 나는 일로 도움이 필요하면 동료들에게 부탁하기도 했다. 또 그들도 손이 바쁠 때 나에게 거들어 달라며 말을 건넨다. 한편으로 사람들과 좋은 관계를 유지하고 싶은 마음이 있었다. 회사 생활하면서 서로 친하게 지내며 소통하고 공감하길 바랐다. 일로 힘들고 지칠 때 동료와 이야기하며 힘을 얻으면 좋겠다는 생각도 들었다. 그들에게 좋은 인상을 남기고 싶어 말과 행동에 더 신경을 썼다. 대화할 때는 나를 드러내기보다 주로 상대방의 이야기를 들었다. 그 사람의 이야기에 고개를 끄덕이며 반응을 보였다. 누군가가 나에게 물어보면 내가 하고 싶은 말이 아니라 상대방이 듣고 싶어 하는 말을 생각하며 대답했다. 그러다 상대의 표정이 어두워 보이면 하던 얘기를 더 이상 하지 않고 마무리 지었다. 내 얘기가 별로 듣고 싶지 않은가 하는 생각이 들었다. 상대의 표정만을 보고 그 사람의 마음을 알 수 없는데도 나는 그걸 판단하고 있었다.

함께 일하는 사람 중에는 나보다 어린 동생들이 대부분이었다. 그러다 보니 나는 형 노릇을 해야 했다. 형으로서 동생을 챙기는 일이 나에게는 어색하게만 느껴졌다. 결혼하기 전 집에서도 막내였고, 주변에 만나는 사람들도 내 또래나 모두 형들이었다. 자연스럽게 동생들보다는 형들을 대하는 것이 편안하게 느껴졌다. 사원들 사이에 직급은 없지만 형이라는 이유로 리더십을 발휘해야만 할 것 같았다. 누군가를 이끌고 보살피는 것이 내가 해야 할 일이라 믿었다. 동생들 앞에서는 의젓한 모습을 보여 주었다. 또 나이가 많은 형이나 누나에게는 깍듯하게 대했다. 나는 내 안에 위아래 구분 없이 행동해서는 안 된다고 생각하고 있었다. 예의 바르게 말하고 반듯하게 행동했다. 그때를 돌아보면 나만의 울타리 속에 갇혀 있었다는 생각이 든다. 고정관념에 사로잡혀 그 틀에서 벗어나질 못하고 있었다. 형들이나 동생들에게 편안하게 다가가면 되는데 나는 그러지 못했다. 개인에게 정해진 역할을 해야 한다는 강박이 내 머릿속을 채우고 있었다. 아마도 나는 그들에게 편하지 않은 사람이었을지도 모른다.

다른 사람들의 생각과 시선을 지나치게 의식했다. 어떻게 해야 그들이 나를 좋게 봐줄지 신경을 썼다. 한 동료에게 오해를 산 적이 있었다. 그 동료가 일을 하는데 바쁜 것 같아 내가 물어보지도 않고 본인 일을 도와주었다. 나는 속으로 내 행동에 그 사람이 고마워하겠지 하며 뿌듯한 마음이 들었다. 그런 내 예상과는 달리 그는 자기가 할 테니까 가만히 놔두라고 말했다. 상대는 자신이 맡은 일은 누군가의 도움 없이 스스로 하길 바랐다. 어쩌면 내 행동이 자기를 믿지 못하는 것처럼 보였을 수도 있겠다는 생각이 들었다. 나는 그런 뜻으로 도와주려고 한 건 아니었지만 상대는 다른 의미로 받아들였다. 나는 늘 내 관점대로 많은 사람들과 관계를 맺어왔다. 그 관계들이 항상 좋게만 이어진 것은 아니었다. 그러면서 나와 맞지 않는 사람들을 보면 그들이 이상하게 느껴지곤 했다. 정작 내 행동에 문제가 있다는 걸 인식하지 못하고 있었다.

늘 누군가에게 좋은 사람으로 보이고 싶다는 마음 때문인지 내 행동이 자유롭지 못했다. 사람들과의 관계에서도 소극적으로 행동하게 되었다. 대화할 때도 누가 먼저 말을 걸어주길 기다리고 있었다. 상대가 이야기할 때면 그 말이 공감되든 안 되든 중요하지 않았다. 오직 나는 미소를 지으며 상대의 이야기를 잘 듣고 있다는 걸 보여주고 싶었다. 상대의 눈치를 보며 그 사람의 표정 속에 담겨 있을 감정까지 읽으려 애썼다. 그렇게 남들에게 비칠 모습만 신경 쓰고 나 자신에 대해서는 보여주지 않았다. 나에게 부족하거나 모자란 부분은 감추고 있었다. 분명 내 안에도 생각과 느낌이 있었지만 자신 있게 말하지 못했다. 내 이야기에 상대가 반응을 보이지 않거나 표정이 어두워지면 어쩌나 걱정되었다. 나 스스로 표현을 검열하며 감정을 억눌렀다.

한 번은 회사 쉬는 시간에 야외 휴게실에서 흡연을 하고 있었다. 휴게실 한쪽에는 직원들이 음료를 마실 수 있도록 음료 자판기가 설치되어 있었다. 회사에서 알고 지내던 동생이 자판기 쪽으로 걸어오고 있었다. 동생은 나와 눈이 마주쳤고 놀란 표정으로 나에게 물었다. "형님, 담배 피웠었나요? 안 피우지 않았어요?" 그 얘기를 듣는데 '아니, 야외 휴게실에서 몇 번을 마주쳤는데, 왜 모르지?'라며 속으로 생각했다. 동생과는 회사에서 1년 넘게 알고 지냈다. 언젠가 회사 복도에서 자기처럼 전자 담배로 바꿔보라며 나에게 얘기를 해준 적도 있었다. 그런 말을 한 적이 있었는데도 기억하지 못한다는 게 좀 의외였다. 나한테 관심이 없던 건지, 보긴 봤는데 기억을 제대로 못한 건지. 그때 동생의 얘기를 들으며 황당했던 기억이 떠오른다.

그와 동시에 사람들이 나에게 별다른 관심이 없다는 사실을 알게 되었다. 그런데도 나는 그들이 나를 어떻게 생각할지 괜히 신경 쓰고 있었다.

상대방의 표정을 보면서 스스로 해석하고 단정 지었다. 실제로는 겉모습만 보고 그 사람이 어떤 감정을 느끼는지 알 수 없다. 그런 나는 '저 사람의 표정이 저러니 이런 생각을 하고 있겠지.' 하며 추측했다. 나만의 선입견으로 사람들을 바라보았다. 그것도 모자라 그들의 행동이 내 기준에 맞지 않으면 고개를 가로저었다. 서로의 생각이 다르고 '그럴 수도 있지.'라는 너그러운 마음을 내지 못했다. 나만의 생각의 틀에 갇혀 있었다. 이런 관점이 내 몸 안에 깊이 스며들었고 그로 인해 사람들의 시선에서도 자유로울 수 없었다.

사람들에게 잘 보이고 싶고 좋은 관계를 이어가고 싶은 마음이 있다. 자신의 부족한 모습은 드러내지 않으려 하고 좋은 면만을 보여주고자 한다. 사람들과의 관계에서 그런 모습만을 보이려고 하는 건 어쩌면 욕심일지도 모른다는 생각이 들었다. 나와 다른 성향을 지닌 사람들과 함께하고 서로의 다름을 받아들일 기회를 놓치고 만다. 나만의 장단점이 있듯이 그들도 나름의 강점과 약점이 있기 마련이다. 지금의 나를 있는 그대로 받아들일 수 있을 때 다른 사람도 자연스럽게 이해하게 된다.

사실 우리는 다른 사람들이 나를 어떻게 생각하는지 잘 모른다. 다만 내가 생각하기에 '남들이 나를 이렇게 볼 것이다.'라고 판단할 뿐이다. 그 생각을 기준으로 나를 표현하고 행동하게 된다. 주변 사람들은 나에 대해 크게 관심이 없다는 걸 알아야 한다. 그들은 남들보다 자기 자신을 더 생각하고 관심을 둔다. 그걸 알고 나면 표현에 대한 두려운 마음은 줄어든다. 사람들은 누구나 다 표현하고 싶은 욕구가 있다. 자기 생각이나 감정을 드러내면서 말이다. 그들의 사소한 말 한마디나 행동에 상처받거나 마음 아파할 필요가 없다. 그 말에 크게 의미를 두지 말고 자신에게 집중하며 표현하면 된다.

사람들은 관계 속에서 인정받고 사랑받길 바라는 욕구가 있다. 그런 마음이 있기에 사람들은 자신의 좋은 모습만을 보여주려 한다. 내가 하고 싶은 말보다는 그들이 듣고 싶어 하는 이야기를 하기도 한다. 그래야 그들이 나를 좋은 사람으로 생각할 거라고 여기기 때문이다. 정작 나는 나에게 집중하지 못하고 남들이 원하는 반응을 예상하며 행동한다. 그런 모습이 계속 반복되면 좋은 사람으로 보일 수는 있지만 자신에게는 도움이 되지 않는다. 대화하는 공간에서 나는 사라지고 상대방만 남게 된다. 내 이야기를 하고 싶다면 '남들이 나를 어떻게 생각할까.'라는 부담에서 벗어나야 한다. 사람들을 지나치게 의식하지 말고 나에게 집중해 표현하자.

**발표불안 극복을 위한 서른일곱 번째 황금열쇠**

1 — 남들의 시선에 흔들리지 말자

사람들은 내가 생각하는 것보다 나에게 관심이 없다. 그들의 시선에 맞추느라 내 생각과 감정을 억누를 필요는 없다.

2 — 자유롭게 표현하자

남들이 나를 어떻게 생각할지 걱정하지 말고 내 마음과 생각을 중심에 두고 이야기하자. 그러면 자유롭게 표현할 수 있고 관계도 자연스러워진다.

## 6

# 진심으로 경청하라

제대로 듣고 이해하다

"경청은 이해의 시작이다. 먼저 듣지 않고는 진정으로 알 수 없다."

_ 스티븐 코비(작가)

사람들과 대화를 나눌 때 내 생각이나 감정을 어떻게 표현할지 고민했다. 대화 내용을 신경 써서 말할지, 내용과 맞는 표정과 제스처를 생각할지. 그들에게 나는 자기표현을 잘하는 사람처럼 보이고 싶었다. 하지만 나를 잘 표현한다고 해서 대화가 잘 이루어지는 것은 아니었다. 내가 말하려면 그 얘기를 들어주는 상대가 있어야 했다. 그 상대가 내 이야기에 관심이 없는데도 계속 말하는 것은 결국 일방적인 말하기나 다름없었다. 서로가 대화를 나누는 그 순간이 즐겁기 위해서는 함께 소통하고 공감할 수 있어야 했다.

자기표현을 하는 방법도 중요하지만 사람들의 이야기에 경청할 줄도 알아야 한다. 내가 상대방의 이야기를 잘 들었을 때 상대도 내 이야기를 잘 들으려 한다. 내가 받은 만큼 상대에게 보답하고자 하는 심리이기도 하다. 반대로 내가 누군가의 이야기를 건성으로 들으면 상대는 그걸 알아채고 나와의 대화를 마무리할 수도 있다. 같은 공간에 있어도 깊은 대화는 이루어지지 않고 형식적인 이야기만 겉돌 뿐이다. 내 안에 하고 싶은 말이 있다고 해서 혼자만 말하지 않고 상대방도 대화에 참여할 수 있게 배려해야 한다.

나는 경청을 잘하기 위해 구체적인 방법을 찾아봤다. 우선 책을 읽고 관련된 영상을 보면서, 경청을 잘하는 사람들의 특징을 알게 되었다. 그들은 상대의 이야기에 공감하는 능력이 뛰어났다. 말하는 사람이 무슨 이야기를 하는지, 그렇게 말하는 의도와 감정까지도 파악하려고 했다.

아내와 식탁에서 밥을 먹으며 대화를 나눈다. 주로 아내가 이야기하고 나는 듣는 편이다. 가끔 얘기를 들으면서 중간중간 딴생각을 하며 듣는 둥 마는 둥 할 때가 있다. 그럴 때 스스로 알아채고 다시 고개를 끄덕이며 듣는다. 아내에게 공감하는 모습을 보여주려고 한다. 실제로는 제대로 듣지 않아 무슨 말을 하는지 이해하지 못한다. 그럼에도 내가 궁금한 부분만 기억한다. 아내의 이야기가 끝나면 대화 내용에 대해 딱히 할 말이 떠오르지 않는다. 나는 대화의 흐름에 맞게 반응하지 못하고, 말의 의도와 상관없이 내가 궁금한 걸 물어본다. 아내는 내가 이야기를 건성으로 들었다는 것을 알고 허탈한 표정을 짓는다. 정작 아내가 왜 그 얘기를 했는지,

감정은 어땠을지 생각하지 않는다. 내가 듣고 싶은 것만 듣고 하고 싶은 말만 한다. 이런 나와 대화가 잘 통하지 않으니 아내는 늘 답답해했다.

나는 자기표현을 하는 것도 서툴렀지만 제대로 경청할 줄도 몰랐다. 어떻게 하면 표현을 잘할 수 있을지 고민만 했다. 말할 때도 목소리에 힘을 줘야 한다고 생각했다. 빨리 말하지 않고 천천히 여유 있게 해야 한다며 되뇌었다. 머릿속에는 나를 어떻게 보여줄지에 대한 생각들로 가득 찼다. 누군가와 대화하면서 소통하고 공감하는 일은 나와는 먼 이야기였다.

회사에 다닐 때였다. 어느 날 한 조장이 나에게 일을 맡긴 적이 있었다. 어떤 식으로 작업을 하면 되는지 전체적으로 설명해 주었다. 조장은 열심히 설명했지만 나는 무슨 말인지 제대로 이해할 수 없었다. 모르는 부분을 다시 물어보면 뭐라고 할 것 같아 선뜻 묻지도 못했다. 이해는 하지 못하면서 고개는 끄덕이고 있었다. 조장이 일을 맡기고 떠난 뒤, 나는 기억하는 만큼만 작업할 수밖에 없었다. 사실 그 일이 하나로 연결되는 작업이었기에 전체를 파악해야만 했다. 이후 어떻게든 일을 끝내긴 했지만 불안한 마음이 들었다.

잠시 후 조장이 와서 확인했는데 그만 인상을 쓰고 말았다. 그러곤 나에게 "형님, 이게 뭐예요? 이렇게 하면 안 되잖아요!"라고 말했다. 처음 설명을 들었을 때 모르는 부분이 있으면 넘어가지 않고 물어봐야 했다. 나는 이해하지 못했지만 그다음 설명을 계속 듣고만 있었다. 머릿속에는 이해되지 않던 부분을 떠올리며 그 뒤에 설명은 귀에 들어오지도 않았다.

상황에 따라서는 상대의 말을 잘 이해하지 못할 수 있다. 특히 그 이야기가 내가 평소에 접하지 않던 일과 관련된 것이라면 낯설고 긴장되기 마련이다. 익숙하지 않으니 불안한 마음이 들고 그 상태에서는 집중도 잘되지 않는다. 들을 때는 일의 순서를 확인하며 이해되지 않는 점은 놓치지 않고 바로 물어봐야 한다. 그래야 지시한 대로 일을 진행할 수 있고 큰 실수 없이 마칠 수 있다.

사람들과 대화할 때 나는 스스로 소외되는 기분이 들곤 했다. 대화에 참여하지 못하거나 공감하지 못할 때 느끼는 감정이었다. 문제는 내가 사람들의 이야기를 흘려듣고 있었다는 점이다. '나는 무슨 이야기를 해야 하지.'라는 생각에만 몰두했다. 상대방의 이야기를 들은 후에는 제대로 반응할 수 없었다. 결국 대화 내용과 관련이 없는 이야기를 꺼내게 되었다.

모두가 함께 소통하고 공감하려는 자리였지만 나는 그런 마음을 내지 못했다. 그와 같은 마음 상태로 집에 있는 아내와 대화를 나누었다. 오랫동안 나를 지켜봐 온 아내가 한 번은 이렇게 말했다. "오빠는 이해력이 부족하니까 책을 좀 읽어봐." 평소 나와 소통이 잘되지 않아 답답했는지 아내는 그렇게 말했다. 사실 나도 내가 소통을 잘하지 못한다는 걸 알고 있었기에 그 말을 부정할 수 없었다.

지금껏 나를 표현하는 데만 신경을 썼다. 물론 경청해야 한다는 생각은 했지만 정작 상대의 이야기를 귀 기울여 듣지는 않았다. 상대방이 말할 때, 나는 어떻게 대답할지만 생각하곤 했다. 집중해서 듣지 않으니 내용을 이해할 수가 없었다. 결국 내 방식대로 해석할 뿐이었다. 이제는 상대방의 관점에서 바라보고 이해하려는 태도가 필요했다.

  경청을 잘하지 못하는 나는 듣는 연습을 시작했다. 아내와 대화할 때는 의식적으로 이렇게 되뇌었다. '이야기를 들을 때 집중해서 듣자. 무슨 말을 할지 생각하지 말자. 내 관점으로 상대를 판단하지 말자.' 그 순간만큼은 대화에 집중하려 애썼다. 순간 딴생각이 들 때도 있었지만 다시 주의 깊게 들었다. 말의 내용을 잘 이해하기 위해 머릿속으로 그림을 그렸다.
  시간이 흐르면서 내 안에도 조금씩 변화가 일어났다. 아내의 얘기를 듣는 동안 나 스스로가 편안해진 걸 느꼈다. 내가 무슨 말을 해야 한다는 조바심이 들지 않았다. 이제는 그저 듣고 있었다. 아내의 감정과 의도에 더 귀 기울이게 되었다. 그런 내 모습을 본 아내는 귀여웠는지 즐거운 표정을 지었다.

  한 번은 장모님 댁에서 식구들과 함께 밥을 먹었다. 식사 후에는 과일을 먹으며 자연스럽게 대화를 나누었다. 식구끼리라도 많은 사람이 모여 대화를 나누면 서로를 의식하게 된다. 내 이야기에 다른 사람들이 공감해 줄지 걱정이 앞선다. 나 역시 그런 기분을 잘 알기에 누군가 정적을 깨고 말을 꺼낼 때는 더욱 신경 써서 들으려 했다. 나와 관련이 없거나 흥미를 느끼지 못하는 이야기라도 관심을 두었다. 또 잘 알지 못하는 내용이라도 이해하려는 마음으로 끝까지 들었다. 대화 내용에서 벗어난 이야기로 호응해서는 안 되었다. 분위기에 맞게 좀 전까지 나눴던 얘기들로 대화를 이어가야 한다는 걸 알았다.

대화가 잘 통하지 않는다고 주위에서 말한다. 말뜻을 잘 알아듣지 못하는 본인 때문에 상대방은 답답해하기도 한다. 이건 상대의 이야기를 제대로 듣지 않았기 때문에 나타난 결과다. 얘기를 들으면서 머릿속으로는 자신이 하고 싶은 말을 생각한다. 그러다 말하면 대화 내용과 관련이 없는 이야기를 하게 된다. 결국 상대는 나와 대화가 통하지 않는다고 느끼고 짜증을 내며 말을 멈춘다. 그동안 내가 사람들과 대화할 때 보였던 행동과 그에 따른 상대의 반응이었다.

상대가 말할 때는 내 생각을 잠시 내려놓고 그 사람의 관점에서 들을 수 있어야 한다. 왜 그 말을 하는지를 이해하며 듣는다. 표면적으로 드러나는 내용뿐만 아니라 그 속에 담긴 의도까지 파악해 본다. 그런 자세로 경청한다면 내가 무슨 말을 해야 할지 걱정할 필요가 없게 된다. 그 사람과 진심으로 소통하고 공감하고 있기 때문이다. 대화를 나누는 그 순간이 서로에게 즐거울 수 있도록 상대의 이야기에 귀 기울여보길 바란다.

**발표불안 극복을 위한 서른여덟 번째 황금열쇠**

1 — 듣기의 시작은 비우기

내 생각을 잠시 내려놓고 상대의 관점과 의도를 받아들이면, 서로 깊이 있는 대화를 나눌 수 있다.

2 — 준비된 답보다 공감이 우선이다

무슨 말을 할지 고민하기보다 온전히 듣자. 경청하려는 마음은 상대와 진정으로 소통하고 공감할 수 있도록 돕는다.

# 진짜 배려는 나로부터 시작하라

마음을 지키다

"자신을 존중하지 않고 남을 배려하려 해도 그것은 오래가지 않는다."

_ 세네카(철학자)

회사에서 함께 일하는 동료가 있었다. 10년 이상을 근무한 경력자였다. 그 사람과 일을 처음 시작했을 때의 이야기다. 둘이 호흡을 맞춰야 해서 잘 지내고 싶었다. 아직 서로에 대해 잘 몰랐기에 알아가야 했다. 일과 관련된 이야기를 할 수도 있고 개인적인 얘기를 나눌 수도 있었다. 나이가 어린 내가 먼저 말을 꺼냈다. 예전 이 회사에서 있었던 일이나 직원들에 관해 물어보았다. 그 동료는 내 질문에 하나씩 대답해 주었다. 회사가 다른 지역에 있다가 이곳으로 이전했다는 이야기, 자신과 같이 일했던 사람들의 이야기를 들려주었다. 듣다 보니 흥미로워 이것저것 더 물어보았다. 내가 재미있어하는 모습을 보며 자신도 뿌듯해하는 것 같았다. 회사와 관련된 이야기를 나누는 것도 자연스럽게 느껴졌다. 그렇게 얘기를 나누다 보니 처음보다는 더 편안한 사이가 되었다. 나는 가까이 지낼 수 있는 동료가 생겨 기분이 좋았다. 나보다 나이가 많았기에 그 사람의 말을 잘 따르기도 했다.

그런데 이후에 문제가 생겼다. 처음과 다르게 나를 함부로 대하기 시작했다. 작업할 때는 본인이 회사에서 오래 일했다는 이유로 자기만의 방식을 나에게 요구했다. 그 방법이 괜찮다고 생각했던 모양이다. 내가 보기에는 작업하는 방식만 달랐을 뿐 결과는 크게 다르지 않아 보였다. 그뿐만 아니라 대화할 때도 나를 배려하지 않고 자신의 관점만으로 바라보았다. 그 사람에게서 '그럴 수도 있지.'라는 마음은 찾아보기 어려웠다. 본인의 기준에서 벗어나면 나를 평가했다. 내 입장은 고려하지 않은 채 자기 위주로 대화를 이끌었다.

동료의 행동을 보면서 나는 가만히 있을 수 없었다. 불편한 마음 때문에 정작 일이 손에 잡히지 않았다. 상황이 나빠지기 전에 말을 꺼낼 수밖에 없었고 내 입장을 솔직하게 전했다. "이전에 알려줬던 방법도 괜찮았지만 원래 제가 하던 방식이 편하고 익숙하더라고요. 그냥 제 방식대로 할게요." 이후 동료는 말했다. "그럼 네가 편안한 대로 작업해." 사실 처음부터 내 의견을 제대로 말하지 않았기에 이런 일이 일어나게 되었다. 동료에게 말하기 전에 한참을 고민했다. 내 입장을 얘기했다가 괜히 사이가 틀어지면 어쩌나 걱정되었다. 그렇다고 말하지 않고 계속 가만히 있으면 불편한 감정만 내 안에 쌓일 것 같았다. 상대를 대하는 내 마음도 편안할 수 없었다. 그렇게 내 의견을 전달하고 나서는 속이 후련해지는 것을 느꼈다.

처음 누군가를 만나 서로를 조금씩 알아가게 된다. 상대를 존중하고 배려하는 마음으로 말이다. 어느 정도 알게 되고 가까워지면 관계가 편안해진다. 그 사람을 대하는 자신의 태도가 예전과 달라진다. 예의를 갖추기보다 본인이 익숙한 패턴대로 상대를 대한다. 자기가 자신을 대하듯 상대에게도 비슷한 방식으로 행동하게 된다. 자신의 생활 습관이나 사고방식을 강요하며 상대가 따라와 주기를 바란다. 그런 행동이 다른 사람에게 피해를 주는지 본인은 모르고 있다.

그 일이 있고 난 뒤 상대에게 맞춰주는 행동이 마냥 좋은 것은 아니라는 걸 알게 되었다. 또한 불편한 감정을 내 안에 쌓아 두지 않고 풀어야 한다는 것도 느꼈다. 그래야만 서로의 마음이 다치지 않고 편안하게 일할 수 있게 되었다.

회사 생활을 하다 보니 '적당히 하면 된다.'라는 그 말이 마음에 와닿았다. 나와 같은 라인에 일하고 있어서 좋은 게 좋다는 마음으로 상대를 배려한 적이 있다. 그 사람이 해야 할 일을 내가 대신해 주었다. 여유가 있어서 그런 것도 있었지만 사이좋게 지내고 싶은 마음도 있었다. 몇 달 동안 그렇게 곁에서 도와주었다. 어느 순간 내 안에서 불편한 마음이 들었다. 머릿속으로 동료를 도와야 한다는 생각에 정작 내 작업 공정에는 신경 쓰지 못했다. 내가 맡은 업무조차 제대로 처리하지 못하고 있었다. 여태껏 여유가 있든 없든 상대의 일을 계속해서 거들어 주었다. 처음부터 그렇게 도와주다가 갑자기 모르는 척하려니 눈치가 보였다. 이러지도 저러지도 못하는 상황에 놓이게 되었다. 그런 상황에서 지금부터 내 일만 하겠다고 생각했지만 마음은 그렇지 않았다. 저 사람이 나를 어떻게 생각할지 계속 신경이 쓰였다. 그 일 때문에 며칠 동안 계속 고민했다. 상대가 도와달라고 한 것도 아닌데 왜 이렇게 행동하는지 스스로가 한심하게 느껴졌다. 나 혼자서 그 사람을 원망하고 있었다. 이전보다 오히려 관계가 더 멀어질 수도 있겠다는 생각이 들었다. 상대를 바라보는 내 마음이 편안하지 않았다.

다른 사람들이 나를 어떻게 생각하든 나 자신을 먼저 챙겨야 했다. 누군가를 도와줄 수는 있지만 그전에 내 할 일은 제대로 해야 했다. 그런 생각을 하고서 행동으로 옮겼다. 곁에서 도와주던 일들을 조금씩 줄여 나갔다. 그 사람이 나를 어떻게 생각할지는 잊으려 했다. 내가 거들어 준 일에 대해 고마워할지 아닐지는 알 수 없다. 다만 내 생각을 행동으로 옮기면서 점점 마음이 편안해졌다.

지금껏 상대를 위해 배려했던 행동들이 결국 나를 힘들게 했다는 걸 알았다. 그때 내가 적당한 선에서 도와줬다면 어땠을까 하는 아쉬움이 남았다. 회사 생활을 하면서 동료들과의 관계를 어떻게 이어 나가야 할지 배울 수 있는 기회가 되었다.

나 스스로가 가치 있다고 생각하거나 자존감이 높은 사람이 있다. 그들은 다른 사람들을 대할 때도 존중하고 배려한다. 그런 태도가 몸에 배어 있어서 의식하지 않아도 자연스럽게 드러난다. 반면 자신의 가치를 모르거나 자존감이 낮은 사람도 있다. 스스로 누군가로부터 존중받아 본 경험이 별로 없다. 처음 본 사람에게도 자기보다 나이가 어리다는 이유로 반

말한다. 그것도 모자라 개인적인 일을 시키기도 한다. 상대방은 인간관계 때문에 뭐라 말하지 못한다. 하지만 한두 번도 아니고 여러 번 반복되면 당사자는 스트레스를 받기 마련이다. 나이가 많고 적음을 떠나 상대를 존중하며 부탁하는 태도와는 다른 얘기다. 일에도 각자 자기만의 방식이 있는데 그런 점은 중요하게 여기지 않는다. '내가 해봐서 아는데.'라는 마음으로 자신만의 방식을 고집하며 상대에게 권한다. 물론 본인으로서는 좋은 의도로 한 행동일 수도 있다. 하지만 내가 좋다고 생각하는 그 방법이 다른 누군가에게는 맞지 않을 수도 있다는 걸 알아야 한다. 상대방을 진심으로 위한다면 그 사람이 직접 선택하고 결정할 수 있도록 공간을 열어주는 것이 필요하다.

남을 배려할 줄 아는 사람과 함께 일할 수 있다는 건 감사한 일이다. 하지만 회사 생활하다 보면 항상 내가 원하는 사람들과만 일할 수는 없는 법이다. 나와 맞지 않는 동료와 일하며 그들과 손발을 맞춰야 할 때도 있다. 좋은 관계를 이어가고 싶어 진심을 담아 배려하지만 상대는 내 마음과는 다르게 받아들일 때가 있다. 처음에는 고마워하던 사람이 어느 순간부터는 자신의 욕구대로 따라와 주길 바라곤 한다. 그런 상대의 태도를 보며 마음에 동요가 없다면 크게 문제 될 것은 없다. 하지만 마음이 지치고 힘들어졌다면 더 늦기 전에 자신의 감정에 솔직하게 반응해야 한다. 스스로 마음이 좀 더 편안해지도록 내 생각을 진솔하게 표현해 보는 것도 필요하다.

사람은 누구나 인정받고 싶고 사랑받고 싶어 하는 욕구가 있다. 일터에서든 인간관계에서든 그런 마음을 바라게 된다. 내가 무엇을 잘해야만 그들이 나를 좋게 봐줄 거라고 생각하기도 한다. 일을 할 때는 좋은 성과를 내기 위해 최선의 노력을 한다. 자신의 에너지가 바닥으로 내려갈 때까지 모른 채로 말이다. 인간관계에서도 마찬가지다. 사랑받고자 하는 마음 때문에 사람들에게 잘 보이려고 애쓴다. 그들에게 지나치게 배려하거나 친절하게 대한다. 스스로 불편함을 감수하면서까지 사람들에게 신경을 쓴다.

어느 순간 알게 된다. 내가 배려했던 그 행동들이 결국에는 나 자신을 배려하지 않았다는 것을 말이다. 남들을 생각하는 마음도 좋지만 그보다 먼저 자신을 챙기고 아껴주었으면 한다. 그래야 내 마음도 편안해지고 관계도 자연스럽게 이어질 수 있다.

**발표불안 극복을 위한 서른아홉 번째 황금열쇠**

1 — 배려의 중심을 확인하자
남을 배려하기 전에 지금 내가 하는 행동이 나 자신을 위한 것인지 점검하자. 나를 희생하며 상대를 맞추는 배려는 오히려 내 마음을 지치게 한다.

2 — 마음에 솔직해지자
상대가 내 진심을 어떻게 받아들이든 먼저 내 감정을 존중하자. 자기 생각과 마음을 솔직히 표현하는 것이 나를 위한 배려이자 곧 상대를 위한 행동이다.

## 8

## 행동으로 마음을 전하라

관계를 이어가다

"말하지 않는 마음은 후회와 갈등을 쌓는다. 솔직히 전하라."

_ 칼 로저스(심리학자)

사람들과 어울리면서 편안하게 대화를 나누고 싶었다. 정작 상대방을 의식하느라 내 이야기를 제대로 하지 못했다. 내가 말하면 다른 사람들이 나에게 집중할 것 같아 부담스러웠다. 하고 싶은 말이 있어도 입 밖으로 꺼내지 못하고 속으로만 삼켰다. 그런 나 자신을 아무렇지 않게 생각하면 괜찮은데, 나는 그러지 못했다. 뒤돌아서면 '왜 그때 말을 못 하고 가만히 있었을까?' 하는 후회를 하곤 했다. 그렇게 집에 돌아와 침대에 누우면 몇 시간 동안 잠이 오지 않았다. 표현하지 못했던 그 상황이 자꾸만 떠올랐다.

장모님 댁에서 식구들이 다 모인 자리였지만, 나는 말 한마디 못 한 채 조용히 앉아 있었다. 식구들의 이야기를 그저 듣기만 했다. 말할 용기가 나지 않아 묻는 말에만 대답하며 소극적으로 행동하고 있었다. 나를 제외한 나머지 사람들은 웃으며 그 분위기를 즐기는 듯했다. 나 혼자만 외톨이가 된 것 같아 스스로 작게만 느껴졌다. 그런 일이 계속 반복되면서 자신감도 잃어갔다.

나의 트라우마를 극복해야겠다고 다짐했다. 스피치 학원에 다니며 수업을 들었다. 시간과 돈, 그리고 노력을 들여서라도 고민을 해결하고자 했다. 나에게 조금씩 변화가 나타나기 시작했다. 사람들이 모인 자리를 피하지 않고 다가갔다. 계속 피할수록 두려움이 점점 커진다는 것을 알고 있었다. 두렵지만 용기를 내었다. 새로운 사람과 좋은 관계를 맺고 싶을 때면 먼저 말을 건넸다. 가만히 있으면 사람들이 내게 다가오지 않을 것이라는 생각이 들었다. 다른 누군가도 처음 만나는 사람에게는 어려움을 느끼곤 한다. 누군가 먼저 마음을 열고 다가서야 관계가 시작될 수 있었다. 새로운 사람들은 나에 대해서 잘 몰랐다. 소극적으로 행동하던 예전의 내 모습을 말이다. 그들 앞에서는 나를 있는 그대로 표현할 수 있을 것 같았다. 그렇게 나는 내 리듬대로 한 걸음씩 앞으로 나아갔다.

나를 잘 표현하기 위해 감정 일기를 써 내려갔다. 누군가에게 말로 마음을 전하기가 힘들 때는 글로 그 감정을 남기곤 했다. 그날 있었던 일과 그 순간 느꼈던 감정을 함께 기록했다. 그 안에는 평소 사람들을 대하는 내 태도와 관계를 맺는 방식, 그리고 내 안에서 조용히 올라오던 감정들이 담겨 있었다. 일기를 통해 내가 상황에서 어떻게 반응하고 느끼는지 관찰할 수 있었다. 그렇게 감정에서 한 걸음 물러나 나를 돌아보며 객관적인 시선으로 보게 되었다. 한결 편안한 상태에서 내 마음을 사람들에게 전하게 되었고, 그런 내 모습이 점점 자연스럽게 느껴졌다.

처음 누군가를 만나고 알게 되면서 관계를 맺게 되었다. 회사 생활하면서도 그렇게 여러 사람과 인연을 쌓아 갔다. 나는 평소보다 조금 더 밝은 표정과 적극적인 반응을 보였다. 그게 약간 어색해 보여도 사람들과 가까워지고 싶었다. 그 행동들이 본래의 내 모습은 아닐 수도 있다. 인간관계를 넓히고자 한다면 적극적으로 표현하는 것도 괜찮다고 생각했다. 나를 표현하는 과정에서 대화 상대가 누구냐에 따라 내 모습이 달라지기도 했다. 어떤 사람에게는 진지한 나의 모습이 드러났다. 내 마음속 이야기를 숨기지 않고 전하게 되었다. 나와 성향이 비슷한 사람이라 그런지 마음이 조금씩 열렸다. 외향적이거나 표현을 즐기는 사람을 만나면 나도 덩달아 신이 나곤 했다. 그 사람의 긍정적인 에너지가 고스란히 내게 전해지는 걸 느꼈다.

회사에서 마음이 맞는 사람과 일을 할 때는 힘이 나기도 했다. 손발이 잘 맞아 옆에서 뭘 도와줘야 하는지 서로가 알고 있었다. 쉬는 시간에는 동료와 같이 음료수를 마시면서 이야기를 나누었다. 업무 중에 겪는 어려움이나 작업 라인에서 개선이 필요한 부분을 함께 의논하기도 했다.
그렇게 동료들과 조금 친해졌다 싶었는데 다른 라인으로 옮겨야 할 때도 있었다. 본의 아니게 보직이 바뀌는 경우였다. 다시 새로운 사람들과

합을 맞춰 일을 해야만 했다. 그 일이 힘들면 어쩌지 하는 불안보다는 함께 일할 사람들과 잘 맞을지가 걱정되었다. 누군가는 그런 거 신경 쓰지 말고 자기 할 일만 하면 된다고 말하는 이들도 있었다. 그 말도 일리가 있었지만 당시 내 마음은 그렇지 않았다.

여러 사람이 모여서 일을 하다 보니 개인마다 작업하는 스타일도 달랐다. 자기 맡은 일만 하는 사람도 있었고, 함께 일을 도와주는 사람도 있었다. 일이라는 게 하나의 공정으로 끝나는 것이 아니라 다음으로 이어지기 때문에 서로 도와가며 일할 필요가 있었다.

한 번은 회사에서 작업을 하는데 이런 일이 있었다. 주간 근무였던 우리가 그날 해야 할 제품 수량은 700개였다. 하루에 다섯 타임을 일하는데 한 타임이 두 시간 정도였다. 매 타임 평균으로 계산하면 140개씩 작업하면 되는 셈이었다. 그렇게 하면 총 다섯 타임에 그날 계획된 수량을 모두 맞출 수 있었다. 또 타임마다 평균 수량을 신속하게 작업하면 그만큼 여유 시간이 생겼다.

그런데 함께 일하던 다섯 명 중 한 명이 작업 속도가 처음에는 천천히 올라오는 편이었다. 게다가 그 사람이 첫 번째 순서였다. 제품을 일차적으로 검사해서 옆에 사람에게 넘겨주어야 했다. 작업 시간이 오래 걸리다 보니 기다리는 사람은 답답할 수밖에 없었다. 그도 제품을 받아 작업한 뒤 다음 사람에게 넘겨야 했다.

회사에 들어온 지 얼마 안 됐으면 일이 익숙하지 않아 그럴 수도 있었다. 하지만 다섯 명 가운데 이 회사를 가장 오래 다녔고 작업 경력도 10년 이상이 되었다. 누구 하나 그 작업자에게 일에 대해 말하는 사람이 없었다. 경력이 많기도 했지만 무엇보다 자기만의 일하는 방식이 뚜렷했기 때문이었다.

그렇게 첫 타임에는 수량을 채우지 못하고 다음 타임에 추가로 더 작업해야 했다. 그만큼 해야 할 수량이 늘어나면서 우리는 마음의 여유가 없었다. 이런 일이 그날만 있었던 게 아니라 며칠 동안 계속되었다. 그 작업자를 제외한 나머지 사람 중 몇 명은 이 일로 스트레스를 받았다며 내게 하소연했다. 이대로 가만히 있다가는 일이 더 커질 수 있겠다는 생각이 들었다.

여러 사람이 함께 일하다 보면 이런저런 일이 생기기 마련이다. 사람마다 일하는 방식이나 속도가 다르다. 서로의 차이를 잘 이해하지 못하면 오해가 생기기도 한다. 그럴 때는 작업자들과 서로 대화하며 각자의 입장을 이해하고 함께 풀어 나가면 된다. 그렇지 않고 상대방에게 잘못을 지적하고 감정적으로만 대응한다면 문제는 더 커질 수밖에 없다.

처음에는 동료의 행동이 이해되지 않았다. 본인이 조금 속도를 내서 작업하면 다른 사람들도 그만큼 여유 있게 일할 수 있었다. 한편, 동료도 자기만의 속도로 최선을 다하고 있었겠다는 생각이 들었다. 그런 생각을 미처 하지 못하던 우리는 그저 제품이 넘어오기만을 기다리고 있었다. 옆에서 도와줄 생각은 하지 않은 채로 말이다. 가만히 서 있던 우리를 보며 동료는 힘이 빠졌을 수도 있다.

그 이후로 내가 힘들지 않은 선에서 동료를 조금씩 도와주었다. 일을 빨리 끝내고 싶은 마음보다는 곁에서 도와주고 싶은 마음이 앞섰다. 그런 내 행동이 고마웠는지 평소보다 더 힘을 내서 작업했다.

사람들은 자기 생각을 말로 표현하기도 하지만 행동으로 보여줄 때도 있다. 내 의견이 상대방에게 잘 전달되지 않고 감정적으로 받아들여지는 상황을 만들지 않기 위해서다. 상대의 입장에서 생각하고 도움이 될 만한 일이 있으면 성심껏 도와준다. 자신의 마음이 상대에게 잘 전해지면 그 사람도 자연스럽게 고마움을 느끼게 된다. 내가 보여준 작은 배려가 상대방이 스스로를 돌아보게 하는 계기가 되기도 한다.

불편한 상황에 놓이면 사람들은 자신의 마음을 쉽게 드러내지 못하곤 한다. 괜히 감정을 표현했다가 서로의 관계가 어색해질까 봐 걱정되기 때문이다. 이런 불편한 상황이 반복되면 점점 스트레스로 다가온다. 내 안에 쌓여만 가는 감정을 어떤 식으로든 해소할 필요가 있다. 그렇지 않으면 그 감정은 비언어적인 방식으로 드러나게 된다. 표정이나 눈빛, 행동을 통해서 말이다. 내 모습을 본 상대방은 나에게서 거리감을 느끼고 경계심을 품는다. 결국 서로의 관계는 이전보다 더 멀어지고 만다. 더 이상 부정적인 감정이 쌓이기 전에 내가 먼저 마음을 열고 다가가 보자. 상대에게 말로 전할 수도 있지만 행동으로도 표현할 수 있다. 내가 배려하는 마음으로 표현한다면 언젠가 그 마음이 나에게 돌아올지도 모른다.

발표불안 극복을 위한 마흔 번째 황금열쇠

1 — 하고 싶은 말은 지금 표현하자
말하지 않으면 후회와 불만이 쌓인다. 용기를 내어 진심을 표현하면 관계는 물론 자신까지 한결 편안해진다.

2 — 작은 배려가 관계를 바꾼다
행동으로 마음을 보여주면 상대방에게 자신을 돌아볼 기회를 줄 수 있다. 작은 노력 하나가 관계의 흐름을 바꾸는 힘이 된다.

마치는 글

# 나를 믿고
# 한 걸음씩 나아가기

 나는 사람들 앞에서 내 생각과 감정을 자유롭게 표현하고 싶었다. 다른 사람들을 의식하느라 내 이야기를 편안하게 꺼내지 못했다. 말을 잘하지 못한다고 해서 생활하는 데 크게 불편하지는 않았다. 그저 그들의 이야기를 잘 듣고 적절히 반응만 하면 되었다. 사람들은 그런 나를 좋아했고 함께하고 싶어 했다. 누군가 자기 이야기를 잘 들어주는 데 좋아하지 않을 이유가 없었다.

 나는 상대방의 이야기를 잘 들으면서도 한편으로 마음이 답답했다. 나도 내 이야기를 해야겠다고 생각했지만 그러지 못했다. 대화는 서로가 주고받아야 하는데 한쪽에서만 일방적으로 말하게 되니 오래 이어지지 않았다.

 다른 사람들처럼 내 생각과 감정을 자연스럽게 표현하고 싶다는 마음이 들었다. 그런 생각은 있었지만 정작 행동으로 옮기지는 못했다. 일상생활에서 나를 드러내는 경험이 적다 보니 표현하는 것이 어색하게 느껴졌다. 나 자신이 어색하게 느껴져 내 모습을 본 다른 사람들도 불편해하는 듯했다.

명절날 장모님 댁에서 식구들이 모두 모였다. 가족들이 모인 자리에서 나는 제대로 말 한마디 하지 못했다. 다른 사람들은 편안하게 말하는 것 같은데 나만 불편해하고 있었다. 집에 돌아오자 아내가 말했다. "오빠, 우리 집에 있는 게 불편해?" 그 말을 듣는 순간 마음이 무거워졌다. 나도 그런 내 모습이 싫었고 이 고민으로 한동안 적지 않은 스트레스를 받았다.

이런 고민이 나에게만 해당하는 일은 아닌 것 같았다. 나처럼 자기표현을 잘하지 못해 고민하는 사람이 주위에도 있을 듯했다. 오랫동안 자신을 드러내지 않고 지내온 사람일수록 자기 이야기를 꺼내는 것이 어색하게 느껴진다. 말할 때도 머뭇거리고 상대의 반응이 괜히 신경 쓰인다. 결국 하고 싶었던 말은 다 전하지 못한 채 대화를 짧게 끝내곤 만다.

다른 사람들이 보기에는 이런 고민이 트라우마로 느껴지지 않을 것 같다고 생각할 수 있다. "그냥 편안하게 말하면 되지, 그게 뭐가 어렵냐!"라고 말하기도 한다. 그런 조언을 해주는 사람들은 대체로 타인의 시선을 크게 의식하지 않는다. 자기 생각과 감정을 자연스럽게 표현하는 데 익숙하다. 그들은 대화를 통해 표현하고 싶은 자신의 욕구를 해소할 뿐이다.

사람은 누구나 저마다의 고민이 있고 인생에서 해결하고 싶은 문제가 있다. 어떤 때는 그것만 해결되면 다른 일은 아무것도 아닌 것처럼 느껴지기도 한다. 나에게는 그것이 자기표현을 하는 것과 발표불안을 극복하는 일이었다. 나를 힘들게 했던 그 고민에서 하루빨리 벗어나고 싶었다.

말을 잘하고 싶어서 스피치 학원에 다니는 사람이 분명 있을 듯하다. 하지만 주위 사람들에게 그런 이야기를 솔직하게 꺼내지 못한다. 내가 말을 잘하지 못해 학원에 다닌다는 사실이 창피하게 느껴지기 때문이다. 혼자 조용히 학원에 찾아가 등록한 뒤 말없이 수업을 듣는다. 나 역시 그랬다. 다른 사람들에게는 아무 말도 하지 않았다. 학원비가 필요했기에 어쩔 수 없이 아내에게는 털어놓아야 했다. 그 말을 꺼내는 것조차 쉽지 않았고 자존심이 상하는 일이었다. 막상 말을 꺼내자 아내는 굳이 학원까지 가서 배워야 하냐며 좋게 받아들이지 않았다.

자신이 말을 잘하지 못한다고 해서 부끄러워할 필요는 없다. 오히려 '나는 말을 잘해야만 한다.'는 생각이 나를 더 힘들게 만들었다. 부족한 부분이 있다면 그것을 보완하기 위해 노력하면 된다. 다른 사람들이 나를 어떻게 볼지는 중요하지 않다. 내가 원하는 일을 꾸준히 해나가면 지금보다 분명 더 성장할 수 있다. 사람들은 과거에 내가 어떤 사람이었는지보다 지금의 내 모습을 보고 판단한다.

스피치 학원에 다니며 교육을 받는 동안 내게 정말 필요한 것이 무엇인지 알게 되었다. 말을 잘하는 것도 중요하지만 그보다 먼저 표현하는 연습이 필요하다는 걸 깨달았다. 자기표현도 제대로 하지 못하면서 말을 잘

한다는 것은 훨씬 어려운 일이었다. 나를 표현하기 위해서는 스스로를 알아야 했다. 평소 내가 무엇에 관심이 있고 어떤 일을 할 때 마음이 즐거운지를 말이다. 그러다 보니 지금껏 주의 깊게 들여다보지 않았던 내 모습을 하나둘 돌아보게 되었다.

어떤 일을 하려고 할 때는 그 일을 왜 하는지 생각할 필요가 있다. 단순히 말을 잘하고 싶어 스피치 학원에 다녀야지 하는 정도로는 부족하다. 그런 마음으로 학원에 다니면 수동적으로 행동할 수밖에 없다. 그저 열심히 다닌다고 해서 저절로 말을 잘하게 되는 것은 아니었다.

중요한 것은 목적의식을 세우고 그 일을 대하면 자세부터 달라진다는 점이다. 수업 시간에도 강사의 말에 더 집중하게 되고 좋은 내용 중에서도 내게 필요한 부분을 가려낼 수 있는 안목이 생긴다. 도움이 될 만한 부분을 내 것으로 만들기 위해 더 적극적으로 노력하게 된다. 이렇게 선택하고 집중하다 보면 불필요한 에너지를 줄일 수 있다. 시간과 비용을 최소한으로 들이면서도 내가 원하는 목표에 더 빠르게 도달할 수 있게 된다.

내가 원하는 걸 얻기 위해 직접 실천한 행동들이 있다. 블로그를 만들어 '발표불안 극복'이라는 주제로 글을 올렸고, 중간에는 수강생을 모집해 강의를 진행했다. 내 기억으로는 이 일이 살아오면서 처음으로 주도적으로 행동했던 순간이었다. 그 과정은 두렵기도 했지만 한편으로는 설레기도 했다. 잘하고 싶은 마음에 의욕이 앞선 적도 있었다. 차분히 계획을 세우고 준비했더라면 더 좋았을 걸 하는 아쉬움도 남았다. 그래도 이 모든 과정은 내게 아주 소중한 경험이 되었다. 이런 경험들이 어떤 방식으로든 내게 도움이 될 거라는 믿음이 있었다.

스피치와 관련된 책을 읽거나 영상을 보는 것도 분명 도움이 된다. 하지만 그것만으로는 부족하다. 단순히 내용을 이해하는 데 그치지 않고 직접 실행해 보며 몸으로 체험하고 느껴야 한다. 평소 자신의 이야기를 잘 꺼내지 못했던 사람이라면 더 표현하는 연습을 해야 한다. 처음에는 두려울 수 있고 걱정도 된다. 익숙하지 않은 행동은 어색하게 느껴지기 마련이다. 하지만 나 이외에 다른 사람들도 마찬가지다. 결국 그런 어색함을 이겨내고 해내는 사람이 변화할 수 있다. 내가 어색하다고 느끼는 그 일을 계속하다 보면 어느새 자연스럽게 느껴지게 된다.

대중 앞에서 발표하는 것은 쉽지 않다. 회사에서든 모임에서든 어떤 자리에서든 마찬가지다. 어렵다고 도전을 피하면 그 자리는 앞으로도 계속 불편하게 느껴진다. 누군가에게는 그 경험이 트라우마로 남기도 한다. 그래서 나는 용기를 내어 도전해 보려 한다. 평소에는 드러나지 않던 열정적인 내 모습이 그 순간 나올 때도 있다. 행동하는 과정에서 잘 되는 날도 있고 그렇지 않은 날도 있게 마련이다. 그 일이 내 뜻대로 되지 않는다고 해서 자신을 자책하지 말자. 오히려 성장하는 내 모습을 보며 충분히 칭찬해 줘야 한다. 그러다 조금 정체되어 있다는 생각이 들면 나 자신을 따뜻하게 위로해 주길 바란다.

자신이 의지를 지니고 꾸준히 실천하면 발표불안을 극복할 수 있다. '나는 할 수 있다.'는 믿음을 품고 미래의 자신을 향해 도전해 보자. 스스로 도전하는 그 순간을 즐기길 바란다. 그 시간이 즐거울 수 있다면 여러분은 멈추지 않게 된다. 잘해야 한다고 생각하지 말고 작은 것이라도 실천하는 데 의미를 두자. 그렇게 한 걸음씩 나아가다 보면 언젠가 원하는 지점에 도달할 수 있다. 여러분의 인생이 지금보다 더 나아지길 바라며, 나는 그 곁에서 조용히 응원하고자 한다.

( 부록 )

# 발표불안 극복에
# 도움이 되었던 방법

\* 발표불안이란 대중 앞에서 발표나 스피치를 할 때 느끼는 두려움이나 긴장 상태를 말한다. 여러 사람이 자신을 바라보고 있기 때문에 마음이 편안하지 않다. 하지만 불안한 마음을 스스로 조절할 수 있다면 준비한 이야기를 보다 편안하게 전달할 수 있다. 여기서는 내가 직접 겪은 경험을 바탕으로 그 방법을 이야기하려 한다.

## 1 남들이 나를 어떻게 생각하는가

우리가 발표 상황에서 긴장하고 불안해하는 이유는 다른 사람들이 나를 어떻게 생각할지 모르기 때문이다. 그들의 생각을 알 수 없으니 마음이 불편해진다. 만약 상대의 생각이나 감정을 알 수 있다면 불안한 마음은 훨씬 줄어든다. 왜냐하면 그에 맞춰 대응하고 상황을 잘 풀어갈 수 있기 때문이다.

남들이 나를 어떻게 생각하는지는 알 수 없지만, 그들을 바라보는 내 생각은 이미 마음속에 자리 잡고 있다. 나는 그 생각을 기준으로 상황을 판단하고 해석한다. 이 과정은 마치 하나의 시스템처럼 의도하지 않아도 자동으로 작동한다.

예를 들어, 누군가 연단에서 발표하고 있고 내가 청중으로 앉아 있다고 가정해 보자. 발표자가 스피치를 하다가 중간에 말을 버벅거리며 실수했다. 그 모습을 본 나는 속으로 이렇게 생각한다.

'에이, 스피치는 저렇게 하면 안 되지!'

'자세를 똑바로 하고 목소리도 크게 내야지!'

만약 내가 이런 생각을 한다면, 반대로 발표할 때는 더 힘들어진다. 왜냐하면 작은 실수조차 하면 안 된다고 스스로 믿게 되기 때문이다. 그렇게 하지 못하면 다른 사람들이 나처럼 평가할 거라 생각한다. 내가 청중일 때 그렇게 느꼈기 때문이다. 결국 완벽해야 한다는 부담감으로 인해 편안하게 스피치를 이어갈 수 없게 된다.

그래서 우리가 해야 할 일은 평소 내가 판단하는 습관을 내려놓는 일이다. 그리고 발표자의 좋은 점과 긍정적인 부분을 의식적으로 찾아보는 훈련을 해야 한다. 세상은 결국 내 마음의 반영이다. 나는 보고 싶은 것을 보고 듣고 싶은 것을 듣게 마련이다.

지금껏 자신이 판단하던 습관에서 벗어나 새로운 시선으로 바라볼 때, 비로소 더 편안한 마음으로 스피치를 할 수 있다. 이제는 다른 사람들이 나를 평가할 거라는 생각에 갇히지 않는다. 오히려 그들이 나에게서 좋은 점과 긍정적인 부분을 찾아 줄 거라 믿게 된다. 내가 청중일 때도 그런 마음으로 발표자의 이야기를 들었기 때문이다.

### 2  그럼 나는 나를 어떻게 생각하는가

자아상은 일반적으로 자신에 대한 이미지나 인식을 뜻한다. 평소 스스로 떠올리는 자기 이미지가 있게 마련이다.

'나는 자신감 있고 당당한 사람이다.'

'나는 내성적이고 말수가 적은 편이다.' 등.

사람들은 이런 생각이나 모습대로 말하고 행동하게 된다. 그 틀 안에서 생각과 말, 행동의 범위가 쉽게 벗어나지 않는다. 마치 마음속에 하나의 상을 그려 놓고 스스로를 제한하는 것과 같다.

예를 들어, 사람들과 대화를 나누는 상황에서 자신을 소극적인 사람이라고 생각하면 실제로 그렇게 행동하게 된다. 누군가 옆에서 '현석아, 당당하게 행동해 봐!'라고 조언해도 그 말이 잘 와닿지 않는다. 설령 용기를 내어 자신감 있고 당당하게 행동하려 해도 마음속에서 거부감이 올라온다. 그 모습이 진짜 내가 아닌 것처럼 느껴지기 때문이다. 결국 이런 생각으로 이어진다.

'내가 자신감 있는 사람처럼 행동한다고 뭐가 달라지겠어!'

그리고 변화하지 못하는 이유를 스스로 찾아내며 결국 단념하게 된다.

지금의 내 모습은 그동안 내가 보고 듣고 느껴왔던 것들이 쌓여 이루어진 결과다. 상황에 반응하던 생각과 감정, 그리고 신체적 반응이 차곡차곡 내 안에 저장되어 왔다. 또 주변 사람들이 나에게 했던 말과 태도들이 알게 모르게 스스로에 대한 자아상을 만들었다.

결국 자신의 생각과 내면의 소리에 반응하지 못하면 다른 누군가의 목소리에만 귀 기울이게 된다. 그러면 내가 바라는 모습대로 행동하지 못하고 남들의 요구에 따라 움직이게 된다. 자연스레 '내가 나를 어떻게 생각하는가.'보다 '남들이 나를 어떻게 생각할까.'에 집중하게 된다. 그 결과 발표 상황에서도 내가 중심을 잡지 못하고 다른 사람들의 시선을 의식하게 된다.

그래서 우리가 해야 할 일은 스스로 자신의 이미지를 만들어 가는 일이다. 이전과는 다른 새로운 모습이 될 수 있다. 그렇게 되면 평소 본인의 가치관도 달라진다. 자신을 바라보는 시선과 생각이 바뀌면 그에 따라 감정과 신체 반응도 달라질 수밖에 없다.

물론 단번에 자신의 생각과 시선이 바뀌지는 않는다. 오랫동안 내 안에 스며든 사고방식과 행동 양식이 있기 때문이다. 그 사실을 인식하고 일상에서 작은 행동이라도 꾸준히 반복하면 변화된 자신을 발견할 수 있다. 이런 과정이 선순환되면서 스스로를 바라보는 생각도 자연스럽게 긍정적으로 변한다.

### 3 나는 나에 대해서 잘 아는가

'나는 나에 대해서 잘 아는가.'는 달리 말하면 콘텐츠, 즉 내가 하고 싶은 이야기다. 처음에 나는 사람들 앞에서 스피치를 하는 것이 어려웠다. 많은 사람이 나를 바라보고 있어서 긴장되었다.

이 고민을 해결하고자 발표불안 극복을 전문적으로 다루는 학원에 다녔다. 교육을 받으면서 이전보다 훨씬 편안해졌다. 크게 불안하거나 두렵지 않게 되었다. 이어서 강사 교육 과정을 연계해서 들었다. 나와 비슷한 고민을 하는 사람들에게 도움을 주고 싶은 마음이었다.

강의는 정해진 커리큘럼이 있었기에 거기에 맞춰 진행하면 되었다. 여러 번 강의하면서 익숙해졌고 발표불안으로 어려움을 느낀다는 생각은 들지 않았다.

그런데 문제는 강의실을 벗어나면 사람들과 대화할 때 딱히 할 얘기가 없다는 점이었다. 자기표현을 제대로 하지 못했기 때문이다. 그때 나는 오직 사람들 앞에서 편안하게 말하고 싶다는 생각뿐이었다. 그것만 해결되었을 뿐, 이후에는 다른 문제가 드러났다.

그래서 자기표현에 관심이 생겼고 잘하고 싶다는 마음도 있었다. 어떻게 하면 자기표현을 잘할 수 있을지 고민하기 시작했다.

자기표현은 자신의 생각과 감정을 사람들에게 전하는 행위다. 내가 경험하고 느낀 점을 서로 공감하고 소통하는 일이기도 하다. 그런데 나는 남들을 지나치게 의식한 나머지 나에게 집중하지 못했다. 사람들의 표정 변화 하나하나에 민감하게 반응하며 그들에게 비친 내 모습을 신경 쓰고 있었다. 결국 '나는 나를 어떻게 생각하는가.'라는 문제까지 이어졌다. 나 자신에게 관심을 기울이고 스스로를 알아가야 했다.

그렇게 꼬리에 꼬리를 물듯, 마침내 '나는 나에 대해서 잘 아는가.'로 이어졌다.

　스스로를 잘 아는 사람들은 자신이 무엇을 하면 기분이 좋고 행복한지 알고 있다. 이는 타인의 기대에 부응하기보다는 자신의 욕구에 반응하며 살아온 결과이다.

　자신의 취미나 관심사를 바탕으로 사람들과 대화를 나누며 그 순간을 즐기기도 한다. 주변에서 전해 들은 이야기가 아니라, 자신만의 콘텐츠로 말이다. 그래서 더 진실되고 깊이 있는 대화를 나눌 수 있다.

　내 이야기를 하고 싶다면 나와의 시간을 보내며 스스로를 알아갈 필요가 있다. 이는 자신에 대한 사랑에서 비롯된다. 내면의 소리에 귀 기울이고 경험하며 하나씩 콘텐츠를 만들어가는 과정이기도 하다.

* 자신에 대해 잘 알지 못한다고 느껴진다면 우선 나와의 시간을 보내자. 그 시간을 통해 나에게 필요한 것이 무엇인지 고민해 볼 필요가 있다. 나는 '남들이 나를 어떻게 생각할까?'에 신경 쓰고 있는지, '나는 나를 어떻게 생각하는가?'에 머물러 있는지, 아니면 '나는 나에 대해서 잘 아는가?'라는 단계에 있는지를 파악해 보면 된다. 자신의 상황을 제대로 이해할 때 비로소 해결의 실마리가 보이기 시작한다. 지금의 자리에 머무르지 않고 적극적으로 행동하게 되는 순간이 온다.

중요한 것은 나에게 필요한 것을 찾았다면 일상에서 하나씩 실행해야 한다는 점이다. 그렇게 차근차근 해나가면 어느새 이전과 다른 생각과 행동을 하는 스스로를 만나게 된다.

발표불안을 극복하는 일이 중요하겠지만 그것만을 위해 모든 에너지를 쏟지는 말자. 지금 이 순간 경험하고 느낀 감정을 소중히 간직해야 한다. 자신을 아끼고 사랑하는 일이 무엇보다 중요하다.

무언가를 잘하지 못해도, 부족해도 괜찮다는 것을 늘 기억하자. 있는 그대로의 나를 인정하고 받아들이는 것이 중요하다.